国家社会科学基金青年项目:

间接群际接触改善群体态度研究

项目批准号:15CSH014

间接群际接触
改善群体态度研究

艾娟 著

天津社会科学院出版社

图书在版编目（CIP）数据

间接群际接触改善群体态度研究／艾娟著. --天津：
天津社会科学院出版社，2021.10
ISBN 978-7-5563-0763-0

Ⅰ.①间… Ⅱ.①艾… Ⅲ.①社会心理学－研究
Ⅳ.①C912.6-0

中国版本图书馆 CIP 数据核字（2021）第 188083 号

间接群际接触改善群体态度研究
JIANJIE QUNJI JIECHU GAISHAN QUNTI TAIDU YANJIU

出 版 发 行：	天津社会科学院出版社	
地　　　址：	天津市南开区迎水道 7 号	
邮　　　编：	300191	
电话／传真：	（022）23360165（总编室）	
	（022）23075303（发行科）	
网　　　址：	www. tass-tj. org. cn	
印　　　刷：	北京建宏印刷有限公司	

开　　本：	787×1092 毫米　1/16
印　　张：	25.25
字　　数：	293 千字
版　　次：	2021 年 10 月第 1 版　2021 年 10 月第 1 次印刷
定　　价：	68.00 元

目　录

前　言

　　随着社会的发展和人们压力的不断增加,催生了大量的精神问题,精神健康日益成为公众关注的主题之一。在现实生活中,精神的正常与否成为区分人群的依据之一。精神不正常,比如心境障碍、精神分裂症、抑郁症等往往被社会公众泛称为"精神病"或者"心理疾病",患有这类心理障碍的个体从而组成了社会中较为"异类"的一族,即精神特殊群体。精神特殊群体这一标签的出现,使得他们具有了一种特殊的群体身份。长期以来,社会对精神特殊群体存在着一定的偏见和歧视,由此造成了社会与精神特殊群体之间关系的疏远。由于精神健康问题逐渐突出,这一群体的人数也在增加,如何改善社会对精神特殊群体的态度,增进社会与精神特殊群体之间的和谐,遂成为一个兼具学术价值和实践意义的课题。

　　在国外,在社会心理学领域,群际接触作为增进群际关系的一种有效策略被广泛认同。但在现实环境中,直接的群际接触有时会遭遇很多障碍,比如,社会制度与群体规范不允许,群体间直接接触的机会太少甚至没有,而且直接群际互动还可能会引发交往焦虑、恐惧、害怕被拒绝、不自然等负性情感，由此导致群际关系无法继续深入发展。继而，间接群际接触——一种非面对面接触方式的提出，解决了以上这些难题，最重要的是，研究发现，间接群际接触同样可以产生积极的群际效应。

间接群际接触包括三种类型。其一，扩展接触是指如果个体得知内群体成员与外群体成员之间具有亲密的友谊关系，可以减少个体对外群体的偏见，改善对外群体的态度。其二，想象接触是指在心理上想象与一个外群体成员的积极互动情景，这种情景会激发个体与外群体成员成功接触的观念，从而减弱对外群体的负面态度。其三，替代性接触指的是通过电视、广播等媒体节目或者其他情境让个体来观察内群成员与外群成员的交往行为和接触过程，加深对外群体的了解，改善对外群体的刻板印象，提高与外群体的交往技巧。

在我国，近些年来也开始出现了有关间接群际接触的研究，归纳起来主要沿着两种进路展开。一是理论综述，关注国外间接群际接触理论或者介绍间接群际接触的某种类型；二是实证方面的尝试，以我国某类群体为对象展开相关的实验研究。但这些研究刚刚起步，所涉及的研究对象较少、研究范围不够深入，有待于进一步的发展和完善。综合国内外研究发现，间接群际接触还是一个崭新的研究领域，无论在学术研究还是实践探索方面，都存在着很多值得继续深入探讨的问题，具有很大的学术发展空间和广阔的社会应用前景。

基于以上分析，本项目致力于以精神特殊群体作为研究对象，探讨如何通过间接群际接触减少社会大多数公众对精神特殊群体的偏见，改善社会对精神特殊群体的态度，从而增进精神特殊群体的社会融入，增进群际关系和社会和谐发展。在间接群际接触的总体思路下,围绕以扩展接触、想象接触以及替代性接触三种类型为主要干预方式的理论,以及有效性展开深入的探讨。总体来讲,整个研究包括六章,主要内容简介如下。

第一章"社会对精神特殊群体的态度",主要是调查类研究,通过大规模的问卷调查,用来介绍为什么会选择精神特殊群体作为研究关注的对象,这一群体目前的社会境遇如何;借助数据分析从总体上探讨了社会公众关于精神疾病的知识、对精神疾病群体的态度;更为具体的探讨了社会对抑郁症群体、自闭症群体的态度,尤其是社会对他们存在的消极偏见。

第二章"间接群际接触简述",主要是通过对既有研究文献的全面梳理,概括性地介绍从直接接触转向间接群际接触的必要性和可能性;介绍间接群际接触改善群际偏见的积极效应、间接群际接触的三种类型(扩展接触、想象接触、替代性接触)的主要观点和心理机制,以及间接群际接触研究的未来主题与发展趋势。

第三章、第四章、第五章分别以"扩展接触""想象接触""替代性接触"为主题展开系统的理论梳理和不同主题的实验研究,深入探讨不同类型的间接群际接触改善群体态度的有效性、群际接触效应的心理过程机制,尤其是间接群际接触效应的中介过程与调节过程,为开展间接群际接触干预提供更坚实可靠的理论基础,同时,结合现实情况,提出改善精神特殊群体偏见的可能性建议。

第六章"实践价值与未来取向",进一步总结了围绕间接群际接触的主题所进一步需要开展的学术研究,同时指出了作为一种社会干预策略,间接群际接触用于改善群际关系的现实难点与困境。

群体之间可能出现的消极群体偏见,阻碍了整个社会的融合与发展。改善群际偏见仍然是一个经久不衰的研究主题,希望能够将间接群际接触作为一种有效的策略,广泛运用到其他更多不同类型的群际关系增进实践中去。随着新的群体标签的涌现,新的"弱势群体"在社会生活中不断寻求理解、支持,渴望真正融入社会中。从这个意义上讲,当下社会比任何时候更需要去研究如何减少群体偏见、增进群际关系。所以,一方面希望借此研究引发社会对精神特殊群体的重视,增加对精神特殊群体的了解,减少对这一群体的消极认知;另一方面,也希望从更加广泛的意义上为改善其他群际态度提供启发和建议,为增进社会更广泛的群际关系提供坚实的科学依据,让间接群际接触作为一种有效的策略在社会生活中得到广泛的应用,这必将促进社会群体生活更加和谐。

第一章
社会对精神特殊群体的态度

　　物以类聚,人以群分,早已经是不争的社会共识与社会事实。个体并非是没有任何群体身份地生活在社会中,相反,每个人身上都同时拥有很多群体身份。这些群体身份标签有的是与生俱来、自然存在的,比如性别、种族、民族、国家等身份标识;而有些群体身份标签则可能是日后在生活过程中被"赋予"的,比如加入的政党群体、从事的职业群体而获得身份标识,或者当出现心理不健康的情况时,个体也会被划分到新的群体范畴中并被赋予新的群体标签。社会发展习惯于将不同的个体按照社会类别归进不同的群体中,伴随产生的是内群体与外群体的区分,虽然内外群体的建构体现了个体或者群体在自身身份与归属建构方面较强的能动性以及排斥性(李友梅,肖瑛,黄晓春,2007),但内外群体的划分也由此导致了不同的群体认知以及明显的群体偏见。

　　在此,我们希望关注一种新的群体——精神特殊群体,或者称为心理特殊群体。严格来讲,精神特殊群体并非是当下社会的独特产物，但是随着社会的发展，人们对心理（精神）健康问题愈发关注，逐渐重视心理或者精神存在的问题，精神特殊群体才逐渐成为一个值得关注的群体，并成为很多学术研究的对象。相比社会中更广泛的精神健康群体而言，精神特殊群体就被视为"外群体"而存在。群体的内外之分一旦形成，群体的异同也会明显，在心理学的视角下，群体之间的"异"通常是通过建构偏见得以实现。而与偏见相连的是厌恶、恐惧、轻视、愤怒等诸多负性情感以及社会回避、疏离甚至拒绝等消极行为表现。因此，哪里存在偏见，哪里就应该采取行动积极应对偏见，消极的群体偏见、僵硬的群体关系一直都是学术研究与社会治理所重点关注的问题。

那么，哪些人员构成了精神特殊群体呢？精神特殊群体有怎样的特点呢？确切地说，精神特殊群体旨在对那些存在或者曾经存在心理问题、更严重的是存在精神问题的个体组成的。在这里，采用"精神特殊群体"这一称谓，目的不仅仅在于用"特殊"来指代一个新的群体，更重要的是，想从一定程度上减少社会对这一群体的消极偏见。因为多数情况下，人们通常会使用"精神残疾"群体或者"心理疾病"群体的称谓，我们认为，这样的群体称谓本身就自带偏见性倾向，往往会导致人们对这一群体有更偏颇的消极认知，在人们普遍存在着对于这些群体的消极认知基础上，使用"残障"与"疾病"很可能会不自觉地强化这些不良认知。

鉴于此，本研究使用"精神特殊群体"的称谓，其包含的范围较为广泛，主要是由精神和心理上不健康（存在不协调等问题）的个体组成。精神特殊群体与身体特殊群体（诸如肢体残疾）的最大区别是精神特殊群体的隐蔽性，也就是说，人们不能

轻易发现精神不健康的群体,而且个体也不愿意轻易暴露自己是精神不健康群体中的一员。究其原因,主要在于:

其一,社会普遍存在的对精神特殊群体的认知误区。误区一,精神不健康的个体往往被认为是比较矫情,小题大做,本来没什么大不了的事情,却整天表现出痛苦的样子;误区二,认为精神疾病是个人心理软弱、个体无能或失败应对生活的表现;误区三,认为精神特殊群体都是暴力性的,无法控制自身行为,情绪和行为都非常不稳定,随时都可能伤害他人,危害社会,对精神不健康群体的"妖魔化"比较严重。其实,精神疾病患者的暴力犯罪率和正常人相比其实差不多,只是在很多特殊的情况下,精神疾病暴力犯罪比例往往会被无限放大,这也是很多精神病患者哪怕已经痊愈但还是不容易被接纳的原因。

其二,普遍存在的认知误区导致社会对这一群体的污名化现象严重。在社会中,正如对待其他污名群体一样,精神特殊群体也常常被公众以"另类"看待,从而被污名化、被歧视。而且这种群体污名还会波及他们的家人。精神疾病的标签一旦被贴上,就会日益成为一种污名存在,进而很难再被揭下。长此以往,使得这一群体在社会中得不到应有的理解、支持,也使得他们"治愈"后的社会生活与社会融合充满阻碍和困难。

鉴于多年来学习心理学并从事过相关的心理咨询工作,自身对于这一群体有着很强烈的同情,对他们及其家人的痛苦具有深刻的理解,对他们艰难的社会处境存在悲悯的情怀,也有着比其他人更强烈地想去帮助他们恢复社会生活的愿望,因此,接下来的整个研究过程都是以精神特殊群体为对象,试图通过间接群际接触为主要的干预策略,通过详细的理论梳理、广泛的调查、严格的实验等方法来获知社会对这一特殊群体的认知、态度呈现出怎样的特点，这些消极认知偏见如何影响了社会对这一群体的情感反应和行为倾向，以及如何才能够通过间接接触的不同干预策略更加有效、积极地改善社会对他们的消极态度，从而促进这一群体的社会接纳度，并帮助这一群体更好地融入社会正常生活。

第一节
精神特殊群体面对的社会偏见

从常识角度来讲，社会民众有着对精神疾病、心理疾病等概念的朴素认知，虽然这些认知并非完全正确，甚至是错误的，但这些认知观念却在很大程度上影响着社会民众对这一标签所命名的群体的看法，进而影响着人们对这一群体的社会行为倾向。比如，人们通常认为，精神疾病、心理疾病往往与"有病""变态""不健康""胡言乱语""衣冠不整""行为无常""让人恐惧"等联系在一起；再比如，人们通常认为，所有心理不健康的人都可以统统称之为"精神病人"，大家都应该避而远之；甚至还有一些更为离奇的看法，比如有心理或者精神问题的人是永远都医治不好的、是很可能存在遗传的、应该被排斥在社会正常生活之外的……这些看法在一定程度上反映了社会普通大众长期以来对这一群体形成的消极认知、情感反应以及行为模式，这些不良态度稳固而且内化，深刻反映出人们对精神特殊群体的消极偏见。

2013 年，我国就颁布实施了《中华人民共和国精神卫生法》，在这部法律中对如何保护精神障碍患者提出了明确且具体的要求。比如，其中的第四条"精神障碍患者的人格尊严、人参和财产安全不受侵犯"、第五条"全社会应当尊重、理解、关爱精神障碍患者,任何组织或者个人不得歧视、侮辱、虐待精神障碍患者,不得非法限制精神障碍的人身自由",这些规定都明确指出,禁止社会对(精神障碍患者)心理疾病患者的歧视、侮辱和虐待,希望借助法律的约束实现全社会对心理疾病患者的尊重、理解和关爱。但研究却发现,即便是迫于社会法律的规范,或者为了赢得社会赞许性的影响,人们不会明显表现出对这一群体的消极外显偏见,但是人们仍然倾向于将"心理疾病"相关的表述与更加负性的形容密切联系在一起,体现出普遍存在的对精神特殊群体(心理特殊群体)的消极内隐偏见(王晓刚,2013)。从长远来看,密切关注社会对精神特殊群体的偏见,并致力于减少这些偏见是一个非常重要的社会性主题。

一、对精神(心理)不健康的正确认知

从学术的层面上,对于如何理解精神疾病、心理疾病,或者说对于什么样的表现才算是精神疾病或者心理疾病有着更为严谨的、规范的界定,它可以更加有效地纠正既有存在的偏见,引导社会民众对这一群体形成积极的认知态度和良好的行为互动。

那么,何为精神(心理)疾病呢?这需要从精神(心理)健康的主题开始讲起。如图1-1所示,通常情况下,心理状态会分为"正常"与"不正常"两种类型,正常的心理状态又分为健康与不健康两种情况。健康的心理状态主要体现在能够保证个体健康的生存和发展,保证个体能够正常地进行社会人际交往,在家庭、社会团体、工作机构中正常肩负和履行责任,能够正确地反映、认知客观世界的本质及其规律,简言之,健康的心理状态具

有良好的社会功能。

虽然有时候个体在情绪上会有波动起伏,行为上会出现不能有效调控的时候,但总体上大多数人在大多数时候,其心理状态都是正常的,那些所谓的情绪和行为波动可能是因为生活事件或者环境的变化而产生,也会伴随时间的流逝和自我的调节,逐渐得到心理功能的恢复。这些精神(心理)问题可以被称为一般心理问题以及发展成长类的各种心理相关问题,当自身无法有效调节的时候,可以通过求助心理咨询或者专业的精神问题诊断与治疗来帮助个体恢复心理的健康状态。

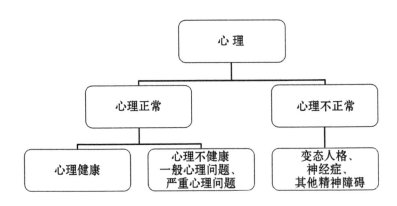

图 1-1 心理状态的正常与不正常划分

那么,不正常的心理状态又是怎样来划分范围、定性严重程度的呢?一般来讲,不正常的心理状态主要包含着严重的心理问题甚至可能是严重的精神问题,比如情绪性障碍(抑郁症、躁狂症等)、神经症(强迫症、恐怖症、焦虑症、惊恐障碍等)、精神分裂症、精神发育障碍(自闭症、多动症)等。从专业的角度来讲,不正常的心理状态已经不仅仅是心理不健康的范畴了,而是程度更加严重,症状反复、持续、明显存在,严重影响到个体日常生活功能与社会功能的实现,给个体成长以及社会带来一定困扰,社会适应出现了明显的障碍。

需要进一步说明的是,在很多情况下,学术界常常习惯于去明确区分和界定"心理疾病(障碍)"与"精神疾病(障碍)"。比如,普遍认为心理疾病(障碍)总体而言严重程度较轻,个体在主客观的认知上还是相对完整统一的,功能的影响上也是相对降低;而一旦确定为精神疾病(障碍),就可以认为是主客观世界的统一性和协调性出现了问题,无法有效地进行正常的社会生活。精神疾病(障碍)是精神活动出现异常,产生精神症状,达到一定的严重程度,并且持续了足够的时间,使得个体的社会生活功能受到损害(戴尊孝,2019)。还有的研究者从包含的范围上进行区分,认为精神疾病(障碍)是指个体的认知、情感、行为及个性等协调性和稳定性方面都出现了问题,神经症(比如焦虑症、抑郁症、强迫症等)和人格障碍等属于轻度精神疾病(障碍),而精神分裂症等则属于重度精神疾病(障碍)(Blashki,Judd,& Piterman,2007)。但我们认为,心理疾病(障碍)与精神疾病(障碍)的界限在很大程度上是非常模糊的,彼此交叠在一起,会存在难以区分的状况,甚至还可能随着病程的演进,二者出现相互转化的现象,企图过分严格地、明确地区分精神疾病(障碍)与心理疾病(障碍),无论是在研究中还是现实中都是不可能的,也是不必要的。因此,在我们的研究中,所针对的对象群体对此并不做严格的区分,集中倾向于存在较为严重的精神(心理)障碍的群体。

当然,在提及精神特殊群体时,我们仍然存在对这一群体的内涵和外延不能明确限定的问题,即使图1-1给出的正常与不正常划分与分类边界也是相对不明确的,严重心理问题应该涵盖了部分人格障碍,至少是横跨正常与不正常之间的过渡状态,硬性归于正常分类在学理上也存在争议。也就是说,关于心理正常不正常的划分没有正确的关注到作为连续变量的心理健康不同水平,没有依据实际病象学事实进行合理的区分。即便如此,我们仍然强调的是精神特殊群体与普通社会公众群体既有差异又存在联系,既有独立性又有过渡性,不能在界线上完全剥离,因此,本研究不再纠结与执念于群体界限的明确性方面。

世界卫生组织公布的《国际疾病和健康相关问题分类》(ICD-10),对精神障碍分成10类,有近400种,包括了社会中最为常见的抑郁症、焦虑症、儿童孤独症、自闭症等精神疾病(障碍)。在本研究中,精神特殊群体的包含对象主要是指精神和心理不健康状态下的个体,也是日常生活中通常被污名化最为严重的几个精神疾病(障碍)群体,比如抑郁症群体、自闭症群体等,以及在大多数人心中仍被认为是"心理异常"的性少数群体者。

当然需要特别指出和说明的是,无论是国际还是国内的精神疾病诊断手册中,性少数群体的存在已经不再认为是心理异常的一类,或者说不再被认为是"变态""有病"。随着在世界范围内人们认知的进一步科学化,性少数群体者实际上在大多数情况下维持着正常的生活与社会适应,已经不是"精神特殊群体"问题的一个典型例证(或者说关于精神特殊群体的研究以性少数群体者为对象,不如以儿童自闭症和抑郁症群体更具有典型意义),但是在本土文化语境中,由于受到传统文化观念根深蒂固的影响,社会大众对此群体的偏见依然明显且消极,仍然将这一群体视为"异常",更为重要的是,由于将性少数群体者视为病态的偏见存在,已经影响了性少数群体者的心理健康与个人发展,通过对相关学生群体等进行调查发现,有相当一部分同学因为自己的性取向和性别认同而受到歧视,比如被起绰号,遭受到言语伤害,被同伴孤立,或者受到身体伤害的威胁,而这些歧视导致他们出现比较严重的精神和行为问题,比如自杀念头、压抑、抑郁、焦虑等,或者自暴自弃、失眠、逃课、退学(魏重政,刘文利,2015;Haas,Eliason,Mays,Mathy,Cochran,D'Augelli,& Clayton,2010;Kim & Leventhal,2008),而在其他社会生活和工作中,性少数群体的处境也呈现出类似情形,鉴于此,在我们的研究中也将其作为需要关注的特殊群体之一。

二、当下精神特殊群体的社会生存状况

1. 群体人数多,类型复杂

应该说,严重的心理疾病(障碍)和精神疾病(障碍)不但严重危害着人类的健康,随着社会文明的发展以及人们对精神健康的关注,它俨然成为当下比较突出的社会问题和重大的公共卫生问题。据世界卫生组织(WHO)的推算,2020年全球精神疾病占所有疾病负担的比例会由1990年的11%升至15%(李强,高文珺,许丹,2008),这一趋势仍将继续增长。

调查显示,近年来中国的精神疾病患者人数较多,且呈现增长趋势,整体形势不容乐观。不同机构提供的统计数据进一步凸显了精神疾病(障碍)形势的严峻性和不容忽视性。比如,根据国家卫健委疾病预防控制局公布的数据可以发现,截至2017年底,我国精神疾病(障碍)患者已经高达2亿多人,总患病率高达17.5%;严重精神疾病(障碍)的患者人数超过了1600万,发病率超过1%。可以推断,随着现代工作节奏的不断加快,社会

生活压力的不断增加,以及其他负性生活事件的不断发生,加之社会对精神疾病(障碍)的诊断水平提高,精神疾病(障碍)的发病率仍在逐年增长,这应该引起全社会的广泛关注(戴尊孝,2019)。

　　根据世界卫生组织的统计数据也可以看出,目前全球各国共约有 3 亿人患有抑郁症,这是一个相当庞大的"抑郁症患者"群体,而患有双向情感障碍(抑郁与躁狂障碍)的人数约 6000 万,患有精神分裂症(这是一种非常严重的精神疾病,在我国常常被称作"精神病")的人数也高达 2300 万。与之相比,中国的精神分裂症患者人数超过 640 万,双向情感障碍的患者人数达 110 万[1](此数据来源于《中国精神病医院行业发展前景与投资预测分析报告》,中国疾控中心精神卫生中心),而且这一数据很有可能并未统计完全。

　　2020 年,由中国社会科学院编著出版的心理健康蓝皮书《中国国民心理健康发展报告(2019－2020)》[2]发布的数据统计结果发现,我国居民的心理健康状况并不十分乐观,心理健康问题呈现出层次性、差异性、不平衡性等特点,比如,以抑郁高风险检出率为例,东部地区为 13.4%,显著低于西部地区 20.1%的检出率;农村居民为 16.5%,显著高于城镇居民 14%的检出率;青少年的抑郁检出率为 24.6%,而且随着年级的增长抑郁的检出率呈现不断上升的趋势。除此之外,统计分析还发现,相比其他年龄段,青年期的心理健康问题较多,低收入、低学历、无业/失业人群的心理健康问题比较突出,这需要引发社会的重视。

---

① 《中国精神病医院行业发展前景与投资预测分析报告》(2019 年 7 月)。
② 《中国国民心理健康发展报告(2019－2020)》(2021 年 1 月)。

即便如此,社会居民对心理疾病的防治意识和水平并不高,虽然人们重视对心理疾病的预防和治疗知识,但主动获取这方面支持的积极主动性还不够。

很多时候,我们或许并不会在意这个数字的变化,甚至都不会意识到,社会中竟然存在着数量如此之多的各类精神疾病(障碍)的患者群体,当然,我们也不能深刻体会到这么庞大的精神疾病(障碍)群体所经受的痛苦折磨和处境。对这一个群体普遍存在的"社会忽视"现象,背后的原因主要有两个:首先,精神疾病(障碍)是一个相对广义的概念,像抑郁、焦虑、强迫,甚至失眠(神经衰弱)等都是精神疾病(障碍)群体中的一部分,但是很多人并未就诊;其次,精神疾病(障碍)疾病具有一定的隐匿性,它给患者带来痛苦,影响社会生活,但是如果患者个人不求助、不表达,很多时候并不容易为外界所发现。

2.群体污名化程度高,生存境遇不佳

对于精神特殊群体的社会生存状况,有些许研究,但并不丰富。这主要缘于,人们在日常观念中往往认为,患有精神疾病(障碍)的个体及其家庭觉得"患病"并不是一件光彩的事情,会受到各种歧视,这个群体及其家人的自我污名化严重,他们不敢暴露,不愿意暴露,更不愿意求助;从家庭的角度上来讲,成员患有精神疾病也不是能够公开的秘密,不喜欢张扬,不喜欢被议论。总体而言,精神特殊群体的医疗和社会生活处境出现了以下特点。

首先,从专业的诊疗需求和条件上来看,虽然存在相对庞大的患者人群,但这一群体的总体就诊率、住院率并不高,尤其是在农村地区,就诊率更低,这一现象充分反映出精神疾病(障碍)的整体医疗状况,"患病不看病"的客观现实背后也体现出了社会对这一群体的重视度、接纳度均不够乐观。比如,从国家法律上来讲,只有那些被诊断为严重精神障碍的患者,并且必须要存在一些危害自身以及他人、社会的行为,才可以住院诊疗。这一规定屏蔽了很多应该进行规范治疗的精神障碍患者。再者,从医疗条件来讲,我们国家的人口太多,因而患者群体人数也相对众多,但是精神卫生资源却相对缺乏,无论在医院数量、床位资源、医务人力资源以及必要的设备配置等方面都不够完善,目前精神卫生医疗的综合水平落后于世界平均水平①。

其次,精神特殊群体还可能会受到诸多的社会限制。比如,有的媒体报道,一名父亲带着自己患有自闭症的 13 岁儿子乘机时,被航空公司工作人员以该少年"行为怪异""高声喊叫"等表现为由拒绝让其登机。航空公司给出的解释是,如果旅客的行为、年龄、精神或者健康状况不适合旅行,或者可能给其他旅客造成不舒适,或者可能对旅客本人或者其他人员的生命或者财产造成危险或者危害,他们都会拒绝其登机,而这名 13 岁的少年就符合这一规定②。此事被报道之后,引发了广泛的热议:自闭症患者能否有权利享受此类社会服务呢? 除此之外,精神特殊群体还有可能面临着受教育权利的缺乏。比如,针对湖南省14 个地州市孤独症儿童受教育权保障的情况调查表明:孤独症儿童在公立学校的入学率不高,且接受义务教育时有可能会受到不公正的对待,导致其接受教育无论数量还是质量都不高,家长对此很不满意。目前,精神特殊群体存在法律法规、教育理

---

① http://history.people.com.cn/peoplevision/n/2015/0518/c371452-27015955.html.

② http://www.dzwww.com/xinwen/guoneixinwen/201611/t20161117_15146841.htm.

念、资金、师资、数据统计及支持体系等六大方面的问题（陈颖，徐聃,2016），更或者是社会工作机会的丧失，导致其处境更加艰难。

3.群体偏见普遍存在且明显

国外对精神特殊群体的偏见状况如何呢？目前来看，多数美国人对精神疾病（障碍）的偏见仍未消除。据美国《世界日报》的报告，美国联邦机构过去数十年来加强对精神疾病（障碍）正确认知的倡导，强调包括抑郁症、酒精依赖症和精神分裂症等在内的精神疾病属于神经生物紊乱，而不是病患"肆意孤行，咎由自取"，但这种倡导活动的效果并不明显，情况仍不乐观。最新研究显示，大多数美国人对精神疾病（障碍）仍存在消极的偏见。《美国精神病学杂志》（*American Journal of Psychiatry*）发表的研究成果显示，许多药品广告试图用科学观点解释精神疾病是大脑生物机制紊乱，这反倒是无意中强化了精神疾病（障碍）是"终身"或"永久性"问题的观点[①]。佩斯科索利多（2013）指出，从1996年到2006年开展了一系列大规模的调查，以精神疾病/心理健康等为主题对感知归因、刻板印象、求助和行为倾向等进行调查分析，结果发现，十年间人们对精神疾病的观念和态度虽然出现了一些变化趋势和特点，但从长远来看，公众对精神疾病等相关的看法却变得更加复杂，相比以往，人们对这一类疾病的表现、接受和心理健康问题的应对等方面出现了一些开放和宽容的迹象。但更令人沮丧的是，大多数美国人对精神疾病（障碍）的偏见仍未消除，受访者仍希望能与精神病患者保持一定的"安全"距离，认为他们属于"危险人物"。大多数

[①]　http://www.360doc.com/content/11/0208/23/190769_91485855.shtml.

情况下,人们对身体疾病和精神疾病(障碍)都会区别对待,相比身体残疾的群体,人们更倾向于与精神病患保持距离。因此,社会对心理障碍、精神疾病等还是缺乏相应的了解和正确的认知,加之根深蒂固的偏颇社会(文化)观念,形成了更为广泛的对这一群体的偏见与歧视。

4. 偏见如何影响整体生活质量

对于患有精神精神疾病(障碍)的人来说,生活质量的下降和个人目标的丧失一方面是由精神疾病所引起的症状、痛苦以及精神残疾本身所造成的。可在很多时候,这一群体生活质量的下降和个人目标的实现也受到了来自社会诸多因素的阻碍,精神特殊群体不得不接受伴随着精神疾病和精神卫生保健的"耻辱"(Boardman, Griffiths, Kokanovic, Potiriadis, Dowrick, & Gunn, 2011)。心理健康危机会扰乱和改变人们的自我意识和他人对自己的看法(Petty & Triolo, 1999),与人的身份有关的社会压迫过程与心理疾病的发生率具有显著的高相关性,因为精神疾病作为他们新的群体身份标签带来更多的歧视,反过来又加重了他们的精神困扰,这是一个持续的恶性循环。强有力的证据表明,精神疾病群体在住房和就业等方面受到了广泛的社会排斥(Corrigan & Phelan, 2004)。污名化可能影响的不仅是精神疾病群体,还包括他们的家庭或者与之亲近的社会关系圈。最近的研究提供了更详细的发现,疾病污名化很可能会影响到人们精神健康的恢复,患病个体的自我污名、自我认同中耻辱的内化,会破坏他们的自尊,进而阻碍他们的康复,降低他们对生活的希望,减少他们的自我效能感(Kleim, Vauth, Adam, Stieg-litz, Hayward, & Corrigan, 2008),摧毁他们参与主流社会群体并与之进行互动交流的信心(Perlick et al. ,2001)。

由此可见,无论国内还是国外,精神特殊群体的处境并不乐观。尤其是国内,随着社会的快速发展,人们的生活与精神压力不断增加,精神疾病(障碍)的患病人数不断增多,中青年群体成为备受关注的群体。如果人们持续对这一群体存在偏见和歧视,不能在一定程度上有效改善自身的消极认知观念,不能充分接纳这一群体的社会融入,那么,这不仅会对这一群体的康复进程产生重要阻碍,而且人们对这一群体的偏见也深刻影响着社会对这一群体的消极行为反应,增加拒绝、疏离、厌恶、排斥等众多行为表现。正如有的研究者所指出的,疾病污名是精神康复以及心理健康服务的最大障碍,心理疾病污名不仅会阻碍心理健康求助,还会降低治疗依从性,即使疾病症状或机能得到控制,它的负面影响也会持续存在,妨碍康复人群重新融入社会(王晓刚,2012)。

从更宏观的社会意义方面来讲,我国于 2016 年 10 月颁布了《"健康中国 2030"规划纲要》,提出了健康中国的理念,是为了推进健康中国建设,全力提高人民健康水平,突出强调人们的幸福感和获得感。同时,国家也在《中华人民共和国精神卫生法》中提出了以"心理健康促进和精神障碍预防"为核心的科学的、现代化的大精神卫生观,强调加强心理健康促进和精神障碍预防工作的重要性,提高公众的心理健康水平,希望对心理健康促进和精神疾病预防起到重要的引导作用。

社会发展中人们的压力与日俱增,心理和精神健康越发引起重视。精神疾病会深刻影响人们的幸福体验感,没有精神的健康就没有社会的健康。如何改善社会对精神疾病群体的消极态度在一定程度上影响整个社会的和谐共进,继而成为社会治理体系中的重要议题之一。鉴于此,集中研究社会公众对精神特殊群体的态度特点,改善社会对精神特殊群体的消极偏见,就成为现阶段需要关注与完成的一个重要学术与社会任务。

第二节
精神疾病知识、污名感知以及疾病态度调查

目前,我国已经将重性精神疾病(障碍)的管理纳入国家基本公共卫生服务项目,并要求实现均等化服务(西英俊等,2014)。但因为长期存在的社会传统文化观念的影响,以及社会公众对精神疾病(障碍)相关知识的普遍缺乏,导致了很多人对精神疾病(障碍)患者存在负面认知,形成了对精神疾病(障碍)患者的消极刻板印象,他们通常会遭受到较多的社会偏见(李强,高文珺,许丹,2008),公众对精神疾病患者普遍持有歧视态度(周英等,2015)。

当然,社会公众对精神疾病(障碍)患者的态度会受到很多因素的影响,精神卫生知识知晓率是最应该重视的因素之一。国家卫生部精神卫生工作计划要求,我国普通人群心理健康知识及精神疾病预防知识于2005年已经达到30%,2010年达到了50%,2015年达到了80%(宋珺等,2013)。近几年来,全国很多地区都陆续展开了对居民精神卫生知识知晓率的调查研究,结果表明,我国不同地区居民对精神卫生知识知晓率基本为47.3% ~75%(孟国荣,李学海,姚新伟,朱紫青,2005;王凯等,2010;张宏伟,2011;姚明解等,2013;佟海龙等,2015)。虽然大部分地区居民精神卫生知识知晓率基本上达到了2010年50%

的目标,整体水平在不断提高,但是与理想目标还是存在一定的距离。之所以如此强调精神卫生知识的普及性,是因为精神卫生知识知晓率越高的人对精神疾病(障碍)患者越包容(肖垚南,陈妙扬,陈丁玲,吴逢春,2015),因此,社会公众的精神卫生知识水平对精神疾病(障碍)群体的态度产生重要的影响。

精神疾病污名是学者们关于精神疾病态度的另一个研究重点,指的是个体在社会互动中对精神疾病患者存有的负面评价、消极情感体验和歧视(Corrigan & Knudsen,2005)。"污名"概念首次被引入心理学领域(Erving,1969),继而展开了基于群体的污名研究。一般来讲,学界对于污名的类型基本达成共识,认为污名主要包括"自我污名"和"公众污名"两种类型(Corrigan et al. ,2005),但是对于污名的成分却存在一定的争议,有的观点认为,污名包括刻板印象、偏见和歧视三种成分,三个成分之间存在递进性的关系(Corrigan et al. ,2005)。具体来讲,刻板印象更多的是基于认知层面的建构,比如对于精神疾病群体属性特征的固定看法,而歧视更偏重于行为倾向方面,比如社会疏离,行为回避或者拒绝等。而有的观点则认为,情绪、认知和行为是构成精神疾病污名的三种主要成分,污名化过程就是这三种成分及其相互作用的混合体(管健,李强,2007;刘欣,杨钢,汪凤炎,2013)。我们发现,即便学界对污名的成分存有分歧性认识,但却普遍认为,污名对群体的消极影响是必然存在的,污名作为一种消极群体标签的存在,会给个体及其所在的群体带来诸多不利的影响。比如精神疾病污名与心理求助态度呈显著的负相关(汤芙蓉,闻永,2015),精神疾病污名程度越高,心理求助态度越消极。通常认为精神疾病群体是危险的,就会远离或拒绝帮助他们(李强等,2009)。因此,精神疾病污名成为影响心理求助态度的一个重要因素。

综上所述,以往关于精神疾病的研究大多以精神卫生知识或态度的现状调查为主,很少涉及不同因素之间深层次的关系研究。精神疾病污名的研究大多集中在其理论结构上,少部分研究探讨了精神疾病污名与心理求助态度的影响。应该说,精神疾病污名不但影响心理求助的态度,更重要的是,它也会深刻影响外群体对受污者的态度。精神疾病污名如何影响了公众对精神疾病患者的态度呢? 精神卫生知识、精神疾病污名以及精神疾病态度之间具有怎样的关系呢? 这些问题值得一探。因此,本节内容旨在了解社会群体对精神疾病患者态度现状的基础之上,进一步探讨精神卫生知识、精神疾病污名对精神疾病态度的影响。

一、对象与方法

1. 对象

此次调查的对象是社会群体,采用的是方便抽样的方式。在调查的过程中将问卷发放给心理学专业的全体学生,共计120余人,每人10～20份问卷不等(根据个体自愿和实际能力),要求他们利用假期时间发放给自己的亲朋好友,然后收回。对带回问卷的同学进行相应的培训并提出如下要求。首先,问卷要保证真实填写,不能由一人全部填写;其次,问卷要分散发放,涉及不同人群类型;最后,问卷要一对一填写,保证完整有效。因为学生来自不同的省份和城市,所以,问卷的发放和人群的取样量比较大,共发放问卷1800份,回收有效问卷1645份,问卷回收率为97.67%,有效回收率为91.39%。其中男性886人,女性

731 人;城市 510 人,乡镇 330 人,农村 770 人;小学 174 人,初中
235 人,高中 224 人,大学 817 人;精神卫生知识水平:基本知晓
637 人,部分知晓 799 人,较少知晓 209 人;平均年龄(25.21 ±
10.10)岁,年龄中位数为 22.00,整体来讲,年轻人占绝大多数。

　2. 工具

精神疾病态度量表:根据研究目的,采用高士元等人编制的
精神疾病态度量表(高士元,费立鹏,2001),量表共 30 个题项,
分为精神疾病病因、暴力和攻击行为、治疗希望、社会价值、社会
回避和社会限制 6 个维度,每个维度有 5 个题项,采用从 1(非常
不同意)到 4(非常同意)的评分方式,得分越高表示社会公众对
精神疾病患者的态度越消极。本研究中总量表的内部一致性系
数为 0.80,各分量表的内部一致性系数在 0.65 ~ 0.75 之间,信
度良好。

精神疾病污名量表:本量表是由中国台湾学者编制(韩德
彦,陈淑惠,2008),共有 12 个项目,分为他人的贬抑和排斥、婚
姻阻力、自尊和权力的降低,共计 3 个维度,采用从 1(完全不同
意)到 4(完全同意)的评分方式,得分越高表示污名化程度越
高。本研究中总量表的内部一致性系数为 0.83,三个维度的内
部一致性系数在 0.65 ~ 0.73 之间,信度良好。

精神卫生知识问卷:此问卷的题目主要来自《精神卫生宣传
教育核心信息和知识要点》,是卫生部办公厅 2010 年颁布的,关
于精神卫生工作指标调查评估方案的问卷(刘芬,2010)。精神
卫生知识问卷共有 20 道题目,分别考察了个体在心理健康、精
神卫生及与精神病相关节日等方面的相关知识,答对一题计 1
分,答错计 0 分,答题正确率即为知晓率,从范围上来讲,能够肯

定或正确回答 15 个条目界定为基本知晓,回答正确 10～14 个
题目为部分知晓,回答正确 9 个题项及以下为较少知晓。

3. 数据处理

使用 SPSS20.0 软件进行分析。具体做法是,采用平均数差
异检验考察不同人口学特征的社会公众对精神疾病患者态度方
面存在的差异;采用 Pearson 积差相关考察精神疾病态度与精神
卫生知识、精神疾病污名之间的相关性。采用 Bootstrap 方法
(温忠麟,叶宝娟,2014),对精神疾病污名在精神卫生知识与精
神疾病态度间的中介作用显著性进行检验。

二、结果

1. 不同人口学特征的社会公众在精神疾病态度方面的特点

分别采用独立样本 t 检验与单因素方差分析的方法,对不
同性别、地区、文化水平以及精神卫生知识知晓水平的被试在精
神疾病态度量表的得分进行了比较,结果如表 1－1。

表1-1　不同人口学特征的被试在精神疾病态度量表得分上的差异比较（M±SD）

		病因	暴力和攻击行为	治疗希望	社会价值	社会回避	社会限制	精神疾病态度
性别	男(n=886)	11.37±1.814	12.26±2.126	11.64±2.054	12.13±1.566	11.37±2.079	10.40±2.563	69.54±6.366
	女(n=731)	11.10±1.823	12.79±1.989	11.46±1.980	12.09±1.461	11.15±1.903	9.92±2.497	68.51±6.312
		$t=2.961$	$t=-1.690$	$t=1.803$	$t=0.580$	$t=2.280^*$	$t=3.785^{***}$	$t=3.238^*$
地区	城市(n=510)	11.00±1.960	12.69±2.093	11.51±2.073	12.06±1.586	11.40±2.095	9.96±2.499	68.62±7.023
	乡镇(n=330)	11.27±1.781	12.56±2.059	11.50±2.059	12.16±1.540	11.25±1.934	10.16±2.675	68.90±6.373
	农村(n=770)	11.43±1.765	12.74±2.071	11.63±1.990	12.13±1.471	11.20±1.976	10.36±2.514	69.49±5.931
		$F=8.497^{***}$	$F=0.891$	$F=0.798$	$F=0.535$	$F=1.666$	$F=3.772^*$	$F=3.079^*$
文化水平	小学(n=174)	11.97±1.708	12.13±2.401	12.32±2.320	12.25±1.653	12.27±2.049	11.44±2.326	72.39±5.730
	初中(n=235)	11.51±1.841	12.94±2.271	11.78±2.124	11.94±1.430	10.83±1.951	10.24±2.606	69.26±5.427
	高中(n=224)	11.36±1.779	12.95±2.131	11.54±1.988	12.32±1.665	10.42±2.043	10.08±2.517	69.67±6.567
	大学(n=817)	11.04±1.842	12.48±1.970	11.40±1.983	12.11±1.483	11.16±2.016	9.98±2.576	68.17±6.642
		$F=5.878^*$	$F=7.178^{***}$	$F=5.538^{***}$	$F=2.636^*$	$F=6.897^{***}$	$F=7.900^{***}$	$F=9.025^{***}$
知识水平	较少知晓(n=209)	11.97±2.052	12.22±2.076	12.23±1.736	12.37±2.185	11.85±1.769	11.44±2.208	72.09±5.298
	部分知晓(n=799)	11.52±1.801	12.74±2.173	12.13±1.538	11.91±2.008	11.41±2.062	10.74±2.456	70.46±5.827
	基本知晓(n=637)	10.72±1.660	12.75±1.917	12.08±1.410	10.90±1.788	10.92±1.924	9.09±2.314	66.46±6.369
		$F=54.411^{***}$	$F=4.553^{***}$	$F=2.592^*$	$F=2.866^{**}$	$F=2.866^{**}$	$F=118.945^{***}$	$F=108.801^{***}$

注：$^*\,p<0.05$　$^{**}\,p<0.01$　$^{***}\,p<0.001$

由表1可知,男性在精神疾病态度及其病因、社会回避和社会限制维度得分上显著高于女性。不同地区的公众在精神疾病态度及其病因和社会限制维度得分上的差异显著,农村公众的精神疾病态度得分显著高于城市公众。

不同文化水平的公众在精神疾病态度及病因、暴力和攻击行为、治疗希望、社会价值、社会回避和社会限制维度得分上的差异显著,进一步比较显示,小学文化的公众其精神疾病态度得分均高于其他群体。不同精神卫生知识水平的公众在精神疾病态度及病因、暴力和攻击行为、治疗希望、社会价值、社会回避和社会限制维度得分上的差异显著,对精神卫生知识较少知晓的群体在精神疾病态度的得分上显著高于部分知晓的群体,而部分知晓的群体在精神疾病态度的得分上则显著高于基本知晓的群体。

2. 精神疾病污名在精神卫生知识与精神疾病态度关系中的中介效应分析

由表1-2可知,精神疾病态度与精神疾病污名呈现显著的正相关,与精神卫生知识呈现显著的负相关,精神疾病污名与精神卫生知识呈现显著的负相关。

表1-2 精神疾病污名、精神卫生知识与精神疾病态度的相关(r)

	1	2	3
1 精神疾病态度	1		
2 精神疾病污名	0.387**	1	
3 精神卫生知识	−0.362**	−0.175**	1

注:* $p < 0.01$,** $p < 0.01$。

  基于相关分析得知,精神卫生知识与精神疾病污名和精神疾病态度显著的负相关,对某一对象的认知度低往往导致对这一对象的偏见,由此形成的污名又会对态度有很大影响,因而构建精神疾病污名在精神卫生知识与精神疾病态度间的中介效应模型。以精神疾病态度为因变量,以精神卫生知识为自变量,以精神疾病污名为中介变量,采用 Bootstrap 程序对中介效应的显著性进行分析,置信区间为95%。结果显示(表1-3),模型中存在的各个路径系数具有显著的统计学意义,这说明,精神疾病污名在精神卫生知识与精神疾病态度关系中发挥了部分中介作用,其95%可信区间未包含0,说明中介效应具有统计学意义。

  社会公众的精神卫生知识对精神疾病污名和精神疾病态度具有显著的负向预测作用,即精神卫生知识水平越高,社会公众精神疾病污名化程度越低,对精神疾病患者的态度越积极($P <$ 0.001),中介效应占总效的16.15%。

表1-3　精神疾病污名在精神卫生知识与精神疾病态度之间的中介作用

	中介变量步骤因变量自变量 标准化偏回归系数	β	R^2	t
精神疾病污名	1(通径 c)精神疾病态度 —精神卫生知识	-0.362	0.131	-15.733 ***
	2(通径 a)精神疾病污名 —精神卫生知识	-0.175	0.031	-7.194 ***
	3(通径 b)精神疾病态度 —精神疾病污名	0.334	0.239	15.263 ***
	4(通径 c')精神卫生知识	-0.304		-13.881 ***

注:*** $p < 0.001$。

三、讨论与思考

首先,本研究发现,社会公众精神卫生知识的基本知晓率为
38.7%,部分知晓率为48.6%,较少知晓率为12.7%,总体答题
正确率为66.9%。这与其他研究的结果是基本一致的,比如有
研究通过分析2005~2015年我国城镇居民精神卫生知识的知
晓情况发现,基本知晓率为28.12%,部分知晓率为47.82%,较
少知晓率为15.97%,由此表明,我国城镇居民对精神卫生知识
的知晓情况处于部分掌握阶段(刘建鹏,张宇翔,羊晨,黄康妹,
张雪琴,2017)。综合本研究与既往研究结果,基本可以达成共
识的是,社会公众对精神卫生知识的知晓率虽有一定的提升,但
与国家卫生部的要求还有一定的差距,普及精神卫生知识仍然
任重道远。

更需要提高警惕的是,社会公众对精神疾病患者的态度偏
消极(高士元等,2001),社会公众对待精神疾病患者的态度仍不
够正面和积极,认知程度较低。为了验证和补充问卷调查的结
果,我们又对16人进行了非结构化的深度访谈,访谈结果也证
实了这一点,访谈结果更具体的表现出人们对于精神疾病具体
类型的概念比较模糊,常常混淆精神病和神经病,更多人提到了
"傻子"和"疯子"。由于人们对于心理健康知识的缺乏或者片
面错误的认识,对精神疾病病因和临床表现的片面认识或者不
了解,所以普遍存在着对精神疾病患者的消极刻板印象,对精神
疾病患者群体存在较为严重的歧视和偏见现象。

其次,不同性别、地区、文化水平和精神卫生知识水平的社
会公众在精神疾病态度上存在不同的特点。男性在对待精神疾
病患者的态度上比女性更消极。而以往的研究多半认为性别在

对待精神疾病态度上差异不大。比如,钟汉玲等(2014)的研究表明,不同性别人群在各维度得分比较无统计学意义,王变云等(2014)和刘芬等(2010)也得出了一样的结果。造成这种差异的可能是由于所使用的调查工具不统一,选取的调查对象也存在一定的差异。农村群体对精神疾病患者的态度比城市群体更加消极。以往研究在这方面存在分歧。例如,胡号应等(2012)研究表明,与城市居民相比,农村居民对精神疾病的态度更包容。而严保平等(2014)的研究显示,城市人群更容易接纳精神疾病患者。在这一点上,有人认为农村居民相对知识水平较低,接触人群的类型范围较窄,因而对精神疾病了解较少,而城市居民则对精神疾病知识了解得更多。曾有研究者对两千多名15岁以上的武汉常住居民进行心理健康知识和精神障碍预防知识的调查,结果发现,总体来讲,精神卫生知识知晓率为73.25%,但仔细比较发现,居住在中心城区的、30~45岁之间的、本科及以上学历的、国企及事业单位的等居民,心理健康知识和精神障碍预防知识得分均较高(董玲,周洋,陈文材,王玫玲,黄先娥,刘修军,2019)。对精神疾病患者的接触机会越多、接触程度越深,精神卫生知识水平越高,对精神疾病的态度也就越包容。城市居民的精神卫生知识高于农村居民,城市居民在对待精神疾病态度上比农村居民更积极,更多的源于他们对于精神疾病的了解多于农村居民。最后,文化水平越低,对精神疾病患者的态度也就越消极。文化水平代表了一个人的知识量以及了解知识的能力,同时也可以用来衡量一个人的思想水平、接受新鲜事物的程度。因此,文化水平越高,则可能对精神疾病了解更多,能够对问题进行客观全面的思考,因此在对待精神疾病患者的态度上更加宽容。精神卫生知识水平越高的群体,对精神疾病患者的态度越积极,精神卫生知识知晓率得分越高的人对精神疾病越包容(王凯,2010)。因此,精神卫生知识的普及对于社会公众对精神疾病态度的改善极为重要。

精神卫生知识与精神疾病态度之间存在显著的相关。精神卫生知识得分越高,表明其对精神疾病了解得更多,对精神疾病的病因、临床表现等都有更深的了解,因此,对待精神疾病患者,能够客观的进行评价,并给予理解与同情。精神疾病污名与精神疾病态度的相关程度高于精神卫生知识与精神疾病态度的相关。精神疾病污名也是态度的一种体现,最终表现为歧视。精神疾病污名化程度越高,社会公众对待精神疾病患者的态度也就越消极。而怎样消除这种来自刻板印象的歧视,即改变大众对于精神疾病患者的刻板印象,是改善社会公众对精神疾病患者态度中亟待解决的难题。中介效应分析表明,精神疾病污名在精神卫生知识与精神疾病态度的关系中具有一定的中介作用。也就是说,精神卫生知识不但直接影响社会公众对精神疾病患者的态度,还会通过精神疾病污名对精神疾病态度产生间接的影响。

四、现实启示与建议

提高社会公众的精神卫生知识水平,减少公众的精神疾病污名是改善社会对精神疾病患者消极态度的有效措施之一,也是社会精神健康素养提升的重要标志。精神卫生知识的普及会使社会公众对精神疾病的认识深化,对减少消极刻板印象和公众疾病污名有一定的作用。

在精神健康知识的普及工作方面要突出两个重要内容:其一,社会应通过加大精神卫生知识的普及力度,减少精神疾病污名,呼吁社会公众关注精神疾病患者这一特殊的群体,实现全社会对精神疾病患者的尊重、理解和关爱,同时促进精神疾病患者生理、心理、社会层面的康复、提高生存质量、推进精神卫生事业的发展。其二,做好对整个社会公众在精神卫生知识水平与精神疾病态度方面的追踪性研究,及时反映和呈现随时间变化公众在精神卫生知识与疾病态度方面的变化特点,进而能够及时了解精神卫生知识的宣传效果,及时寻找知识宣传的短板与不足,整体促进社会公众精神卫生素养的提升。

在精神健康知识的普及方面要与时俱进,强调工作的具体性。首先,随着时代的发展,人们更倾向于从不同途径获取知识,尤其是通过网络途径获取精神卫生知识更加普遍,有效运用互联网开展健康促进是精神卫生宣传的发展趋势(董玲等,2019)。其次,要在知识普及工作中突出重点人群,年龄低、受教育程度低、社会经济地位低、农村地区、西部地区的居民是今后精神卫生知识宣传的重点对象。最后,在普及精神卫生知识的同时,也要全面提高居民获取精神卫生知识的意愿与积极主动性(刘建鹏等,2017),提升居民的精神健康素养水平。

第三节
群体污名化与社会距离

污名是一种普遍存在的消极社会印象,被污名的群体往往会在特殊的文化背景下被贴上标签。对于群体污名的研究大多涉及艾滋病群体(杨金花,王沛,袁斌,2011)、农民工群体(蔡瑞林,陈万明,丁道韧,2015)等,对于心理疾病群体污名的研究也已经出现,但是针对具体类型的(精神)心理疾病群体的污名研究还不是非常丰富。有的研究者指出,心理疾病污名是由于心理疾病患者的症状、技能缺陷、外表及标签等信号导致公众产生消极的刻板印象,进而产生对心理疾病患者的歧视(李强等,2008)。

近年来,随着心理疾病患者的人数不断增多,心理疾病污名也逐渐受到重视。尤其是抑郁症患者的人数不断增加,致使抑郁症群体成为社会认知度较高的心理疾病群体之一。对于抑郁症群体的污名研究发现,社会公众对抑郁症群体最常见的三种污名类型是:认为抑郁症患者的言行举止难以预料(不可预知污名);认为罹患抑郁症是个性软弱的表现(软弱污名);认为抑郁症不是一种医学疾病(诈病污名)(Li,Jiao & Zhu,2018),这些污名反映了社会公众对这一群体的消极态度。

社会距离是群体态度的重要指标,也作为社会行为倾向的一个重要指标,常用来衡量群体之间以及群体内部个体之间的亲密关系程度(Angermeyer & Matschinger,1997)。在某一群体身上添加污名标签会引发他人对这一群体的歧视和排斥,进而会对社会交往行为倾向产生重要的影响。研究发现,人们对被污名化的群体有着更大的社会距离,很少进行沟通和交流,进而更难产生共同感(徐延辉,邱啸,2017),而对被污名群体的不当归因会加重公众对该群体的污名认知(刘颖,时勘,2010),当被污名的群体成员意识到这些社会给予他们的污名时,会导致他们与他者群体产生更远的社会距离(赵德雷,2013),这是一个恶性循环。

群际焦虑是指个体对群际交往的消极预期和负性情绪体验(Turner,Hewstone,Voci,& Vonofakou,2008)。研究发现,群际焦虑是预测内群体对外群体偏见的重要指标(Stephan & Stephan,1985),群体态度与群际焦虑存在显著的正相关,群际焦虑的高低可以预测群体态度是否友好(Paolini,Hewstone,Cairns,& Voci,2004)。当个体对外群体成员产生群际焦虑时,就启动了对外群体成员的消极反应,这会阻碍了积极有效的群际沟通和群际接触(管健,2017)。这说明,群际焦虑与社会距离之间存在一定的影响关系。

在群际层面上来看,交往自我效能感(以下简称交往效能)是社会行为倾向的重要预测指标,它主要是指内群体成员对自己与外群体成员交往时是否能够顺利进行以及是否能够成功应对不利情境的能力评价(Gougeon,2015)。当个体对外群体存在不正确的认知,跨群体交往的经验缺乏时,跨群体交往就会因为唤起诸多的不确定性和心理威胁感而降低自我交往效能感(Plant & Devine,2003),因为这种不确定性使得个体不清楚如何在跨群体接触的情况下评价自身的交往能力(Stephan et al.,1985),感觉到跨群体互动超过了心理可用资源(Trawalter,Richeson,& Shelton,2009)。重要的是,群际交往的自我效能感进而会影响社会行为倾向,可以影响直接的面对面的跨群体交往的可能性(Mazziotta,Mummendey,& Wright,2012),以及社会距离的远近(Bahora,Hanafi,Chien,& Compton,2008)。

社会公众对某一群体的污名会影响其对这一群体的态度以及群际关系的疏离,对于抑郁症群体污名来讲,虽然以往研究探讨了污名类型,却没有详细探讨社会公众对这一群体的污名会导致怎样的社会后果,也缺乏对其中相关因素(比如群际焦虑、交往效能)影响作用的深入探讨。本节内容将通过结构方程模型全面探讨抑郁症污名与社会距离之间的关系,并进一步探讨群际焦虑和交往效能在二者关系中的中介作用。

一、对象与方法

1. 对象

通过对河南省濮阳市某中学按照班级和学号随机取样,选择高中生650人,剔除作答不完整的问卷,得到有效问卷582人,有效率90%。有效被试年龄14～20岁,平均16.42岁(标准差1.041)。其中男生302人,女生279人,性别缺失1人。

2. 工具

抑郁症病耻感量表:污名通常被认为是病耻感的表达,因此采用格里菲斯等人(Griffiths, Christensen, & Jorm, 2008)编制、温李涛等人(温李滔等,2017)翻译修订的抑郁症病耻感量表中的子量表,主要测查个体对抑郁症患者以及群体的污名,共9题,采用五点计分,分数越高表明个体对抑郁症群体的污名认知程度越高。本研究中该量表的内部一致性系数为0.77。

社会距离量表:根据巴斯蒂安等人编制的社会距离量表(Bastian, Lusher, & Ata, 2012)修订而来,通过学校、班级、邻居等六种社交情景测量群体间的社会距离,共有6道题,采用五点计分,单一维度,分值越高代表个体对外群体的社会距离越远。本研究中该量表的内部一致性系数为0.90。

群际焦虑量表:根据斯蒂芬等人编制的群际焦虑量表(Stephan et al., 1985)修订而来,用来测量内群体与外群体进行交往时的焦虑反应,共10道题,采用七点计分法,单一维度,数越高表明群际焦虑水平越高,本研究中该量表的内部一致性系数为0.74。

群际交往效能量表:根据群际交往效能感量表(Mazziotta et al.,1985)修订而来,此量表主要用来测量个体与外群体成员交往时自己是否能够成功应对不利情境的能力评价,共有3个题目,单一维度。采用的是七点计分法,得分越高表明个体的群际交往效能水平越高,本研究中该量表内部一致性系数为0.85。

3.共同方法偏差检验

使用哈曼单因子检验方法来探讨共同方法偏差问题,未旋转的主成分因素分析结果表明,有8个特征根值大于1的因子,第一个因子解释的变异量为24%,小于临界标准40%,这表明本研究中不存在无明显的共同方法偏差,可以消除由于相同实验环境、项目语境等带来的系统误差。

二、结果

1.描述性统计与相关分析

对本研究中的群际焦虑、群际交往效能、社会距离以及抑郁症污名共计4个变量的得分进行描述性统计和相关分析,结果见表1-4。

表1-4 各变量的描述统计及相关矩阵($n=582$)

变量	$M \pm SD$	1	2	3	4
1.群际焦虑	14.01 ± 3.80	1			
2.交往效能	38.61 ± 8.39	-0.162	1		
3.社会距离	16.78 ± 4.56	0.358^{**}	-0.362^{**}	1	
4.抑郁症污名	23.42 ± 4.66	0.336^{**}	-0.249^{**}	0.384^{**}	1

注:$^{**}P<0.01$,$^{***}P<0.001$

结果显示,抑郁症污名与群际焦虑和社会距离存在显著的正相关,与交往效能存在显著的负相关,群际焦虑和社会距离存在显著的正相关,交往效能与社会距离存在显著的负相关。

2. 各变量间的结构方程模型

基于前文中对抑郁症污名与社会距离关系的分析以及群际焦虑、交往效能在其中可能存在的作用,构建如图 1-2 的多重中介模型,并采用 Mplus8.0 进行了检验。

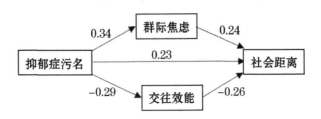

图 1-2　污名认知与社会距离的中介效应模型图

经过检验,该模型的拟合指数为 $\chi^2 = 2.909$, $\chi^2/df = 2.909$, $GFI = 0.998$, $CFI = 0.994$, $TLI = 0.963$, $NFI = 0.990$, $RMSEA = 0.057$, $AGFI = 0.975$,模型拟合较好。结果显示,抑郁症污名与群际焦虑、交往效能、社会距离之间的路径系数均显著,表明抑郁症污名对社会距离存在直接影响作用,群际焦虑、交往效能在抑郁症污名和社会距离之间起到部分中介作用。

3. 中介效应检验

使用 Bootstrap 程序检验了中介效应及其显著性。采用重复随机抽样的方法在原始数据中抽取 1000 次,计算 95% 的中介效应置信区间。

表 1-5 中介效应显著性的 Bootstrap 检验

路径	标准化的间接效应估计	占总效应的比值	95% 的置信区间	
			下限	上限
抑郁症污名→群际焦虑→社会距离	$0.34 \times 0.24 = 0.082$	21.2%	0.048	0.120
抑郁症污名→交往效能→社会距离	$(-0.29) \times (-0.26) = 0.075$	19.4%	0.044	0.114
抑郁症污名→社会距离	0.23	59%	0.077	0.295
总效应	$0.082 + 0.075 + 0.23 = 0.387$	100%		

由表 1-5 可知,"抑郁症污名→群际焦虑→社会距离"和"抑郁症污名→交往效能→社会距离"两条间接效应路径以及直接效应的置信区间为均不包含 0,该模型的中介效应均显著。

三、讨论

本研究表明,抑郁症污名和社会距离呈显著正相关,抑郁症污名对社会距离有正向预测作用,这说明在抑郁症被群体污名化的情况下,社会公众会表现出对外群体更远的社会距离。这与既往的研究结论一致,社会公众对心理疾病患者存在明显的内隐污名,这增加了社会公众与心理疾病群体的社交距离 (Nicolas,Rüsch,Andrew,& Todd,2010)。

本研究发现,群际焦虑在抑郁症污名与社会距离之间存在部分中介作用,个体对抑郁症群体的污名水平越高,群际焦虑的水平越高,从而产生与抑郁症群体更远的社会距离。从本质上来看,个体对抑郁症的污名认知体现出了个体对抑郁症群体的消极刻板印象,这唤醒了内群体成员(社会公众)对外群体成员的负性情感。有的研究者指出,从某种程度上将,群际焦虑的激活放大了个体对与外群体成员接触的威胁评估(Van Zomeren,Fischer,& Spears,2007),促使个体产生对未来与外群体成员进行交往的消极预期,并进而产生了社会排斥(Perkins,Inchley-Mort,Pickering,Corr,& Burgess,2012)。

再者,交往效能在抑郁症污名与社会距离之间存在部分中介作用,个体对抑郁症群体的污名水平越高,交往效能水平越低,从而产生与外群体更远的社会距离。根据班杜拉的社会认知理论,自我效能水平受到以往经验多寡和优劣的影响,自我效能的水平也会影响个体的交往动机和行为。在群际交往情境下,当个体感知到抑郁症群体是"言行举止难以预料(不可预知污名)"时,会对自己是否具有成功与这些群体进行顺利交往的能力产生不确定感,加之个体缺乏与抑郁症群体交往的直接经验,无法获得更多有效的交往技能和行为图式,从而降低了自我效能感水平,增加个体了对外群体的陌生感和隔离感(艾娟,2017)。

四、现实思考

随着社会生活节奏的加快,人们的生活压力不断增加,精神健康问题不断得到社会各方面的关注,诸如强迫症、焦虑症、社交恐怖症、抑郁症等都俨然成为大家关注的话题。其中,最为社会所关注的是抑郁症。世界卫生组织 2017 年的数据报告显示:全球现有超过 3 亿名抑郁症患者,近十年来患有抑郁症的人数增长了 18% 以上,而且中国患有抑郁症的人数也在不断增长[1]。

---

[1]　https://med.sina.com/article_detail_103_2_71976.html.

确实,抑郁症在国内正在备受社会关注。这是由于:其一,国内外先后有数名娱乐明星相继被报道患有抑郁症,有的甚至自杀身亡,比如张国荣患抑郁症自杀身亡,继而又出现韩国以及其他国家的明星患有抑郁症且自杀的案例。这些公众人物罹患抑郁症引发了社会对这一疾病的关注,使得抑郁症作为一种比较严重的精神障碍进入大众视野,并逐渐对此熟知。其二,越来越多的其他群体容易罹患抑郁症,比如年轻母亲、青年学生、白领人群等都成为抑郁症的高发群体,给个人的生活和家庭带来了巨大的痛苦。正如有的研究者所指出的,由于大众媒体的广泛报道,社会中越来越多的人对抑郁症的发生更加习以为常,这个以前更多的是由医生来根据医学标准进行诊断的病症,现在变成了很多公众都能够根据经验和常识对自己和他人进行诊断,进而给他人贴上抑郁症的标签(何伶俐,汪新建,2012)。

社会对抑郁症的关注也反映在学术研究的热度持续升温方面。近年来,以“抑郁症”“忧郁症”“情感障碍”等为主题的研究呈现突飞猛进的增长趋势,截至 2016 年,通过对国内抑郁症研究文献的主题进行聚类发现,大多数研究集中在医学、社会学、心理学等领域,并从不同的学科视角出发,深入探讨抑郁症发病的生理、心理与社会性原因,试图找到有效治疗抑郁症的各种方法,集中聚焦于抑郁症的流行病学调查、社会心理因素分析以及药物治疗等方面,其中受到关注度最高的便是社会心理因素分析(白吉可,周志超,张大庆,2018)。

当然,深入探讨“抑郁症”的病因、治疗,甚至是社会文化意义以及由此彰显出的当下社会心态,都是非常有意义的。但从社会现实层面上讲,人们对这种心理疾病的了解却远远不够深入,人们倾向于从一些粗浅的认知、偏颇的观点出发去对自己或者他人贴标签,进而进行心理健康与否的群体划分。最重要的是,社会还存在诸多关于这一疾病的消极看法及其对这一患病群体的污名认知,正如本研究所得出的结论,社会公众对抑郁症等为代表的精神疾病群体的污名会导致群际关系的进一步疏远,社会距离的不断增加,不利于这些群体精神问题的解决以及社会生活的再融入。因此,需要采取一定的措施来减少社会公众对精神疾病群体的偏见与污名,比如采用间接群际接触干预,可以有效降低与特殊群体进行交往的群际焦虑水平,提高交往效能水平,从而改善社会对特殊群体的态度,增进精神特殊群体的社会接纳度和社会融入感,而这项工作也是我们后续研究中需要进一步完成的。

第四节
对自闭症群体的社会态度测量

"社会化、交流和行为"的非典型发展是自闭症谱系障碍的主要特征,自闭症患者通常在认知功能、学习、注意力和感觉加工方面存在一定的异常(American Psychiatric Association, 1994)。2015 年,《中国自闭症教育康复行业发展状况》的最新调查数据现实,我国目前统计在内的自闭症患者有一千余万,其中 14 岁以下的儿童患病人数占比最高,共计两百多万(五彩鹿儿童行为矫正中心,2015),即便还有很多地区的自闭症患者没有被统计进去,但就目前的患病人数来讲,自闭症群体的已属数量巨大,应该引起社会广泛的关注。

一、问题提出

长远来讲,自闭症患者不但面临着社会生存技能的改善,更重要的是他们还需要克服自身融入社会的多方面障碍,尤其是社会对这个群体的偏见。以往研究发现,社会对自闭症群体的认知流于浮表,对自闭症的特点缺乏深入的了解;对接触自闭症群体表现出惧怕、排斥等心理和行为,社会接纳意愿不高;对自闭症患者的社会距离较远,自闭症群体的很多权利受限(徐云,朱旻芮,2016;华晓慧,杨广学,2013;黄伟合,2008)。从这些普遍存在的对自闭症群体的社会反应中可以窥见自闭症群体的现实生存境遇不容乐观。因此,要想切实提高人们对自闭症群体的社会接纳程度,科学、全面、准确地了解社会对自闭症群体的态度就成为首要的工作,而编制一个测量社会对自闭症群体态度的有效工具则是关键。

2008 年,马奥尼编制了自闭症态度问卷(Attitudes toward Individuals with Autism,简称 AIA)。这份问卷主要从社会距离、学术融合和私人权利三个方面展开调查(Mahoney,2007),虽然它是第一个明确测量人们对自闭症群体态度的问卷,但是其在应用性方面还仍存在改进之处。首先,该问卷的维度缺乏对自闭症知识的考察,不能反映出社会对自闭症群体的认知程度。而对一个群体的知识本身是态度中重要的认知维度,它反映了社会对这个群体的认知评价内容。其次,这个问卷中个人权利方面的内容也显得偏颇和狭窄,仅仅探讨了个体的受教育权利获得与否。其实,自闭症个体作为一个社会人,不应该仅仅体现在受教育为主的私人权利获得方面,还应该体现在其他更加开放、多样、公众的社会权利方面,比如是否可以出现在不同的公共场合、乘坐不同的公共交通工具、享受不同的公共服务等。2013年,安塔等编制了社会对自闭症的态度问卷(Societal Attitudes towards Autism,简称 SATA),这份问卷主要通过社会态度、个人距离和知识三个因素来测查人们对自闭症群体的态度(Antal,2013)。但这个问卷也存在一些局限性,比如它包含了大量的负面性陈述项目,且问卷并不涉及态度的情感、认知和行为等维度。2015年,达契斯等人编制了自闭症态度问卷(Multidimensional Attitude Scale Toward Persons with Disabilities,简称 MAS),此问卷从负面情感、中性情感、认知、行为四个维度来测量社会对自闭症群体的态度(Dachez, Ndobo, & Anaïs Ameline, 2015),但它主要是通过探查个体对在公共场所遇到自闭症患者的社会情境做出反应,情境性特点突出,反映其他社会现实中人们对自闭症群体态度的能力较弱。

综上可见,国外三个自闭症态度的测量问卷在维度结构以及应用性情境等方面存在不完善之处。相比而言,国内学界更是缺少测量社会对自闭症群体态度的有效问卷。由于缺少必要的测量社会对自闭症态度的工具,导致了研究者和实践者不能全面深刻知晓这一群体目前所遭遇的社会态度和社会心理境遇程度。基于此,本书以前人已有的问卷研究为基础,以自闭症群体的社会行为与心理特点为依据,重新梳理社会对自闭症群体的态度所包含的具体内容和结构,进一步编制相关的测量工具并检验其科学性和有效性,从而为有效探查社会对自闭症群体的态度提供重要的工具。

二、研究过程

1. 被试

测量工具的预测阶段采用集中测试的方式,招募 350 名大学生进行自闭症态度问卷的预测,收回有效问卷 327 份,其中男生 150 人(46%),女生 177 人(54%),平均年龄 18.91 ± 1.27。测量工具的正式实测阶段,再次招募 350 名大学生完成修订后的自闭症态度问卷测试,收回有效问卷 315 份,其中男生 142 人(45%),女生 173 人(55%),平均年龄 20.01 ± 1.34。

2. 工具编制与实施程序

(1) 编制程序

为了更为全面的制定自闭症态度测量问卷的结构和内容,问卷的编制工作从两方面展开:首先,对已有的三个自闭症态度测量问卷进行维度梳理,取长补短,合理架构起认知、情感、行为的态度三维度。其次,问卷进行了编制前期的开放式访谈工作,开放式访谈目的在于更好地了解当下大学生对自闭症群体的总体认知状况,便于整理具体的条目内容。研究设计了如"谈谈你对自闭症患者有哪些认识?""如果让你接触一个自闭症患者你会有怎样的心理体验?"等问题对随机选择的 20 名大学生进行开放式访谈,同时让另外 20 名大学生对以上问题填写开放式问卷,要求他们对每个问题的回答尽可能地多。

结合问卷维度框架以及访谈内容,详细整理出对自闭症群体的认知、情感、行为三个方面内容并形成初步的测量条目。由专业学生和教师组成小组对所有整理出的初步条目进行评判,并对条目表达的简洁性等进行评价。最后,确定自闭症态度测量工具拟包括认知评价、负性情感、行为距离三个分问卷。这份初始测量工具共计 50 个条目,其中认知评价问卷共计 22 个条目,负性情感问卷 6 个条目,行为距离问卷共计 22 个条目。

（2） 实施程序

初始问卷形成之后,首先选取 350 名大学生进行测试,对收回的有效问卷进行探索性因素分析;采用根据探索性分析结果修订的问卷,再次选择 350 名大学生进行测试,对收回的有效问卷再次进行结构验证性因素分析。

三、研究结果

1. 自闭症态度问卷的预测

首先对三个分问卷进行项目分析,删除高低分组差异不显著的条目后,再分别对三个问卷进行探索性因素分析,删除在因子上载荷量低于 0.3 的项目,最终剩余 24 个条目,见表 1–6。

表 1–6　旋转后的因子负荷矩阵

		A8	A9	A10	A12	A14	A15	A16	A19	A20	A21	A22
认知评价	表现性认知	0.769	0.739	0.705	0.677							
	可控性认知					0.845	0.770	0.679				
	治愈性认知								0.779	0.771	0.607	0.580
负性情感		B23	B25	B26	B27							
	负性情感	0.778	0.739	0.860	0.874							
行为距离		C46	C51	C52	C53	C54	C38	C39	C40	C41		
	社会行为距离	0.764	0.763	0.695	0.678	0.579						
	个体行为距离						0.819	0.790	0.733	0.658		

注:表中如 A8、B23、C46……是原始问卷题目标识号,鉴于篇幅有限,此处不列出具体条目内容。

总体而言,认知评价问卷共计 11 个条目,其中表现性认知因子(A8\A9\A10\A12,如自闭症患者不能表现出良好的沟通行为)、可控性认知因子(A14\A15\A16,如"自闭症患者的自控能力较差")与治愈性认知因子(A19\A20\A21\A22,如"自闭症患者是无法治愈的"),三个因子的方差累计贡献率为 59.21%。负性情感问卷共计 4 个条目(B23\B25\B26\B27,如"接触一个自闭症患者让我感到羞耻"),因子方差累计贡献率为 68.40%。行为距离问卷共计 9 个条目,个体行为距离因子(C38\C39\C40\C41,如"我不会理睬坐在我身边的自闭症患者")与社会行为距离因子(C46\C51\C52\C53\C54,如"将自闭症个体融入正常班级会有很多安全隐患"),两个因子的方差累计贡献率为 64.75%。

2.自闭症态度测量的结构验证

采用 Mplus8.0 对修改后问卷再次测量获得的数据进行验证性因素分析,主要是对包含不同结构维度的认知问卷与行为问卷进行验证性因素分析。

表 1-7　自闭症态度不同内容结构的验证性因素分析拟合指数(n =315)

	x^2	df	x^2/df	CFI	TLI	RMSEA	SRMR
认知评价	90.738	41	2.21	0.933	0.910	0.061	0.054
行为距离	70.380	26	2.71	0.947	0.927	0.072	0.047

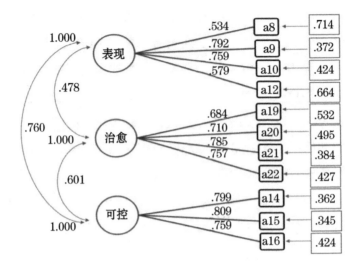

图 1-3 认知评价的验证性分析结果

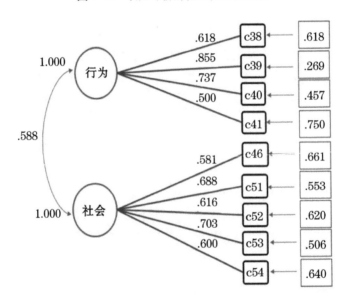

图 1-4 行为距离的验证性分析结果

　　结果发现,认知问卷的项目因素负荷都在 0.53~0.81 之间(见图 1-3),行为距离的项目因素负荷在 0.50~0.86 之间(见

图1-4),测量模型的拟合结果良好,见表1-7。

3. 信度分析

信度分析结果表明,认知问卷的内部一致性系数为0.86,其中表现性认知、可控性认知以及治愈性认知的内部一致性系数分别为0.75、0.83、0.82。负性情感问卷的内部一致性系数为0.86。行为距离问卷的总体内部一致性系数为0.88,其中个体行为距离问卷的内部一致性系数为0.87,社会行为距离问卷的内部一致性系数为0.80。间隔三周后的重测信度均达到0.75以上,这表明自闭症态度的测量工具时间稳定性较好。

四、讨论与现实意义

随着社会对自闭症群体的关注越来越多,测量社会公众对自闭症群体的态度成为必需的工作,这有助于我们更好地理解自闭症群体的社会现实处境。

从认知、情感和行为倾向三个维度编制自闭症群体态度的问卷,结果表明,该问卷具有良好的信度和效度指标。问卷分为认知评价、负性情感与行为距离三方面,相比ATA问卷增加了更为完善的认知评价维度,且在行为距离维度中增加了对自闭症群体享有的社会公有权利的测量内容;相比SATA问卷,本问卷丰富了情感体验维度,能够进一步反映出人们与自闭症接触的情感反应程度;相比MAS问卷,本问卷的使用情境更为广泛,而不仅仅局限在交往接触情境中。

具体来讲,首先,认知评价维度主要是探查社会对自闭症群体在表现性、可控性、治愈性等方面的整体反应,包含了对自闭症群体日常症状表现、行为可控性程度以及病因、治愈性等方面的知识,更体现出了建立知识基础上的社会对这一特殊群体的评价倾向。其次,负性情感维度主要是用来探查人们与自闭症群体接触所产生如恐惧、焦虑、厌恶等体验程度。自闭症群体作为交往对象,往往会带给对方更多的不舒适感,交往过程通常会伴随着以恐惧、焦虑、厌恶为主的负性情绪,这一维度的测量结果可以真切反映出社会现实中人们与自闭症群体进行接触时的情感体验状况。最后,行为上的距离主要是用来探查在社会生活中,个体与自闭症群体接触的意愿度、接纳度,以及个体对自闭症群体享有的受教育权利、社会生活权利等社会公共权利的接纳和支持程度。目前较少有研究涉及人们接触自闭症群体的行为反应倾向,鉴于道德或者社会赞许性的压力,人们对自闭症群体的行为距离往往不能够准确表达。

关注自闭症群体,一方面是需要采取多元化的干预措施促进自闭症个体融入社会(才娜,陈晨,郑雨潇,肖艳杰,2018),另一方面需要增加社会对自闭症群体的认识和了解,提供适当的机会来接触自闭症群体,完善社会规范和法律制度来保障自闭症患者的公共权利,从而改善社会对自闭症群体的消极态度,促进社会各界对自闭症及其家庭的公益援助或者志愿帮扶工作,这对于提高自闭症患者的社会支持具有重要的现实意义。

第五节
可控性认知与志愿服务的关系

美国精神疾病诊断与统计手册 DSM – 4 认为,自闭症是一组复杂的精神发育障碍,其主要特征是社会行为,比如交流和行为等存在发展缺陷,同时在认知、学习、注意力和感觉加工方面也出现异常。近年来,随着自闭症群体的人数不断增多,社会对自闭症群体的关注也越来越多,每年的自闭症日,都有很多相关的新闻报道呼吁社会关注和帮助自闭症患者,有很多针对自闭症群体的社会公益性志愿活动不断开展。但是,我们发现,在对自闭症群体的治疗和社会融入过程中,社会公众对自闭症群体的态度往往会起到严重的阻碍作用,自闭症患者不但需要改善自身的社会生存技能和社会适应水平,更重要的是他们还面临着社会对这个群体的消极态度。

整体而言,社会对自闭症群体缺乏相应的认知,对自闭症患者表现出惧怕、排斥等心理和行为,社会接纳意愿不高;自闭症的很多社会公共权利受限,比如被拒绝乘机,难以被普通学校平等接纳,被其他同伴忽视和排斥(徐云等,2016;华晓慧等,2013;黄伟合,2008)。当然,对自闭症群体的这些态度也深刻影响了个体参与相关志愿活动的倾向性。为此,针对社会公众对自闭症群体的可控性认知与志愿参与行为的关系展开探讨非常必要,可以使实践者更好地理解社会对自闭症群体的志愿参与倾向,促进社会各界对自闭症及其家庭的公益援助或者志愿帮扶工作,对于提高对自闭症患者的社会适应具有重要的现实意义。

一、问题提出

对特殊群体的认知,尤其是对特殊群体的病症和自身行为可控性的认知会影响社会个体对特殊群体的情感反应和行为倾向。通常来讲,可控性认知是关于个人对造成其状况和管理其行为的责任程度的可控性归因或信念(Corrigan,2000)。可控性认知主要包括两个方面:病因可控性以及行为可控性。病因可控性认知主要是个体对患病因素可控性的归因和信念,行为可控性认知主要是个体对患病个体是否具有行为自制力的归因和信念。

研究发现,对某一外群体的认知会影响人们对这一群体的社会性助人行为倾向。比如,对于病情可控性的认知让人们更倾向于帮助那些被认为是起病较难控制、并非是其自身不良原因导致的艾滋病人(例如那些由于输血引起的艾滋病),而不是那些被认为是起病可控制的艾滋病人(例如那些由于不良的性行为引起的艾滋病)(Weiner,Perry & Magnusson,1988)。同时,对某一特殊群体的行为倾向也会受到我们怎样去认知这一群体对其行为管理可控性程度的影响,比如人们对一些难民、种族等群体能否通过自身行为控制其处境的归因会影响人们对他们的援助倾向,如果人们认为该群体能够通过行为控制自己的生活境遇,那么该群体获得的援助则较少(Tuch,Steven,Hughes & Michael,1996)。当然,精神病患群体作为一种污名群体也得到了研究者们的关注。虽然有的研究者认为是否患有精神障碍是个人在一定程度上无法控制的(Krajewski & Flaherty,2000),但也有研究者指出,那些认为精神疾病是由患者本身不良性格所导致的个体,会比那些认为精神疾病是遗传原因所导致的个体对精神疾病患者表现出更远的社会距离(Martin,Jack,Pescosoli-do,Bernice & Tuch,2000)以及更多的社会排斥(Corrigan,Markowitz,Watson & Kubiak,2003;Penn,Cliff & Mueser,2003)。

　　基于以往的研究,不难发现:其一,个体所具有的对某一特殊群体的病因可控性认知或行为管理可控性认知,都能够影响个体对这一特殊群体的助人倾向、社会距离以及社会排斥。其二,对于自闭症群来讲,患病原因至今并未得出一致性结论,因此,多数人都认为自闭症的病因往往是个体所无法控制的,进而关注社会对其行为可控性的认知及其这一认知对公众态度、社会距离、社会排斥、社会服务等的影响才更具有理论和实践意义。因此提出假设1:对自闭症的可控性认知影响社会对这一群体的行为距离与志愿参与倾向。

　　另外,情感因素在认知和行为倾向的关系中具有重要的作用。研究者发现,对特定群体成员的焦虑情绪是最受关注的一个因素(Dovidio,Gaertner & Kawakami,2003)。群际焦虑可以由多种情况引发,比如与特定群体的接触较少、不了解对方群体,或者对群际接触存有负性期望,比如害怕被拒绝、不被接纳等,而且高水平的群际焦虑导致高水平的消极态度(Pettigrew & Thomas,1998)。群际焦虑又与期望中的社会距离存在密切的关系,比如要求大学生想象与患有精神分裂症的个体接触,然后让其对接触产生的主观痛苦程度和社会距离感进行评分。结果发现,那些想象与患有精神分裂症的个体进行互动的参与者具有更高水平的主观痛苦感和更大的社会距离,群际焦虑起到了重要的中介作用(Graves,Cassisi,& Penn,2005)。总的来说,这些研究表明以焦虑为核心的负性情绪可能对个体的群体态度产生重要的影响,但是与特殊外群体进行交往时产生的负性情绪不仅仅是焦虑,可能还存在厌恶、恐惧等体验,因此,只研究群际焦虑情绪是有失偏颇的。基于以上分析提出假设 2:负性情感在可控性认知与行为距离、志愿参与的关系中具有中介作用。

综合以上两个假设概括出研究的关系模型,如图 1-5 所示,对自闭症群体行为可控性的消极认知会引发负性情绪,进而间接造成行为距离的疏远以及志愿参与积极性的降低,对自闭症群体行为可控性认知也会直接导致与这一群体的行为距离疏远以及志愿服务意愿降低。

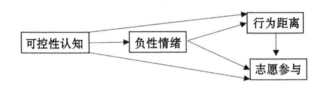

图 1-5　自闭症可控性认知与志愿参与的关系模型

二、对象与方法

1. 对象

从某高校选取 350 名大学生,采用集中测试的方式进行问卷测试。问卷回收后,剔除作答不完整的无效问卷,得到有效问卷 327 份,有效率 93%。有效被试平均年龄 19.1 岁,其中男生 136 人,女生 191 人。

2. 工具

自闭症行为可控性认知问卷:参照马奥尼等的可控性认知问卷编制(Mahoney,2007),主要是测查社会公众对自闭症行为可控性的认知,共 3 个题,比如"自闭症患者的行为不可预测",采用五点计分,分数越高表明个体对自闭症群体的可控性认知越消极。本研究中该量表的内部一致性系数为0.75。

自闭症行为距离问卷:根据本研究目的编制行为距离问卷,主要探查个体与自闭症患者的交往意愿和接纳度,共计4个题,比如"如果有自闭症患者坐在我身边我会离开",采用五点计分,分数越高表明个体与自闭症群体的社交距离越远。本研究中该问卷的内部一致性系数为0.77。

负性情绪问卷:根据本研究目的并参照达契斯、思多博、梅林(2015)的自闭症态度问卷中的情绪内容编制,主要考察个体与自闭症患者接触的负性情感反应,焦虑、恐惧、厌恶等,共4个题,如"接触一个自闭症患者让我感到焦虑",采用五点计分,分数越高说明个体与自闭症群体接触的负性情感反应越强烈,本研究中该问卷的内部一致性系数为0.81。

志愿服务参与问卷:根据本研究目的编制志愿参与倾向问卷,主要用来测量个体对自闭症志愿活动的关注度和参与度,共5个题目,如"我愿意参与服务自闭症患者的活动",采用五点计分,得分越高表明个体对志愿服务的参与度越高,本研究中该问卷内部一致性系数为0.88。

3.共同方法偏差检验

根据哈曼单因子检验方法,未旋转的主成分因素分析结果表明,一共有4个因子的特征根值大于1,第一个因子解释的变异量为35%,小于临界标准40%,表明本研究中不存在明显的共同方法偏差,可以消除由于相同实验环境、项目语境等带来的系统误差。

三、结果

1. 描述性统计与相关分析

通过对可控性认知、负性情感、行为距离、志愿参与共计四个变量的得分进行描述性统计和相关分析(见表 1 – 8),结果显示,行为可控性认知与负性情感、行为距离呈显著的正相关,与志愿参与呈显著的负相关,负性情感与行为距离存在显著的正相关,与志愿参与存在显著的负相关;行为距离与志愿参与存在显著的负相关。

表 1 – 8 各变量的描述统计及相关矩阵($n = 327$)

变量	M ± SD	1	2	3	4
1. 可控性认知	6.96 ± 2.50	1			
2. 负性情感	6.48 ± 2.79	0.442**	1		
3. 行为距离	8.35 ± 2.99	0.311**	0.436**	1	
4. 志愿参与	22.15 ± 4.48	– 0.189**	– 0.343**	– 0.467**	1

2. 各变量间的结构方程模型

基于前文中对行为可控性认知与志愿参与关系的分析以及负性情绪、行为距离在其中可能存在的作用,构建了中介模型。经过检验,行为可控性认知与志愿参与的直接路径系数不显著($r = 0.024, p = 0.668 > 0.05$),行为可控性认知与行为距离的路径系数也处于不显著的状态($r = 0.137, p = 0.051 > 0.05$)。按照模型最简原则,故删除两条直接路径,如图 1 – 6。

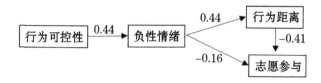

图 1 -6　可控性认知与志愿参与的中介效应模型图

　　经过 *Mplus*8.0 检验,该模型的拟合指数为 $\chi^2 = 6.355, df = 2, \chi^2/df = 3.17, TLI = 0.944, NFI = 0.981, RMSEA = 0.079, SRMR = 0.030$,模型拟合指标较好。结果显示,行为可控性认知与负性情绪、志愿参与的路径系数均显著,表明负性情感在行为可控认知与志愿参与的关系中存在中介作用;行为可控性认知与负性情感、行为距离、志愿参与的路径系数均显著,表明负性情感与行为距离在行为可控性认知与志愿参与之间起中介作用。进一步查看中介效应的显著性,在原始数据中抽取 Boot-strap = 1000 次,计算 95% 的中介效应置信区间。

表 1 -9　中介效应显著性的 Bootstrap 检验

路径	标准化的间接效应估计	95%的置信区间	
		下限	上限
可控性认知→负性情感→志愿参与	- 0.071	- 0.122	- 0.026
可控性认知→负性情感→行为距离→志愿参与	- 0.079	- 0.119	- 0.059
总间接效应	- 0.15	- 0.210	- 0.104

　　由表 1 -9 可知,"行为可控性认知→负性情感→志愿参与"和"行为可控性认知→负性情感→行为距离→志愿参与"两条间接效应路径的置信区间均不包含 0,该模型的中介效应均显

著,这说明负性情感、行为距离在行为可控性认知与志愿参与关系中具有显著的中介作用,对自闭症的行为可控性认知是通过影响负性情感和行为距离进而影响志愿服务参与倾向性。

四、讨论与现实思考

通过对社会公众对自闭症患者行为的可控性认知与志愿参与的关系展开探讨,较为深入地研究了负性情感与行为距离在二者关系中的作用机制。总体而言,本研究并未发现个体对自闭症群体的行为可控性认知会对其参与志愿服务的直接影响作用,即行为可控性认知对行为距离、志愿服务的直接效应不显著。这一结果与前人的研究结论并不完全一致,比如有的研究者认为关于外群体的知识可以有效预测个体与外群体的社会距离,这里的知识就包含了对自闭症群体行为表现的了解(Mahoney,2007)。出现这一结果的原因主要在于:本研究测量的是志愿服务参与倾向,这本质上是一种行为倾向,而以往研究更多探讨的是外群体态度、社会心理距离等,这些变量在很大程度上仍然是一种心理感,所以受到影响更多一些,但是志愿服务倾向是一种行为趋势,则可能受到影响相对较小。

其次,研究的另外一个假设则得到了更进一步的验证,即负性情感、行为距离在可控性认知与志愿参与的关系中起到显著的中介作用。在某种程度上来讲,人们对自闭症群体的行为可控性认知是人们形成的关于这一群体的污名信念或者歪曲信念,这些歪曲的信念引发其他心理变量的变化进而影响态度和行为倾向。不难理解,对自闭症患者行为的可控性认知往往会引发社会公众的消极情感,比如接触焦虑、厌恶等不适感,也就是社会公众不敢、不喜欢与自闭症患者接触,这进一步疏远了个体与其接触的行为距离感,并进一步预测了个体对参与相关志愿活动的倾向性。

最后,研究结论为改善社会公众对自闭症群体的关注度和行为倾向提供了一定的参考。首先,对自闭症知识的普及仍然是首要工作,尤其是增加社会民众对于这一群体行为可控性等方面的认识和了解更为重要。这有利于改变和纠正社会对自闭症患者行为可控性的歪曲信念,减少对自闭症患者的认知误区。其实,社会对自闭症群体的可控性认知实际上是一种对自闭症患者是否会危及个体安全和公共安全的可控性认知。比如在前文中曾经提及,2016 年,媒体报道了一篇新闻,一位父亲带着 13 岁的自闭症儿子外出,却被工作人员以儿子"行为怪异"为由拒绝登机。这一新闻引发了很多人对自闭症患者行为可控性与公共安全之间的大讨论。这也是第一次将社会对自闭症群体的偏见推向公众视野。其实,这种偏见多源于社会对自闭症群体的了解欠缺,以及对自闭症患者行为可控性的不良认知信念。从另一个角度来讲,关于自闭症知识的普及也有利于减少社会公众与这一群体交往时的焦虑、厌恶、害怕等负性情感水平,增进个体与自闭症接触的行为距离,进而在主观意识上能够积极关注自闭症群体,在行为上能够积极参与相关的关爱自闭症群体的社会活动。因此,广泛普及有关自闭症群体的知识应该纳入社会公民的公共卫生素养的培养体系以及培养任务中来,甚至在某种程度上可以将此类知识普及课程纳入教育教学活动中,通过普及相关的疾病知识,加深对这一群体行为的认知,提供良好的互动脚本,增强良性的群际接触与互动。

结　语

本章作为全书的开始,力求通过调查研究来揭示目前精神特殊群体的现状与社会处境,同时,这些研究也可以为后续研究中探讨如何改善精神特殊群体的社会偏见提供现实依据和基础。通过相关的问卷调查和数据分析,进一步发现并指出,社会大众对精神特殊群体的偏见是广泛存在的,且这些偏见影响着社会对这一群体产生社会疏离等一系列消极的行为倾向,通过一定的干预策略和具体措施去改善社会对这一群体存在的偏见是必需的。

首先,从精神特殊群体的现实生存境遇出发,结合相关的新闻报道和社会既有调查研究,深度挖掘了这一群体所遭遇的广泛社会偏见。尽管随着社会的发展,人们对精神和心理健康的关注日益重视,但是这并不代表人们对精神特殊群体的宽容度就很高,对他们的偏见就随之减少。相反,由于受到传统观念影响,随着精神疾病患者人数的不断增加,但又缺乏对相关知识的深入了解,社会对精神特殊群体的态度更加复杂,消极偏见并未减少。基于此,基于社会现实展开大范围的调查研究,从整体层面上,通过探讨目前社会民众对于精神疾病等特殊群体的认知状况、污名状况、态度等,发现精神疾病知识与精神疾病态度之间存在着复杂的影响关系,提出普及精神疾病知识的重要性,了解当前社会民众对精神特殊群体的整体态度和影响偏见的心理机制,进一步彰显出了社会对这一群体的消极偏见,现实不容乐观。

其次,鉴于人们对精神特殊群体的认知还会受到不同精神疾病类型的影响,以不同的精神特殊群体为对象,深入探讨社会对不同精神特殊群体的社会偏见与其他因素之间的关系也是一项重要的任务。研究主要选择抑郁症群体、自闭症群体等作为精神特殊群体的两个代表性群体,之所以选择以上两个精神特殊群体,是因为从社会认知层面上讲,这两个群体更为社会所关注,有着较多的学术研究;另一个原因是从群体规模上来讲,这两类群体的人数呈现增长趋势,值得社会广泛关注,也值得研究者们深入探讨。本章的研究结论再一次证实,社会对抑郁症群体、自闭症群体存在明显的消极态度和社会偏见,因为这些偏见的存在进而导致了大众与精神特殊群体的疏远、社会距离的增加,影响了群际接触的积极社会行为表现。

可以说,基于第一章的内容主题为前提,接下来的章节更为关注的是采用何种理念和方式来减少社会对精神特殊群体的偏见,改善社会对他们的消极态度,增加社会对他们的积极社会行为互动。与其他既往群际干预思路所不同的是,以下研究的重点将会从"间接群际接触"这种较为新型的理论视角和干预策略出发,详细且深入地探讨扩展接触、想象接触、替代性接触对改善精神特殊群体态度的有效性及内在机制,提升社会与精神特殊群体的关系质量。

第二章
间接群际接触简述

　　社会中依据不同的标准所划分的群体类型之间存在着彼此不同的认知,群体之间的消极认知以及由此形成的消极刻板印象、偏见、以及歧视,导致了严重的群际疏离、社会拒绝、歧视行为,甚至某种程度上还会导致群际冲突和群际关系的循环恶化。社会心理学领域的研究者们,为了有效减少群际偏见,改善群际态度,做了大量的研究工作,他们尝试着从不同的角度出发,提出能够有效降低群际偏见水平、促进群体态度改善的策略。接下来的这一章,将简要介绍如何采取积极的措施减少社会大多数人所具有的群体偏见,基于前人的已有研究,从学理层面上来探讨间接群际接触的各种假说,梳理间接群际接触在改善群际偏见中的积极作用以及内在机制,从而为社会现实中群际偏见的改善提供更有效的策略。

第一节
直接接触的理论、研究与转向

　　问题的严峻性在于,研究发现,个体在幼年时期就已经能够形成并表现出了对外群体的偏见,而且这些偏见不断在社会生活中得到强化,深刻影响到个体成年之后对外群体的态度(Nesdale,2008)。虽然影响群体偏见形成的因素有很多,但是得承认,群体偏见的形成和存在确实是一种不容易被控制的社会现象,而真正需要去做的工作便是去深入地思考,如何通过有效的干预减少个体存在的群际偏见,这是长期以来,社会学、社会心理学等领域的研究者们非常关注的问题。尤其是在社会心理学层面上,曾经先后出现过很多旨在改善群际偏见的策略,其中引起广泛社会影响的首推"群际接触理论"。

　　研究如何通过群际接触来改善群体态度的心理学家是美国的奥尔波特。1954年,心理学家奥尔波特首先系统性地提出了著名的群际接触理论假说,这一理论视角独特,着重强调了群际接触对于群体双方改善彼此之间群体态度的重要作用,并通过大量的实验证明,直接的群际接触可以有效减少对外群体的偏见。此后很长一段时间内,围绕着群际接触这一主题的研究日益丰富,相关研究呈现井喷式增加趋势,直到现在仍然盛行不衰。

　　群际接触的研究出现了两种趋势。早期的研究致力于探讨直接接触减少外群体偏见的条件因素,结果发现,群体地位平等、合作、有共同目标、群体互动受到权威或法律的支持、具有相互接触的机会等是直接接触减少外群体偏见的最佳条件,可以增强群体间更积极的关系。而且群际接触假设及其产生的积极效应在过去的 60 年中得到了众多目标群体,情境和文化背景下的支持(Pettigrew & Tropp,2006)。到了 20 世纪八九十年代,后继研究者们则开始转向探讨群际接触如何改善群体态度的过程机制问题,结果发现,群际接触可以促进群体态度的整体改变,是因为群际接触可以激发群体认同、减少群际焦虑、提高群际共情等,群际接触的积极效应最先作用于某个外群体成员,然后这种态度的改变会泛化至整个外群体(Pettigrew & Tropp,2008)。一直以来,直接接触作为增进群际关系的一种有效策略被学界和社会所广泛认同。

毫不夸张地讲,奥尔波特的群际接触理论(确切说是直接接触理论),在很长一段时间内都是改善群际关系的不二"法宝",铸就了社会心理学领域内的"奥尔波特神话(Allprot's Legacy)"。但随着研究的不断深入,人们慢慢地发现,其实群际接触理论及其改善措施也是偏于理想化的,其主要问题在于:"直接"的群际接触很多时候有可能是不能够实现的,在现实环境中进行直接的群际接触有时会遭遇到很多障碍,比如社会制度不允许,群体间的接触机会太少,比如他们在分散的环境中生活,工作和上学时,或者在接触机会稀缺的地方,很难将他们聚集在一起,即使在没有严格群体隔离的情况下,应用直接接触原则也可能是不切实际的,比如群际关系不融洽或者存在冲突等(Wright,Aron,Mclaughlin,& Ropp,1997)。另外,"直接"的群际接触往往让双方存有顾虑,直接群际互动还可能也会因为陌生的外群成员的存在而受到威胁,因此可能不愿意与他们交流,即使进行接触也可能会引发群体成员的交往焦虑、恐惧、害怕被拒

绝、不自然、拘束等负性情感,从而使得群际交往无法继续深入
(Voci & Hewstone,2003)。所以,直接接触理论中的这些现实困
难就促使研究者们去扩展研究视角和研究思路,以期找到较为
简单的、更为方便有效的群际接触方式。

　　需要指出的是,奥尔波特本人也已经意识到了直接接触的
不足和短板,他在《偏见的本质》这本书中已经开始初步展露出
对未来可能的群际接触干预策略的看法,而这也正是间接群际
接触的最初原形。也就是说,奥尔波特本人在其著作中已经隐
约意识到了直接接触可能面临的实施困境,并进一步指出了另
外的群际接触方式予以替代。他指出,既有的对偏见干预的方
法除了直接接触之外,还可以考虑信息性范式(informational approach),通过课程、教材、演讲、教育等方式获得关于外群体的
知识;经验性范式(experience approach),通过电影、小说、喜剧
等外群体的活动获得关于外群体的经验;两者相比较,后者对儿
童偏见的改善更加有益;而为了更有效地减少直接接触可能带
来的群际威胁,或许在想象(fantasy level)层面上展开群际接触
的第一步可能会更加有效(Allprot,1954)。现在来看,这些思想
就是间接群际接触中想象接触、替代性接触、扩展性群际接触的
最初思想雏形。

　　近年来,研究者们更加明确地提出了完善的间接群际接触
理论,以期望用它来实现减少群际偏见的美好构想,以解决直接
接触可能引发的种种难题和困境。间接接触并非是一个单一的
理论体系,而是不同理论体系和干预策略的综合,它们共同体现
出了"间接"的群际接触特点,即非面对面的一种群际接触。至
于间接群际接触包括哪些类型,目前是有争议的。有的研究者
认为,间接群际接触应该包含两种形式:扩展接触与替代性接触

（Dovidio，Eller，& Hewstone，2011）。但我们认为，间接群际接触作为一种非面对面的群际接触形式，应该包括扩展接触、想象接触以及替代群际接触三种类型，想象接触也应该被看作是一种间接接触类型，因为参与者并未与外群体成员进行实际的面对面交流。

随着"间接群际接触"主题的明确提出，研究者们基于此不断进行研究，探讨了间接群际接触改善群体态度的效果，结果发现，鉴于间接群际接触不需要群体间真实的交往发生，一方面可以有效避免直接群际交往引发群体成员焦虑、恐惧以及不适等负性情感的问题，同时，对于一些处于隔离、陌生、紧张或者冲突情境下的群体双方（即没有实际的直接交往机会的群体）而言，也可以增加了解彼此的机会，可以有效降低群体偏见，改善群体态度（Harwood，Paolini，Joyce，Rubin，& Arroyo，2011）。可以说，这些研究结论是令人振奋的，下面就分别简要地介绍扩展接触、想象接触以及替代性接触的主要观点与效应机制。

第二节
扩 展 接 触

赖特等人认为，直接接触并不是减少群体偏见所必需的。相反，他们认为，仅仅知道或观察至少一个内群体成员与一个或多个外群成员有密切关系就会对群体之间的关系产生有益的影响，基于此他们提出了扩展接触理论。扩展接触理论认为，如果个体得知内群体成员与外群体成员之间具有亲密的友谊关系，可以减少个体对外群体的偏见，改善个体对外群体的态度。这一理论还指出,与外群体成员发展友谊关系的内群体成员作为积极的内群榜样,为其他内群体成员发展群际友好关系提供了示范,群体成员会认为"我的朋友的朋友也是我的朋友",从而将他人纳入自我范畴(Wright et al. ,1997)。与直接的面对面接触不同,扩展接触过程中,个体作为这种跨群体朋友关系的第三者或观察者,相比自己参与到直接接触中,能够更清醒地觉知亲密关系双方的成员身份;同时,观察并非直接接触,避免了真实交往情境中产生群际接触焦虑和其他负性情感的可能性;尤其是在不具备直接接触条件的情况下,群体成员不必亲自发展与外群成员的亲密关系就可以通过扩展接触改善对外群体的态度,是一种减少群体成员偏见的有效且简洁的路径(Liebkind & Mcalister,2010)。

在实际的情境中,扩展接触改善外群体偏见与态度的有效性是受到多种社会心理因素影响的,比如群体规范是否允许和鼓励群体间的接触、内群体成员之间的关系是否紧密以及内外群体之间的交往状况等因素会影响扩展接触效应的实际效果。

首先,扩展接触是通过内群体成员与外群体成员的友谊关系作为干预手段的,这种方式无疑给其他内群体成员树立了一个榜样,使得内群体成员认识到,与外群体成员发展友谊关系是被群体所允许的,外群体成员是愿意与自己建立友好关系的,通过这种榜样作用所引发的认知过程进一步明晰了内/外群体的准则,即与外群体交往是内群体所允许的,也是外群体成员不排斥的,内群体成员对这种群体准则的感知对其行为具有重要的引导作用。研究发现,通过分享内群体与外群体成员进行友好接触并发展成友谊关系的真实案例,内群体成员对外群体的偏见与宽容态度都发生了积极、明显的改变,外群体偏见减少,宽容态度得到改善。如果在分享扩展接触案例的过程中再进一步鼓励内群体成员积极讨论案例,并对其在讨论过程中产生的对外群体的积极态度给予及时的肯定,那么他们对外群体的态度改善效果会更明显(Liebkind et al.,2000)。另外,内群体榜样的存在还为内群体成员展示了如何更好地与外群体成员进行接触和交往,从而可以引发内群体成员对交往的情感发生一定的变化,使内群体成员减少了对群际互动可能引发的焦虑、恐惧情绪以及消极期望(Wright et al.,1997)。

其次,群体身份感知对扩展接触改善外群体态度的实际效果具有重要的影响作用。通过实施扩展接触干预,考察了健康儿童对残疾儿童的态度改善过程。结果发现,扩展接触可以促使健康儿童对残疾儿童产生积极的态度和行为意向,如果在干预过程中特别强调健康儿童与残疾儿童两类群体的身份特征,健康儿童对外群体的态度改善更为明显(Cameron & Rutland,2006)。进一步的研究表明,如果在突出双方各自身份的同时,再进一步强调双方的共同身份(比如同属于一所学校或者社区),也能够有效改善内群体对外群体的态度(Cameron, Rutland, Brown, & Douch,2006)。应该说,扩展接触时突出接触双方的群体身份,不但使内群体成员能够更加有效地将积极的态度泛化至整个外群体,也使内群体成员发生系列认知改变,即"我的朋友的朋友也是我的朋友",从而削弱了内群体与外群体之间的界限,改善了内群体对外群体的态度。

再次,扩展接触效应还会受到内外群体间交往情况的影响。对高质量交往组(通过直接接触建立了与外群体的友谊关系)与低质量交往组(仅仅是与外群体成员熟悉而已)而言,实施扩展接触的干预所产生的积极效应是不同的,扩展接触对低交往质量组的个体态度改善更有效。研究解释道：扩展接触对交往不深或者没有机会进行直接接触的群体间态度改善更为有效。因为直接接触的机会很少甚至没有的时候，个体具有较少的关于外群体成员的先在态度，扩展接触的积极效应才更加显著（Cameron et al.，2011）。

总体而言，扩展接触效应强调"友谊"的重要性，这里的"友谊"包含两层含义。其一，只有内群体成员能够清醒地感知或者获知其他内群体成员与外群体成员之间存在着亲密关系，才能够对其群体态度的改善起到积极的作用。其二，扩展接触还强调内群体成员关系的紧密性，强调个体对内群体成员之间关系紧密性的知觉，比如内群体成员是自己的朋友、亲人或者其他更为亲近的人，这种情况下，更容易促进个体对外群体产生积极的态度，正如Wright等研究者指出的，只有个体将内群体成员作为自己的朋友，才可能将朋友的朋友作为朋友。

第三节
想象接触

想象接触理论认为，内群体成员可以在心理上想象与一个外群体成员积极互动的情景，想象中的良好群际互动能够减少直接接触带来的焦虑感和压力感，也能够增强内群体对外群体的信任感，从而改善内群体成员对外群体的消极偏见。想象接触的积极效应发生需要具备两个基本条件：其一，想象中的群际互动必须是存在的，也就是说，内群体成员需要在心理上想象模拟一个与外群体成员进行互动接触的情景；其二，这种模拟互动的过程必须是积极正向的、顺利的,也就是说想象中与外群体成员的互动是愉悦的(Crisp & Turner, 2009)。想象接触作为一种间接的群际接触方式,因为它是发生在个体内部的一种心理想象过程,更加适用于群际关系紧张或者隔离的情境中。而且研究发现,相比成人而言,想象接触干预对年幼儿童的群体态度改善更加有效(Miles & Crisp, 2014)。

为什么个体通过想象与外群体的积极互动情景就能够改善其群体态度呢?研究发现,想象接触可以促进个体在心理变量方面的改善,比如可以增加自我表露的意愿和程度,可以提高对外群体的信任水平等,进而改善个体对外群体的态度。比如,相比没有接受想象接触干预的儿童而言,参与想象接触的本土儿童对移民儿童表现出了更加积极的行为意向,自我表露在想象接触与群体行为意向的关系中起到重要的调节作用,即对接触情景的想象越投入,自我表露的程度越高,越愿意对外群体开放自己,对外群体的积极行为意向水平越高(Vezzali, Capozza, Giovannini, & Stathi, 2012)。其次,想象接触对偏见以及行为意向的影响还会受到群体信任的调节,也就是说,想象接触可以提升内群体成员对外群体的信任水平,内群体成员对外群体的信任水平越高,对外群体产生的偏见水平就越低,交往意愿就越明显(Vezzali, Capozza, Stathi, & Giovannini, 2011)。最后,群体相似性感知也会影响到想象接触的有效性,内群体成员感知到自己与外群体在某些方面的相似性越高,对外群体的态度越积极,个体就会表现出高水平的交往意愿(Stathi, Cameron, Hartley, & Bradford, 2014)。

对不同年龄阶段的群体来讲,想象接触改善群体态度的效果也是不同的。相比成人来讲,想象接触对儿童的内隐和外显态度、情感以及行为意向的改善效果更佳。研究发现,通过想象接触干预的方式,让5~10岁的健康儿童去想象自己与另一个残疾儿童积极做游戏的情境。结果发现,积极想象接触降低了健康儿童对残疾儿童的刻板经验水平,对残疾儿童的偏见明显减少,群体态度得到了改善。研究进一步发现,积极想象对改善低龄儿童(比如5~6岁)的群体态度、行为意向与刻板经验的效果更显著,随着年龄的增大,比如9~10岁,想象接触对行为意向的作用在逐渐变小。研究认为,这是因为年幼儿童的社会交往网络较窄,群体经验比较少,对外群体的消极经验尚处于形成时期,并未受到社会负面信息的不断强化,所以,积极接触想象改善其群体态度与行为意向的效果更突出(Cameron et al.,2011)。

由此可以总结,想象接触的积极效应广泛存在,对个体进行想象接触干预可以获得积极的心理效果,这一结论在社会实践中具有非常重要的启发性价值,尤其是对于学校教育中关于群体关系的改善来讲,更是具有积极的教育借鉴作用。但是,想象接触研究也存在着一些需要进一步深入探讨的问题。比如,通过对以往研究的元分析发现,相比群体态度,想象接触对行为意向的改善更加明显(Miles et al.,2014),但卡梅隆等研究者则认为,随着年龄的增长,想象接触改善行为意向的难度会增大。那么,想象接触对改善行为意向的效果到底如何呢? 其次,研究已经表明,个体越能够精细化地想象群际交往情景,群际偏见的改善效果越明显,想象情景的生动性、知觉流畅性等影响想象接触效果的大小(于海涛,杨金花,张雁军,金盛华,2013)。但是对于年幼儿童来讲,这种精细化的想象过程如何控制与实现呢? 如何让个体达到群际接触想象的流畅性与生动性呢? 这些问题缺乏深入的探索。

第四节
替代性接触

替代性接触是在扩展接触理论的基础上,进一步融入了班杜拉的社会学习理论。替代性接触理论指出:观察一个人的行为,特别是当被观察的对象是自己认同的个体时,能够对观察者产生重要的影响,可以进一步加深观察者关于外群体的原有认识,学会与外群体的交往行为(Dovidio, Eller, & Hewstone, 2011)。替代性接触是直接观察内外群体成员之间的相互作用,其中个体有机会获得新的反应,或修改现有的反应,例如要求参与者观看视频来描述内外群体成员之间的互动过程。替代性接触中的观察过程就是一种社会学习的过程,通过替代性接触可以减少他们在交往中的不确定感、不安全感,对成功的跨群体交往情境的观察可以提高观察者的自我效能,这种高水平的自我效能减少了观察者与外群体交往的不确定感,从而改善对外群体的态度,并进一步促进直接的面对面的跨群体交往的可能性(Mazziotta, Mummendey, & Wright, 2011)。

替代性接触强调替代性经验对群体成员偏见改变的重要作用,而且替代性经验的有效性又进一步受到权威人物的影响。也就是说,替代性接触会影响观察者对外群体的认知评价,这些认知评价可能会因为受到惩罚或者奖励而得以削弱或强化。如果替代性接触行为受到某个权威人物的肯定和支持,那么内群体对外群体产生的积极认知评价就会得到积极的强化,替代性接触的积极效应就得到相应的增强,对外群体态度的改善效果就更显著(Gómez,ángel,& Huici,2008)。

　　其次,替代性接触理论还强调指出,个体也可以通过电视、广播等媒体节目或者其他媒介情境让个体来直接观察和模仿内群成员与外群成员的交往行为和接触过程,或者通过媒体节目将外群体直接暴露于内群体面前,以此加深观察者对外群体的了解,从而提高观察者与外群体交往的技巧,改善对外群体的刻板印象。研究也进一步证实,通过媒体接触,有助于改变群体间的刻板认知评价,减少群体偏见,特别是当群体间缺少面对面的接触机会时,积极的替代性交往经验对改善群体偏见更为明显。而且,观看节目的频率也大大影响态度改善的效果,观看的频率与交往卷入之间具有显著的正相关,重复播放电视节目可以增加个体对社会交往的卷入程度,高卷入的社会交往能够降低偏见水平(Schiappa,Gregg,& Hewes,2005)。

　　与扩展接触强调"友谊质量"不同的是,替代性接触效应更加强调社会性学习的重要性,更强调自然或者平常的内群体与外群体成员之间成功的交往情景,并非强调和关注内群体成员与外群体成员是否建立友谊关系。从这个意义上讲,替代性接触的适用情境更加广泛一些。但同时也发现,替代性接触效应的内在机制还需要继续深入探讨。比如替代性接触认为,通过媒体将外群体频繁暴露,有助于改善内群体对外群体的态度,对于这一过程的解释还是存在着争议的,是因为存在着一种熟悉效应而改善了态度呢,还是因为社会学习过程而改善了态度,这还需要更严谨的研究来回答。再比如,替代性接触产生的积极效应不但要受到外在权威的影响,还可能受到社会惩罚以及赞许、自利性归因、被观察对象与观察者相似性等因素的影响,甚至还可能受到观察者对交往情境、交往能力以及其他因素认知评价能力的影响,而这些变量的影响并未得到应有的重视。最后,替代性接触的长效性效果还是有待加强的。相比直接的面对面接触而言,通过替代性接触所获得的经验对群体态度改善的作用要小很多,应该如何维持替代性接触的积极心理效果则成为一个值得进一步探讨的、具有重要实践意义的问题。

第五节
启 发 与 展 望

应该说,国外学界对不同间接接触方式改善群际态度、增进群际关系的研究正逐步展开,国外研究者们对扩展接触、想象接触以及替代性接触三种间接群际接触的积极效应、发生的内在机制等进行了初步的研究,发现了不同社会心理因素在其中的重要影响作用。近几年来,我国学界也陆续出现了有关间接群际接触的文章,但这一类的研究总体上起步较晚。比如,有的研究者述评了国外相关的群际接触理论与研究进展,也有的研究者在实证方面有所尝试,比如以中国人与日本人为两个群体探讨想象接触如何减少了群体威胁感知(黄群英,2014)等,这一系列新近产生的研究已经开始探讨某一类型的间接接触(主要是想象接触)所引发的积极群际效应,但这些研究刚刚起步,所涉及的研究对象较少、研究范围不够深入。间接群际接触作为一个崭新的领域,无论是在学术研究还是在实践干预方面,都存在很大的发展空间。

一、关注间接群际接触的文化效应

国外的大部分研究都是基于个体主义文化背景而进行的，而在其他不同文化背景下对间接群际接触理论的研究较为缺乏，尤其是在东方集体主义文化背景中对间接群际接触效果的研究更是鲜见。间接群际接触的积极效应是否存在跨文化的一致性呢？这是一个值得关注的问题。众所周知，集体主义文化中人们对于自我与群体的关系、群体规范、声誉、污名、权威等的看法是不同于个体文化的，对于社会惩罚与奖赏等的动机评价也具有一定的独特性，这些文化方面的差异以及由此造成的心态特点是否会对间接群际接触改善群体态度的内在机制产生不同的影响呢？这些问题还需要作出更为深入的解答。应该说，在我国文化背景中，分析各类型的间接群际接触对改善群体态度的作用机制将是非常有意义的一项工作。我国文化是一种集体主义文化，以往研究并没有探讨这种文化背景中自我、群体、社会等因素对群际接触效应的影响，今后展开这一方面的探究很可能会发现不同于西方个体主义文化背景下的群际接触机制。

二、探讨间接群际接触的综合效应

目前的研究总是试图严格区分三种间接群际接触形式，在这一思想的指导下，研究者往往倾向于考察单一类型的间接群际接触效应，而对不同类型的间接群际接触改善群体态度的综合效应缺乏足够的关注。也就是说，还不清楚在什么条件、情境下综合使用这些群际接触方式才能最大化地改善群体态度，并长期且稳定地维持这种积极效果，而且对不同的间接接触改善群体态度的相互作用过程也缺乏研究。我们认为,不同的间接群际接触方式在增进群际关系方面是各有优势的,不同群际接触方式的综合干预效果可能会更佳。比如,想象接触作为一种个体内部的心理过程,结合扩展接触方式,很可能会对群体态度的改善起到更为长期有效的作用,再比如,替代性接触作为一种间接观察学习的方式展开,如果结合想象接触与扩展接触,也可能会增强群际态度的总体效果,进而成为一种值得推广的群际关系干预模式。因此,需要对间接群际接触的综合效应作出更具整合性的探索。

三、考察间接群际接触的社会效果

现有的研究多关注间接群际接触对群体态度改善和偏见减少的作用,却忽略了探讨如何维持群际接触的积极效果。随着时间的推移,通过间接群际接触所改善的群体态度是否可以长期保持呢? 这还需要与直接接触的效果做进一步的比较和跟踪研究。另外,现有的研究过多关注间接群际接触对群体态度的改善作用,却忽略了考察其引发的积极社会效果。研究者们乐观地认为,间接群际接触对于如何构建一个更加宽容、和谐的社会具有非常重要的意义,但是却少有人探讨群际接触如何影响了以及在何种程度上影响了社会变化。间接群际接触改善了对外群体的态度,却不一定伴随着社会意识信念的变化,而社会意识信念可能才是群体不平等和偏见产生的根源。尤其是在群体层面上,如果群体的内在信念和社会政策没有发生根本性的变化,间接群际接触也未必能够带来真正和谐的群际关系。因此,需要从更加长远的社会效果入手,探讨如何通过间接群际接触方式引发积极的社会改变,增进群际关系。

四、发挥间接群际接触的实践价值

国内就如何通过间接接触减少群体偏见的干预研究鲜少，而这对于社会现实来讲是亟须完善的一个领域。从现实的角度来讲，一方面，我们国家存在着不同的群体类型；另一方面，社会中也存在着一些弱势群体或者边缘群体。长期以来，不同的群体之间存在着一定的偏见，对一些弱势群体和边缘群体的偏见尤为深刻，更为重要的是，这种偏见很可能成为破坏群际关系稳定与和谐的危险因素。间接群际接触干预能够改善各种偏见，能够对社会预警提供更具指导性的意见，对促进我国多地区间不同群体的融合具有积极的指导作用。从这个意义上来讲，通过间接群际接触减少群体偏见，并进一步促进积极的群际交往和互动行为，就成为兼具学理与实践价值的重要课题。

结　语

第二章的内容主要是在直接接触的基础上，探讨间接群际接触的缘起、类型及其特点，并对间接群际接触领域的未来研究与应用做出进一步的思考与展望。间接群际接触是扩展接触、想象接触与替代性接触的总称，间接性的特点主要体现在群际接触的"非面对面"上，而且每一种接触效应都具有独特的内在心理机制。整体来看，第二章的内容表达的核心观点是明确的，即间接群际接触对于改善群际态度是必要且可行的。

从整个研究的逻辑架构来看，本章的内容并不算多，是作为一般性的、较为简短的理论评述出现，还没有涉及到专门针对某一类精神特殊群体、也并非是针对某种间接接触类型而展开详尽的理论与实证探讨,但是这一章内容却发挥着"承上启下"的重要作用。

"承上"的作用体现在,第一章内容已经展示了社会中广泛存在的对精神特殊群体的偏见和污名,以及这一群体不容乐观的社会境遇,进而指出,改善社会对这一群体的偏见迫在眉睫,进一步提出思考:如何改善社会对他们的偏见亟须探索。当我们聚焦采用群际接触来改善群际偏见的时候,本章所述的内容就起到了重要的过渡性作用,进而指出,直接接触理论在现实中有着其不可逾越的困难,想要促进和增进人们与精神特殊群体的直接接触更是不太现实,鉴于直接接触会导致社会民众更多的不知所措、焦虑等消极反应出现,改善社会对精神特殊群体的偏见就越发成为不可能的事,所以,面对精神特殊群体时,间接群际接触就成为一种较好的干预方式而备受关注。

"启下"的作用体现在,本章仅仅是对扩展接触、想象接触以及替代性接触三种类型的间接接触形式进行了非常概括性的介绍,每一种接触效应都有其自身的特点以及不同的内在心理机制,但本章并未对每一种类型展开更为详细的理论梳理和实证探讨,这种内容安排会引发对不同间接接触类型更多的兴趣、求知欲望。所以接下来,将采用三章的内容来详细展开,全面梳理每一种间接接触方式的起源、内涵、内在机制等,通过大量的实验来深入探讨群际接触方式在改善精神特殊群体方面的有效性,充分探讨间接群际接触的积极效应是否广泛存在、间接群际接触效应的复杂心理机制如何。

第三章
扩展接触的理论与实证研究

对群际接触既有研究文献进行的元分析已经表明,群际接触的积极效应是广泛存在的,通过群际接触可以减少内群体对外群体的偏见,改善对外群体的态度,增加对外群体的接触意愿,增进与外群体的关系等。总体来讲,不管是直接接触还是间接群际接触,在过去的研究中始终围绕着两个核心问题来探寻群际接触积极效应的答案。

其一就是态度改善的泛化问题,换句话说,来自两个群体的个体进行接触之后,个体如何能够从对外群体某个或者某些成员的态度改善扩展至对整个外群体态度的改善,这种态度改善积极效果的群体泛化是如何实现的? 从社会心理学视角的解释认为,当个体带着本群体的属性标签与其他群体成员(同样认为带有其所在群体的属性标签)进行互动时,无论这种互动是发生在群体成员的个体之间还是整个群体之间,群际行为已经不仅仅涉及二元水平的人际层次,而是自然上升到更为宏观的群体间互动。基于此,无论是直接接触还是间接群际接触,积极效应泛化问题就得到了相应的解释,但可以肯定的是,这种解释并不完善,还需要从更加微观的心理变化过程中探寻原因。

群际接触研究第二个备受关注的问题是:为什么群际接触能够改善群际态度?可以说,这个问题是对群际接触效应的进一步回应与深化,主要涉及对群际接触产生积极效应的心理过程机制的分析。迄今为止,围绕这个问题的研究已经广泛探讨了诸如群际焦虑、群体地位、群体共同目标等多种因素在直接接触效应中的内在作用过程,但仍然存在着很多需要进一步去探析的主题,尤其是对于间接群际接触来讲,接触效应的心理机制依然是研究的重点和难点,相比直接接触而言,这方面的成果显然不够丰富,诸如观点采择、群际情绪、内群体关系程度、内群体支持程度等重要因素,并没有被充分纳入间接群际接触改善群体态度的干预过程中来。

目前,西方学界达成的较为一致的共识是,间接群际接触可以作为一种有效的群际态度/群际关系的干预方式,但在其他文化环境中,仍需要进一步去考察和运用间接群际接触积极效应存在的跨文化适用性。另外,也需要进一步探讨,当面对不同的群体时,间接群际接触的效应是否存在更为复杂的心理机制。因此,接下来的内容就会围绕着间接群际接触的三种类型:扩展接触、想象接触以及替代性接触,在改善群体态度的有效性方面进行全面且深入的实验研究,明晰不同接触效应的内在心理机制,为社会群体治理策略提供参考。

第一节
扩展接触:理论观点与过程机制

作为间接群际接触的一种重要形式——"扩展接触",在国内学界并未得到广泛的关注和充分且有效的研究,与之相关的理论和实验探讨几年来较为少见,鉴于此,接下来将围绕扩展接触的主题进行理论综述与评论,以期为更多感兴趣的研究者提供给一定的基础。

一、扩展接触的兴起及其积极效应

扩展接触的提出在理论基础上是"有理有据的"。基于以往对群际接触的研究成果,研究者发现,群体间建立起来的既有亲密关系对整个群际关系的发展具有非常重要的作用,来自欧洲的一个大样本的调查数据表明,拥有一个外群体朋友就可以预测对外群体较低水平的内隐和外显偏见,甚至对朋友以外的其他群体都普遍持有积极态度。与之形成鲜明对比的是,当个人拥有外来的同事或邻居,但彼此并没有建立朋友关系时,却并未发现这种类似的积极效果,故此,研究者推断,"从友情到低偏见"在群际关系的改善过程中发挥了重要的作用(Pettigrew,1997)。不难看出,建立群体间友谊关系的重要价值,哪怕是群体间部分个体间存在友谊关系也会对群际态度产生有益的作用。但是这一类早期的研究也有其值得思考的地方,比如,这些跨群体友谊关系的建立是直接参与性的,即那些建立了与外群体成员友好关系的个体,才会发生对外群体态度的改善,但问题是,内群体并非所有的成员都有这样的机会或者能力与外群体建立友谊,那么,有没有一种可能:获知内群体成员拥有外群体朋友的信息就可以产生积极的群际效果呢? 这是扩展接触理论提出的重要思想基础。

赖特等(1997)对此进行了一些研究,主要目的在于验证扩展接触假设及其效应的存在。在其进行的三个研究中,一方面继续考察了"认识内群体成员朋友减少偏见"的基本思想,同时也进一步考察了这种效应在亚洲人、非洲裔美国人、拉丁裔等不同被试群体中的适用性,从而说明扩展接触的积极效应不限于多数群体的态度改善。最后,为了深入揭示扩展接触效应的内在心理机制,赖特等人进行了一些有意义的尝试。他们在实验室创建了两个七人小组,研究者首先通过一定的措施让每一个小组都产生内部群体的团结一致。然后,研究者随机选择两组中各一名被试参加不同的研究,并通过一定的任务让这两位参与者建立起友谊的亲密关系。两位参与者完成任务后返回原来自己所在的小组,并向其他小组成员描述了与对手组另一名成员共同完成任务的体验。结果发现,那些听说他们的小组成员刚刚与外群体成员有过积极关系经历的其他小组成员,他们在资源分配以及对外群体的评估方面表现得更积极(Wright et al.,1997)。

由此,赖特等(1997)明确提出了扩展接触理论假说。截至目前,大量的研究已经为扩展接触效应的广泛存在提供了一致性的证据,支持扩展接触对群际关系可以产生有益的影响(Gómez, Tropp, & Fernandez, 2011; Turner, Hewstone, Voci, & Vonofakou, 2008; Christ et al.,2010; Eller, Abrams, &Zimmermann, 2011; Schofield, Hausmann, Ye, &Woods, 2010)。具体来讲,扩展

接触可以改善美国白人对少数民族(例如黑人、拉丁裔、亚洲人)等种族和族裔群体的态度(Scho et al.,2010),可以改善欧洲各种目标群体之间(Dhont,Roets,&Van Hiel,2011;Christ et al.,2010;Vezzali,Giovannini,& Capozza,2012)的态度。同时,扩展接触也会影响国家群体之间(Eller,Abrams,&Gómez,2012)、宗教群体(Hutchison & Rosenthal,2011)之间的关系。其他研究甚至表明,扩展接触可以改善社会对性少数群体(Hodson,Harry,& Mitchell,2009),男性和女性(Paolini et al.,2007)、警官(Eller,Abrams,Viki,& Imara,2007)等的态度。

扩展接触效应的普遍性是跨越年龄群体与情境类型的,已经发现针对儿童(Vezzali et al.,2014),青少年中期(Turner et al.,2007)和青少年晚期(Andrighetto,Mari,Volpato,& Behluli,2012)以及成人(Paolini et al.,2004)的扩展接触干预都能够产生积极的效应。在学校(De Tezanos-Pinto et al.,2010)和工作场所(Vezzali et al.,2010)的不同情境中也发现积极的扩展接触效应。此外,扩展接触不仅对和平地区的群体态度改善有效,还可以减少种族隔离、存在暴力冲突的群体间存在的偏见,进而减少群际抵抗的再次发生。而且,扩展接触对北爱尔兰的天主教与新教徒(Tam,Hewstone,Kenworthy,& Cairns,2009),科索沃的塞尔维亚人(Andrighetto et al.,2012)以及南非的种族群体(Du Toit & Quayle,2011)之间的群体态度改善同样具有积极的作用。

为什么扩展接触的积极效应存在呢?简单来讲,首先,扩展接触作为一种间接的群际接触形式,它有效弥补了面对面直接接触在现实中无法有效实现的不足。个体作为这种跨群体朋友关系的观察者,比自己参与直接的群际接触能更清醒地知觉到关系双方的群体身份,更能够清楚的感知到这种亲密关系是建立在内外群体成员之间的,认识到这种友谊关系具有明显的跨群体特点。其中,最为重要的"跨群体友谊关系存在"这一条件,它使群体成员的身份更加明显,当群体接触过程中身份标签差异显著时,个体可以将涉及的非群体成员与一般的外群体类别联系起来,从而能够将态度改善泛化到外群体(Hewstand & Brown,1986)。而且,人们不需要直接了解外群体成员,而是通过间接了解外部群体成员或者观察跨群体友谊,特别是在群际接触机会较少的情况下,内群体成员与外群成员的互动经历,可以增加个体对外群的认知,从而改善对外群体的态度。其次,观察并非直接接触,因此有效避免了真实交往情境引发个体产生接触焦虑和其他负性情感的可能性。再次,在不具备直接接触条件的情况下,扩展接触使得内群体成员不必亲自发展与外群体成员的亲密关系就可以改善对外群体的态度(Wright et al.,1997;Liebkind et al.,2010)。

二、扩展接触效应的中介过程机制

作为提出扩展接触假说的重要代表性人物,赖特等(1997)提出并验证了扩展接触效应可能存在的内在机制:积极的内群体榜样、积极的外群体榜样,以及将他人纳入自我(Including Other in the Self,IOS)。具体来讲,积极的内群榜样,即那些与外群体成员具有亲密关系的内群体成员,他们为群体内的其他成员树立了一种积极正面的榜样,由此产生了三个积极效果:一是使内群体成员认识到与外群体的互动是被群体所允许的(知觉到的内群体规则)。二是通过观察内群体成员的行为和态度可以知晓在群际互动中应该如何反应和行动(群际焦虑的降低)。三是通过与内群体成员的交流可以减少对外群体的无知,减少偏见。积极的外群体榜样,即与内群体成员建立朋友关系的外群体成员也具有一定的积极作用,不但表明了外群体对内群体的态度是积极的,对建立和谐的群际关系是感兴趣的(知觉到的外群体准则),而且打消了内群体成员对群际互动可能存在的一些消极预期,比如与外群体成员交往可能会遭到拒绝、排斥(群际焦虑的降低)。最后,当内群体成员得知跨群体友谊关系存在时,会发生一系列的认知逻辑变化。一般来讲,个体会将内群体成员作为自我的一部分,即"我的朋友",而外群体成员又是内群成员自我的一部分,即"朋友的朋友"。根据"我的朋友的朋友也是我的朋友"的逻辑,外群体成员就被个体纳入自我的范畴。将他人纳入自我削弱了个体对内外群体界限的感知,改善了对外群体的态度(Wright et al. ,1997)。

很多研究者将 Wright 等提出的以上三个内在机制凝练地归结为:群际焦虑、知觉到的内群体/外群体准则以及将他人纳入自我,并验证了它们在扩展接触改善群际态度过程的中介作用(Gómezet al. ,2011;Turner et al. ,2008;Tezanos-Pinto,Bratt,& Brown,2010;Eller et al. ,2011)。但综合各种研究资料发现,扩展接触效应的中介因素包含很多种,它们是通过认知和情感路线两个不同的路径在扩展接触改善群体态度的过程中发挥积极的作用。

1. 认知路径探讨

(1)　将他人纳入自我

将他人纳入自我指对象(例如,另一个人)与自我的心理距离。它通常用包含一系列成对圆环的刻度来衡量,从两个圆圈开始排列,这两个圆圈不重叠到两个强烈重叠的圆圈,一个代表自己,另外一个代表另一个人。参与者必须选择最能描述他们与他人之间关系的一对:选择一对强重叠的圈子,这个人就越接近自我(Aron et al.,2004)。首先,内群体成员会自发地被个体纳入自我概念中(Smith&Henry,1996)。其次,密切关系中的个体被观察者视为单一的认知单位(Sedikides, Olsen, & Reis, 1993)。因此,在观察群体之间的友谊关系时,群体成员很可能被纳入自我中,在他/她与外群成员有密切关系的情况下,外群成员与他/她的群体一起也自动被纳入观察者的"自我"中。由于人们喜欢和像自我这样的人亲密(Aron et al.,2004),因此,会改善对被纳入自我中的外群成员及其所在群体的态度。

得知内外群体成员之间的友谊关系后,如何能够将对外群体成员的积极态度泛化至整个外群体? 将他人纳入自我在其中起到重要的作用。将他人纳入自我的关键在于个体能够自发地将内群体成员作为首要对象纳入自我范畴(Liebkind et al., 2010),只有个体将内群体成员作为自己的朋友,才可能认为朋友的朋友也是朋友。研究发现,扩展接触可以减少个体对性少数群体者的偏见,主要是因为个体的朋友与性少数群体者存在友谊关系,所以个体将朋友的朋友纳入自我,从而减少了对性少数群体者的偏见(Capozza et al.,2014)。根据海德的认知平衡理论,个人应该尽可能地达到平衡状态,即相关实体之间存在和谐,因为不平衡可能会造成认知上的不舒服(Heider,1958)。在扩展接触关系的情况下,单位关系是指在自我和群体成员之间的朋友之间,群体成员与他/她的群体朋友之间以及自我与群体之间的关系。造成不平衡的一种情况是,自我与内部群体成员之间,内部群体成员与他/她的外群体朋友之间存在积极的关系,而自我与外群体成员之间存在消极的关系。虽然有各种方式通过处理不平衡的单位关系来解决失衡问题,但个人应该不可能通过在与他/她密切相关的情况下减少与内群体成员的关系来重建和谐平衡;获得平衡的更简单的方法就是改善对外群体的态度,所以,"我的朋友的朋友是我的朋友"是对"我的朋友的朋友的群体是我的朋友"的进一步延伸。

将他人纳入自我是需要最佳条件的。当群际扩展接触明确彰显接触双方的群体身份时,才能使得内群体成员更有效地将积极的态度泛化至整个外群体。研究者试图通过扩展接触减少正常儿童对残疾儿童的偏见,他们在实验材料中对扩展接触的类型进行了不同的干预。在"去群体身份化"(decategorization)的扩展接触故事中,没有强调接触双方的群体身份(比如是残疾儿童还是正常儿童),而是突出强调其个人身份(比如是张三还是李四),在"群际"(inter-group)扩展接触的故事中,突出强调双方的群体身份而淡化彼此的个体身份;在中立性的扩展接触故事中,双方的个体身份与群体身份都不予以强调。被试读完故事之后,要分小组对故事进行讨论。以上这种干预共持续六周,结果发现,尽管不同的干预材料都可以引发正常儿童对残疾儿童的积极态度和行为意向,但突出双方群体身份的扩展接触干预对改善儿童群际态度的效果最显著(Cameron & Rutland,2006)。而且研究还指出,如果扩展接触干预在彰显群体双方身份的同时,也更加突出双方所拥有的共同身份(比如同属一个班级、社区或种族),扩展接触的积极效应会更明显(Cameron,Rutland,Brown,& Douch,2006)。

（2）　群体规范

内群体和外群体关于群际接触的准则或者规范,是最初解释扩展接触效应的另外一种视角。内群体准则是指内群体是否允许、肯定与外群体进行交往,外群体准则是指外群体对群际互动的态度。只有内外群体准则被群体成员所感知到时,即认识到群际接触是内外群体所允许的或提倡的时候,扩展接触的积极效应才可能产生,因此,群体成员知觉到的内外群体准则对其态度改善非常重要。当个体知觉到,内群体对外群体有积极的认识,他们更愿意用积极的眼光看待外群体(Tezanos-Pinto et al. ,2010),扩展接触所展现的群际互动促使内外群体成员对群体准则产生积极的感知,从而改善群际态度(Wright et al. , 1997)。

赖特等人(1997)也认为,了解或观察一个与外群成员积极互动的内群成员,可能会提供关于群内规范的重要规则性信息。当成员的群体身份显著性较高时,观察正式的跨群互动也可能提供有关外群规范的信息,感知到外群体对群际接触的正面规范。特纳等(2008)研究了英国白人学生与亚洲人的接触和态度改善状况,结果发现,接触改善态度与更多积极的内外群体规范有关。积极的群体和群体规范促进了扩展接触对群体态度的改善,从而进一步为内群体和外群体规范的中介作用提供了证据。

利布金等(2010)同样发现,对内群体准则的知觉能够改善群体偏见。他们选取了芬兰六所中学13~15岁的学生作为被试,按照其所在地的外种族比例(即外种族人口占到该地区总人口的百分比)将六所学校两两配对,然后随机接受实验干预。实验材料是从学生中搜集到的与外群体同学进行友好接触并发展成友谊关系的真实案例。扩展接触干预方式分为两种,一种是同伴群体亲自分享他们与外群体成员建立友谊关系并改善自身群体态度的经历;另外一种是要求同伴群体分享、阅读故事,并对故事展开讨论,在讨论的过程中,如果被试出现了对外群体的积极态度则会受到研究者的表扬和鼓励,如果出现对外群体消极的评价时则被研究者忽视或否定。最后来测量他们对外群体的偏见与宽容态度。结果发现,相比不接受任何干预的控制组,接受扩展接触干预的被试其群际偏见与宽容态度都发生了积极明显的改变,接受干预的两个小组比较来看,后者比前者的态度改善更为明显,由此可见,同伴榜样的跨群体交往行为得到肯定和提倡的时候,更加有效地提高了内群体成员对内群体准则的知觉,对降低外群体偏见起到了积极的作用。

　　韦扎利等人(2014)的研究也为内外群体规范作为扩展接触的中介机制提供了一定的证据。他们采用了新的程序来应用扩展接触的原则,旨在使个人意识到其他群体成员的跨群体经历,而不是使用专门创建的故事。在实验条件下,意大利的初中和高中的孩子被要求参加一场比赛,即撰写与移民经历有关的文章(要求是最能代表友谊价值的文章)。在第一阶段中,参加者每周一次,连续两周与两个或三个内群成员会面。他们交流信息并撰写关于个人体验的文章。假设认为,接触群内朋友的跨群体经验会增加人们对群体间接触有利的规范认知,从而改善内群体对外群体的态度,对跨群体友谊的阅读也可能影响群体规范的认知。在第二阶段,参与者第三周再次进行内群体交流,并评估一篇同组成员写作的有关跨群体友谊的个人体验文章。控制条件与实验条件相同,只有一个关键的区别:参与者被要求写个人友谊,但没有提及跨群体的经验。一周后,干预组(与对照条件相比)改善了对外群体的态度,并提升了与外群体朋友长时间共处的意愿,这些影响是通过内群体和外部群体有正面接触的认知增加而产生的。干预后三个月,干预对参与者的友谊圈产生了影响,他们的跨群体友谊更多,内群外群规范在其中的作用很重要(Cameron,Rutland,Hossain,& Petley,2011)。

还有研究者同样指出,知觉到的内外群体准则可以有效调节内外群体对群际互动的期望水平(比如我认为我能与大多数外群体成员友好相处),促进双方群体对后期的直接接触产生积极期望。而且相比多数群体来讲,少数群体知觉到的外群体准则对改善其群际态度具有更强的预测作用(Gómez et al.,2011)。少数群体往往会更加谨慎地考察多数群体是如何认识和对待他们的,他们知觉到的外群体准则在很大程度上影响他们与多数群体接触的期望水平。

(3) 观点采择

观点采择代表了同情心的认知方面,包含了他人采取他人观点的能力(Stephan & Finlay,1999)。大量文献表明,观点采择对群际关系有着有益的影响,如能够促进改善群体态度、产生更大的利他主义、减少消极刻板印象(Batson,2010)。观点采择不但是直接接触效应的关键影响变量(Brown&Hewstone,2005;Pettigrew et al.,2008),也是间接接触效应的重要促进因素,史达修克和比勒维奇(2013)在波兰的高中学生中发现,一个人的祖先与乌克兰人的交往频率可以促进对乌克兰人产生更多积极的态度,而产生这种效应是由于自我与外部群体之间具有更高的认知相似性,以及观点采择而实现的。不过总体来看,观点采择在扩展接触中的研究相对较少,这为我们后续的研究提供了重要的课题空间。

(4) 自我表露

自我表露是指与他人自愿分享个人和私密信息(Miller,

2002）。自我表露（比如我愿意将个人的信息和问题展现给对方）在扩展接触改善群体态度的关系中具有一定的影响。自我表露的一个重要方面是它通常是互惠互利的,并且有利于相互吸引(Berg & Wright-Buckley,1988)。自我表露会导致所表露的信息数量和亲密度的增加,促进群际亲密关系的建立(Reis & Shaver,1988)。因此,增强对外群成员的自我表露可能有助于创建新的跨群体友谊。特纳、休斯顿和沃奇(2007)的研究确实发现,自我表露在扩展接触和外群体态度之间发挥了中介作用。他们发现,扩展接触与群体间焦虑减少和自我表露增强有关,减少群体间焦虑和增强自我表露反过来又调节了长时间接触对改善群体态度的影响。值得注意的是,在不同的群体中,比如大多数(白人英国人)和少数(亚洲)参与者都发现了自我表露起到明显的调节作用。在英国,白人群体与南亚群体之间的扩展接触表明,自我表露的水平越高越能够改善内隐群体态度(Turner et al. ,2007)。但关于自我表露方面的研究并不丰富,也会存在着需要进一步解答的问题。比如,扩展接触是一种间接接触,群体成员间的自我表露机会是很少甚至是没有的,因此,自我表露的测量更多的是局限在心理想象层面上,这种想象的自我表露更应该是一种自我表露的意向或者自我表露的可能性,而非直接接触过程中真实的自我表露行为。

（5） 非人性化

非人性化是一种消极的群体认知,认为外群体不像内群体一样的具有高人性化特征(Vaes,Leyens,Paladino,& Pires Miranda,2012)。否认外群体成员的人性化特征对群际关系的改善具有普遍的不利影响(Goff,Eberhardt,Williams,& Jackson,2008)。

在非人性化可以自动激活的情况下（Boccato，Capozza，Falvo，Durante，2008），特别是在以暴力冲突为特征的背景下，群际非人性化认知可能很难减少。安德里格托等（2012）对科索沃阿尔巴尼亚人的研究表明，扩展接触明显降低了塞尔维亚人的非人性化水平，因此，减少人性化可能是通过间接接触发挥作用的重要机制。

2.情感路径探讨

（1）群际焦虑

赖特等（1997）最初指出，因为扩展接触是让内群体成员去知晓跨群体的友谊关系，而不是主动参与群际接触过程，所以由此引发的群际焦虑应该较低。保林等人（2004）提供了证据，表明群体间焦虑在间接接触效应中的中介作用确实是存在且显著的。他们发现，天主教徒和新教徒的跨群体友谊减少了群体焦虑，促进了更积极的群体态度和更高的群体多样性认知。此外，还有研究者发现，群间焦虑可以调节扩展接触对群体态度的影响，扩展接触有效减少了英国白人群体与南亚移民群体之间的交往焦虑，使白人对南亚移民的态度更加友好（Turner et al.，2007），提高群体间期望（Gómez et al.，2011）以及群际行为意图（Hutchison & Rosenthal，2011）。

为什么焦虑降低对扩展接触效应具有重要的影响？扩展接触是一种间接的群际接触方式，个体并没有真实参与到接触过程之中，而是通过内外群体的榜样来获知内外群体对于群际互动的准则和态度，有效降低了个体对群际交往的消极预期、焦虑以及负性情绪水平（Wright et al.，1997；Turner et al.，2007，2008）。尽管大多数研究一致认为，扩展接触可以有效降低内群体成员的群际焦虑水平,从而改善对外群体的态度。但赛尔纳特(2011)则从扩展接触的情境角度对群际焦虑降低的原因提出了新的看法。他指出,扩展接触情境通常展现的是群体成员间的"温情"故事,比如内群体成员有困难,外群体成员对其实施了帮助,二人发展成友谊关系。在此,并非是因为个体获知内外群体成员间的友谊关系导致了群际焦虑的降低,而很可能是故事本身引发了个体对外群体成员的钦佩之情(或者其他不同类型的积极情感),从而导致了群际焦虑的降低。而且,他们的研究还进一步发现,即便扩展接触展现的是两个与自身无关的外群体间亲密关系的相关信息,也可以减少个体对外群体的消极刻板印象以及相关的群体厌恶情感,从而降低群际焦虑,改善对外群体的态度。当然,关于群际情感在扩展接触效应中的影响还缺乏丰富的研究,从群际情感的视角可以为扩展接触降低群际焦虑的机制提供一种新的解释。

(2) 群际共情

共情可以被定义为对外群体成员感受的情绪反应(Batson et al.,1997)。有大量文献显示,群体间共情可以带来不同群体成员之间更积极的关系,例如减少刻板印象,改善群体态度以及促进对外群体更多的亲社会行为(Batson,2010;Stephanet al.,1999)。研究发现,群际共情是多数(意大利)和少数(移民)群体关系的重要影响因素,群体共情减少了群际焦虑(Brown et al.,2005;Pettigrew et al.,2008)。卡波扎等(2013)通过改编的两个问题来衡量群际共情,他们询问参与者是否感受并理解外群体成员感受到的情绪,并评估了社会距离、外部群体的刻板印象以及对外群体的行为意向。结果表明,扩展接触增加了体验外群的感受和情绪的能力,群体间共情增进了与外部群体的社会距离,减少了对外部群体的消极刻板认知。但值得注意的是,这种效应还会受到接触经验的调节,只有那些与外部群体具有低或中等水平的直接接触经验的个体,才会产生更加明显的扩展接触积极效应。

(3) 外群信任

群体信任通常被认为是发展群体之间正面关系的关键因素。群体信任可以引发稳定感和安全感,并能够促进对其他人的行为和意图产生积极正向的期望(Kramer & Carnevale,2001)。尽管信任有时候难以实现,其建立和发展可能需要许多积极经历作为基础(Worchel, Cooper, & Goethals, 1991),信任一旦形成,将有利于群际合作和群际关爱(Lewicki & Wiethoff,2000)。既有研究发现,扩展接触对外群体人性化偏见的影响受到群际信任的重要作用。扩展接触有利于增加对内群规范的认知,减少群间焦虑,增加信任和对外群的同情心,进而改善对外群体的人性化归因(Dhont &Van Hiel, 2011;Capozza, et al.,2013;Capozza et al. ,2014)。

(4) 群体威胁

群体威胁对群际关系存在不利的影响。通常来讲,群体威胁可以分为现实威胁、符号威胁、刻板印象和群际焦虑四种类型。较为一致的证据表明,群体间接触改善了群体态度,因为它减少了对群体的威胁感知(Tausch, Hewstone, Kenworthy, Cairns, & Christ,2007)。比如,佩迪格鲁等(2007)研究了德国受访者,并调查了德国人与居住在德国的外国人之间的关系。结果表明,长期群际接触减少了德国人对外来者的现实和象征性威胁感知,比如外国人威胁德国的繁荣、自由、权利、文化和安全,进而减少了德国人对外国人的偏见,而且,相比来讲,个人层面上的威胁感知(外国人威胁个人自由、权利以及个人经济状况)对群际偏见产生的间接影响作用要小得多。

以上综述了扩展接触效应在认知层面和情感层面上的各种中介因素。值得注意的是,目前的研究者主要侧重于对认知因素的研究,希望未来的研究更加重视和发现新的情感中介因素。另外,目前关于扩展接触效应的两种路径的作用关系还存在很多争议。比如有的研究者认为,扩展接触的积极作用主要是借助于认知经验而实现(Paolini,2007),但有研究认为情感变量也同样具有重要的作用。其实,对两种类型的因素进行精确的区分是存在困难的,因为一些变量可能既包含情感成分也包含认知成分。虽然在某些情况下,这种区分是基于研究者所使用的具体措施,从而造成一种错误的认识,即这两条路线一般都是独立的;但实际的情况是两种路线很可能是相互影响的,并很有可能是基于一定的顺序过程相互作用的。

三、扩展接触效应的调节过程机制

群体准则知觉的差异性(Sharp,Voci,& Hewstone,2011)、社会意识态度的特点(Dhont & Hiel,2009)、内群关系的紧密性(Tausch et al.,2011)以及与外群体直接接触的机会多少(Mereish & Poteat,2015)等在扩展接触效应中起到重要的调节作用,提升或者阻碍扩展接触效应的效果。

1. 群际情境条件

(1) 隔离和直接接触

大多数关于扩展接触的研究都认为,扩展接触(其实包括所有间接接触的类型)对群体态度的影响效应都会受到直接跨群体友谊或者直接交往经历的影响。

研究发现,直接接触是间接接触效应的调节因素,当以某种方式控制或限制直接接触时,扩展接触的影响会更大(例如,当直接接触的水平较低)。克里斯特等人(2010)使用来自德国西部和东部被试,证明了扩展接触与对外国人的较低偏见相关,而且这种积极效应在德国东部的受访者中更是如此,因为,德国东部的受访者与外群体更加隔离,个体间交叉群体的朋友更少。由此可以看出,直接接触的机会很少甚至没有的时候,个体具有较少的关于外群体成员的"先在态度",扩展接触的积极效应可能才会更加显著。其中的原因也可能在于:群体态度的变化主要会受到个人经历的影响,尤其是来自个人直接接触的经历。相比之下,当直接接触经验稀缺或不可用时,人们不得不依赖间接经验作为情境信息的来源,因此间接接触对于那些直接接触水平较低的人来说尤其有效。

内外群体接触较少时,扩展接触是改善群体态度最为有效的方式,个体会表现出更少的偏见,更愿意融入外群文化,扩展接触效应更加明显,相反,当直接接触水平较高时,扩展接触效应并不显著(Eller, Abrams, & Gomez, 2012)。对儿童群体的扩展接触干预也发现,扩展接触对交往不深或者没有机会进行直接接触的群体态度改善更为有效(Cameron, Rutland, Hossain, & Petley, 2011)。这可能是由于直接接触而产生的对外群体的先前态度会影响扩展接触效应(Mereish et al., 2015),比如,同样接受扩展接触干预,低交往质量组儿童(与外群体成员熟悉)比高交往质量组儿童(通过直接接触建立了与外群体的友谊关系)的群体态度改善更明显(Cameron et al., 2011)。

　　另外,扩展接触所展现的内外群体成员间的直接交往质量
也会影响到其他内群成员的态度改善效果。内外群体成员间的
直接交往质量越高,对其他内群体成员改善外群体态度的影响
越大,扩展接触的积极效应越明显(Eller et al.,2011)。因为扩
展接触强调"友谊"的重要性,所以内群成员必须能够清醒地
感知或获知内外群体成员之间存在着亲密关系。但如果个体获
知的是内外群体成员之间更为平淡的交往信息,而非是友谊关
系时,是否还能够改善群体态度,这还需要进一步探讨。

　　总之,如果没有直接的经验,个人依赖间接接触经验,这些
间接经验成为重要的信息来源。直接接触水平比较低时,间接
接触效应更好,但这并不意味着这些间接接触策略只能在人们
几乎没有直接接触经验的情况下才能够使用和推广(Turner et
al.,2013),实际上,直接与间接接触都与更积极的群体态度相
关,尽管间接接触策略在人们接触较少(无)时可能会产生较强
的效果,但是现实中,我们可以两种接触策略一起使用(Tausch
et al.,2011)。

　　(2)　群体身份认知

　　当群体成员在群体交往时,群体身份与群体特征更加显著
时,扩展接触效应更有可能得到泛化(Brown & Hewstone,2005),
并且更容易促使扩展接触改善群体态度,研究者认为这是因为
群体认同的改变导致从"我们"和"他们"到了更上一层的"我
们"(Gaertner & Dovidio,2000)。卡梅隆和拉特兰(2006)进行了
一个多次干预(每周一次,连续六周)的实验,参与者是非残疾
学校的小孩,他们阅读小组(非残疾)和小组(非残疾)人物之间
的友谊故事,并与一个由两到三名儿童组成的小组讨论。在中

性条件下,不会在故事中提供有关角色的额外个性化信息。在非类别化条件下,强调了故事中角色的个性特征,提及他们的个性和个人偏好(例如他们是否喜欢巧克力)。在群际条件下,故事中角色的群体身份特征得到强调,并与其他群体成员分享群体的典型特征。结果显示,当角色的群体身份被强调(群体间条件)时,对残疾人刻板印象的改善大于注意个体差异(非类别化条件)时或当群体成员或个体差异不存在时(中性条件)。针对残疾人的行为意图(意图与残疾儿童玩耍,与他们共进晚餐,并留在自己家中一起过夜)都比在中性状态下更积极。

2. 个体差异

(1) 个性变量

佩迪格鲁(1998)强调了个体差异变量在扩展接触效应中的重要性,认为间接接触效应也可能取决于人格变量。群体所具有的社会意识态度比如专制主义倾向(authoritarianism)调节扩展接触效应的大小。研究发现,在一个具有专制主义倾向的社会意识环境中,通过群际接触的方式确实可以减少专制主义者的群体偏见,越是积极的群际接触,越能够降低专制主义者的偏见水平,反之,越是消极的群际互动,越能够提升专制主义者的偏见水平(Dhont & Hiel,2009)。在直接接触较少的情况下,扩展接触对减少专制主义者的群体偏见具有显著的效果。专制主义者认为这个世界是危险的、不可预测的、充满威胁的,对人性本质充满怀疑。拥护右翼威权主义的个体其彰显出来的主要特点是常规主义,强烈遵守群体规范,因此具有较高水平的群体偏见。由于右翼威权主义中拥有较高地位和权利的个体更希望更严格地遵守社会规范,那么他们应该更有可能受到积极的扩展接触影响(Turner et al. ,2008)。也就是说,可以通过扩展接触减少他们对外群体威胁的感知,提升他们对外群体的信任水平,改善他们对外群体的态度。针对荷兰成年人的研究发现,右翼威权主义者确实会存在适度的扩展接触效应,不同高低水平的右翼威权主义个体,其对外群体的态度改善是由于扩展接触导致他们对外群体产生了更低的威胁感以及对外群成员更大的信任感而产生的(Dhont & Hiel,2011;Pettigrew et al. ,2007)。当然,群体威胁如何影响到扩展接触效应还需要进一步探索,因为来自外群体的威胁是多种多样的,从威胁的内容主题来看,包括物质资源、社会资源以及心理资源方面的威胁,从威胁的层次来看,包括个体威胁与群体威胁,到底哪类威胁的减少更能够引发积极的扩展接触效应呢? 对这个问题还缺乏详细的分析。

(2) 群体关系亲密性

间接接触效应还可能取决于个体和实际与外群体直接接触的同伴群体成员之间的关系紧密程度,也可能取决于内群体与外群体成员之间观察到的联系(Wright et al. ,1997)。关于个人与内部成员之间的关系,主要是包括邻居、自己社区的成员、群体内的同事以及家庭成员(Meeusen,2014)。内群关系的紧密程度对扩展接触改善群体态度具有重要的调节作用,知觉到的内群关系的紧密性程度不同,扩展接触的效应不同。如果获知与自己关系亲密的人(比如朋友和家人)与外群体成员之间存在朋友关系,个体会表现出对外群体更高的信任水平,扩展接触的效应也更加明显(Tausch et al. ,2011)。但这里,需要特别强调的是,内群体关系的紧密性取决于个体对关系紧密性的知觉,而非个体与内群体成员的关系类型,因为家人之间的关系有时候远不及邻居和同事更亲密。其次,这一结论与将他人纳入自我的解释也是一致的。利布金等(2010)指出,将他人纳入自我的关键在于个体能够自发地将内群体成员作为首要对象纳入自我范畴,只有个体倾向于将内群体成员作为自己的朋友,才可能认为朋友的朋友也是朋友。内群成员与自身的关系越紧密,越容易被看作是自我的一部分,朋友的朋友也更容易进入自我的范畴。

(3) 群体准则的知觉差异

个体在群体准则重要性的知觉方面存在的差异性会影响到扩展接触改善群体态度的效果(Dovidio et al. ,2011;Sharp et al. ,2011)。研究发现,扩展接触改善了英国白人学生对亚裔移民群体以及性少数群体的态度,社会比较即将外在标准作为自身行为的重要参考,在此过程中起到重要的调节作用。社会比较水平较高的个体,扩展接触的效应更加明显,群体态度改善的效果更突出,而社会比较水平较低的个体,扩展接触的积极效应并没有出现。之所以出现这种情况,是因为社会比较水平较高的个体更倾向于将他人(内群成员)作为参照点去评价自己的能力,去规范和展现自己的想法或情感,尤其是当面临压力、不确定的处境时,更容易将他人作为参照标准(Gibbons & Buunk, 1999;Sharp et al. ,2011)。应该说,对于社会比较水平较高的个体来讲,扩展接触展现了内外群体成员间的友谊关系,他们更容易感知到内群体准则的变化,进而成为他们态度与行为改善的重要参照标准,可以规范和调整自己的认知、情感与行为趋向。

四、扩展接触的积极效应

综合已有研究发现,扩展接触的积极后果主要表现在认知、情感和行为三个方面的变化。很多研究中,为了更加方便探讨,往往会选择一个方面作为扩展接触积极效应的测量指标,但实际上,扩展接触产生的积极效应很有可能是多种指标的综合。

1. 群体认知方面的改善

首先,扩展接触能够改善内群体对外群体的刻板印象,增加对外群多样性的认知。保林等人(2004)对北爱尔兰天主教和新教大学生和成人的研究均表明,扩展接触在增加外群多样性认知中具有积极的作用。跨群体朋友和扩展接触都与更高水平的群体多样性认知密切相关(Hutchison,2011)。扩展接触改善群体刻板印象的证据来自韦扎利等人(2012)的实验。研究者们认为,以往研究多是采用基于扩展接触的创作性故事,而且为了增加有效性还会让阅读者参加小组积极讨论,但是如果真的将扩展接触融入教育,尤其是当涉及两个群体之间的关系时,是否可以在出版书籍时就编入相应的故事,通过故事阅读是否对于改善群体态度同样有效呢? 基于这样的考虑,研究者们选择了意大利的高中学生,并将他们随机分配到三个实验条件下:跨文化阅读、非跨文化阅读、没有阅读。在跨文化阅读条件下,要求参与者选择阅读一个片段,其中描述了内群体与外群体成员之间的积极互动;在非跨文化阅读条件下选择书中与跨文化话题无关的阅读;在没有阅读条件下,参与者不被要求阅读任何书籍内容。结果发现,不同条件下的被试对外群体的刻板印象发生了明显的变化,在跨文化阅读条件下,意大利学生对移民的不同内因特征,比如"不礼貌的""肮脏的""坏的"等负面刻板印象明显低于其他条件下的负面刻板印象,进一步充分说明通过阅读书籍中积极故事的扩展接触干预方式,可以改善内群体对外群体的消极刻板印象。

其次,扩展接触可以改善对外群体其他方面的认知态度。扩展接触可以减少群际社会距离(Vezzali et al.,2014),增进文化同化(Berry,1997)。韦扎利等(2010)探讨了扩展接触是否增加了意大利学龄前学生和学校教师同意针对移民学生的整合策略,要求他们表达对移民学生整合策略声明的同意程度,比如"在学校环境中,移民儿童应该保持他们自己的文化,同时也接受意大利儿童的文化"。结果发现,扩展接触增加了意大利学生与教师对课堂整合策略的支持。除此之外,扩展接触也可以促进态度改变的稳定性与确定性,在北爱尔兰混合和隔离区招募天主教徒和新教徒,通过纵向研究发现,在扩展接触一年后可以增加群体态度改善的稳定性,可以明显增加帮助和支持外部群体的意愿,因此可以做出推断,随着时间的推移,扩展接触可以像直接接触那样对外群态度产生积极的影响。

再次,扩展接触可以减少群际竞争受害者心理。通常来讲,在群际冲突的关系背景中,内外群体成员通常都倾向于认为自己所属的群体才是冲突中唯一的受害者,而且受到了比对方群体更多的、更大的、更不公平的伤害,而外群体则通常被视为是不道德、不当行为的施害者(Nadler & Saguy,2003)。在冲突正式结束后的很长时间里,我们仍可以发现,在感知群体的受害性方面,内外群体仍然还存在着明显的认知分歧,这种认知分歧导致群际态度无法有效改善,进一步阻碍了群际关系的缓和,成为群际冲突解决的重要阻碍(Noor,Brown,& Prentice,2008)。所以,如何改善群际冲突双方的消极认知和偏见是非常必要的。安德里格托等(2012)研究了扩展接触在减少竞争性受害者方面的作用,结果发现,在一个极端冲突后种族隔离为特征的群体关系背景下,来自两个群体的参与者之间几乎没有直接联系,即使在极端冲突的情况下,扩展接触对改善双方的竞争受害性认知仍然是具有一定效果的。

2. 群体情感的变化

扩展接触对改善群体的情感态度也具有有益的影响。特纳等(2013)认为,探讨扩展接触可以促进内群体对外群体更积极的情感态度,对外群体成员的情感特质,如"友好""温暖""积极"的程度评分更高。另外,扩展接触还可能增加内隐态度的改善。与外显态度相比,内隐态度是个体无法有效意识到的,当态度对象存在,内隐态度就会被自动激活,内隐态度的激活很可能会导致各种各样微妙的非语言偏见行为,而这一些变化通常不被个体所能觉察,进而导致群际关系改善的困难(Greenwald, Poehlman, Uhlmann, & Banaji, 2009)。研究者认为,从某种程度上来讲,内隐态度代表对态度对象的一种情感反应(Gawronski & Bodenhausen, 2006),内隐态度包含有态度的情感部分(Zanna & Rempel, 1988)。因此,负面内隐态度对群际关系产生有害的影响,会阻碍跨群体友谊的形成。卡斯特利等(2012)研究表明,由一个群体成员暴露出外群体成员积极或消极的非言语行为也能够影响观察者的隐性态度,这就为扩展接触改善内隐群体偏见提供了基础。韦扎利等(2012)通过对意大利本土居民和移民之间的关系研究发现,扩展接触确实能够减少本土居民对移民群体的内隐性偏见。当然,我们会发现很多时候,人们往往受到社会赞许、社会期望等外显规范的影响,外显态度并非呈现消极的特点,而内隐态度则很难被外部环境所影响,个体也较难进行自我控制,所以,从这一角度来讲,积极通过扩展接触改善内隐情感态度是非常有意义的。

3. 行为的积极后果

首先,研究表明间接接触可以改善对外群体成员的行为意向。保林等人(2007)对北爱尔兰天主教徒和新教徒的相关研究表明,扩展接触可以减少对外群体的负面行为倾向(比如,回避或者攻击)。其次,扩展接触会不断增加改变群际不公平状态的愿望,促进提升社会变革动机,进而提升改善社会(即向平等的社会变革)的总体倾向。韦扎利等(2014)以意大利大学生为被试,在实验中让被试对跨群体友谊和扩展接触做出评价,同时也需要被试评价群际接触是否对群际共同点或地位差异给予了更多的关注。具体而言,就是要求参加者对扩展接触和直接接触做出评价,要求他们指出两种不同的接触关注群际共性或差异性的程度。结果表明,相比直接接触而言,被试认为扩展接触更多侧重的是群际差异,而两种接触在群际共同性方面的关注没有差异。只有当直接接触更多注重差异而不是共同点的时候,直接的跨群体友谊才可能增加社会变革的动机,然而,扩展接触并未受到扩展接触关注点的影响,不管接触侧重于群际共性还是群际差异征,扩展接触都提升了被试的社会变革动机。研究者进一步分析认为,地位高的群体喜欢谈论共同性,因此直接的跨群体友谊可能会忽视群际成员的差异性,意大利大学生(优势地位群体)和移民高中生(劣势地位群体)的地位存在差异,直接跨群体友谊进而会导致被试在"社会更加平等的动机方面"受到严重的抑制。而扩展接触更多地表现出了明显的群际差异性,所以,从某种程度上讲,扩展接触可以促进群体成员意识到群际差异性,并在促进社会平等改革方面更加有效。因此,可以推断,扩展接触可以看作是促进社会多种群体实现关系和地位更加平等的一种干预策略。

最后,扩展接触促进跨群体友谊的形成。形成新的跨群体友谊是一种积极的群际行为结果,促进了直接接触行为的发生(Turner et al.,2007)。韦扎利等(2014)在意大利小学和高中学生中进行的干预提供了扩展接触改善行为的直接证据。结果表明,干预措施在实施 3 个月后,参与者移民朋友数量增加方面的效果非常显著。马利特等(2010)通过实验也表明,要求被试观看描绘不同群体友谊的视频,然后让被试也写一写自己在这方面的类似群际经历,结果发现,这种干预增加了被试与外群体成员建立新友谊关系的比例。因此,可以这么认为,扩展接触能够促进实际的现实生活中群际友谊关系的建立和发展。当然,我们也应该意识到,很多研究的结果都是基于被试对跨群体友谊关系的自我报告,很多时候这种自我报告的友谊关系倾向通常不被认为是"真正的"友谊,因为关系双方可能对"友谊关系"的认知存在差异,对何为友谊关系的认定存在不同,友谊关系必须是双方都能够积极认可的,且应该存在一定的评价友谊关系的相对明确的指标。因此,未来的研究需要通过考虑更为客观的跨群体友谊关系的形成指标来作为更为客观的评价标准,或许社交网络可以通过互惠友情链接(A 表示他/她是 B 的朋友,B 表示他/她是 A 的朋友)构成真正友谊,来改善这一研究不足,但在这一方面仍需要更多的研究来验证。

总而言之,以上内容总体回顾了迄今为止,扩展接触理论及其积极效应的全部相关研究内容,对扩展接触假说的基本观点,以及扩展接触积极效应的内在心理机制(中介心理因素与调节心理因素)进行了详细的述评,并对扩展接触可能产生的认知、情感、行为结果进行了梳理。这一工作可以让我们对扩展接触这一领域有了更为直接的概览,并能够促使我们在此基础上对这一领域的未来研究进行深入的思考和展望。

五、扩展接触领域的研究展望

扩展接触研究不但丰富了群际接触理论,也进一步验证了它在减少群体偏见中的重要作用,为改善社会现实中不同群体间的关系提供了干预策略。目前来看,以往研究集中探讨了扩展接触效应何以可能的问题,将来还可以从以下几个方面继续展开。

1.探究扩展接触效应的动机因素

扩展接触研究需要深入考察这一效应背后的动机作用。利布金等(2010)曾指出,对儿童来讲,在学校情境中进行真实的扩展接触干预时,很可能会受到社会期望效应的影响,尤其是在教师参与的情况下,儿童会更容易表现出对外群体的积极态度,因为这种态度是社会提倡的,也是教师所认可的。后来,戈麦斯等(2008)研究发现,在没有直接接触的条件下,通过扩展接触可以改善对外群体的态度与刻板评价,特别是有权威人物支持这种接触行为时,内群体成员的态度改善更加明显。可见,扩展接触的效应很可能会受到权威效应、社会赞许、社会惩罚等动机的重要影响,但这缺乏更深入的研究。另外,个体还有可能是因为害怕被内群体成员所疏离而改善对外群体的态度。尤其是在小群体范围内(比如同一班级或者工作单位),当群体成员知觉到跨群体交往是被允许并提倡的,且大多数群体成员都改善了对外群体的态度时,很可能也会迫于群体疏离焦虑,减少对外群体的偏见。

2. 关注不同类型群体的扩展接触效应

首先,要关注少数群体的扩展接触过程与机制。既有研究的重点是多数群体如何通过扩展接触减少对少数群体的偏见,却忽略了探讨扩展接触如何改善了少数群体对多数群体的态度。少数群体的地位较低,他们能够知觉到自身的劣势,所以他们会在面对和处理一些群体观点时更容易形成一种集体性的共同取向,建立起联系紧密的群体网络系统,由此,当少数群体面对扩展接触提供的关于群际交往的积极信息时,更容易改善对外群体的态度(Tausch et al. ,2011)。但是从少数群体的角度出发,探究扩展接触效应的研究仍旧很少,不能全面揭示少数群体的扩展接触效应的内在机制。

其次,要关注不同文化背景下各群体扩展接触的特点。扩展接触研究主要是在英国、美国、芬兰、挪威等西方个体主义的文化背景下进行的。但在集体文化背景中,扩展接触的积极效应存在怎样的与众不同呢? 在集体主义文化中,群体以及群体内的关系是社会生活的核心,自我是镶嵌在更广泛的社会网络中的,自我的界定通常是以亲密关系或者群体关系为参照标准。应该说,这种文化背景的差异对研究扩展接触效应来讲特别值得思考,因为这关系到人们如何知觉和看待群体准则,如何将他人纳入自我范畴。因此,集体主义文化背景中的扩展接触效应还需要进一步探究(Turner et al. ,2008)。还有的研究者指出,扩展接触研究应该采用多元文化主义或者同化的视角。立足于不同国家所具有的多样性政策、同化融合的准则以及社会统治倾向等，来考察扩展接触对群际态度与行为的改善情况。研究者已经发现，当一个社会其政策多样性水平高时，群体偏见就会显著减少，关于群际互动的内群体准则是与国家的多样化政策相一致的，而与个体对社会政策的态度无关（Guimond et al.，2013）。

最后，要比较不同年龄群体的扩展接触效应。多数研究都取样于成人群体（比如大学生），后来有研究者指出，扩展接触对减少儿童的群体偏见具有同样积极的作用（Liebkind et al.，2010）。但我们发现，现有研究缺乏对扩展接触效应发展性特点的考察与比较。随着年龄的增长，儿童对群体准则的感知水平更高，群体准则对扩展接触效应的影响作用更为明显（Cameron et al.，2011；Cameron et al.，2007）。因此，有必要全面探讨不同年龄群体之间扩展接触效应的发展性特点。另外，3~5岁的孩子已经具有了对外群体的偏见（Rutland，Cameron，Bennett，& Ferrell，2005），但他们对交往焦虑、群体准则知觉的水平较低，扩展接触是否能够有效改善3~5岁儿童对外群体的偏见，这类研究几乎没有。

3. 全面考察扩展接触的积极社会功能

扩展接触效应到底表现在哪些方面？是认知、情感的改变还是行为的变化？除了探讨扩展接触对群体态度改善和偏见减少的作用之外，也应该更多地关注对交往意愿以及行为期望的改善（Hewstone et al.，2014）。另外，还可以进一步考察扩展接触效应的心理—生理指标，用以验证扩展接触引起的心理变化过程。比如,研究者探讨了扩展接触如何改变了民众对精神分裂者的外显偏见,参与者观看一段简短的展现两个陌生人友好互动的视频。告知实验组的被试,视频中的其中一人是精神分裂者,而控制组的被试则并未被告知视频中的人是否患有精神分裂。然后,让他们与患有精神障碍的群体进行真实的交往互动,结果发现,实验组的个体其交往态度更积极,展现了更多积极的非言语行为以及更高的交往质量。最重要的是,接受扩展接触干预的个体表现出了在真实交往前后较少的压力反应,心跳与皮电方面的反应没有发生变化。因此,研究者认为,扩展接触作为一种提升群际关系的干预策略可以真正改变民众对精神分裂者的态度和行为(West & Turner,2014)。

其实,扩展接触的社会后果也应该被重视。尽管扩展接触对于如何构建一个更加宽容的社会具有重要的意义,但是却少有人探讨扩展接触如何引发了社会变化以及引发了哪些变化。扩展接触改善了内群体对外群体的态度,但这并不意味着内群体的意识信念发生变化。如果群体的内在信念和社会政策没有发生根本性的变化,扩展接触也未必能够带来群际关系的真正和谐。未来研究还需要考虑更加长远的社会性后果,探究如何通过扩展接触保持良好的群际关系。

4.探索不同间接群际接触的综合效应

扩展接触只是间接群际接触的一种方式,除此之外还包括想象接触以及替代群际接触。目前来看,研究者们往往都是对单一类型的间接群际接触效应进行考察,缺乏对不同间接群际接触改善群际关系的综合效应的探讨。比如,什么条件、情境下综合使用这些群际接触方式才能最大化地改善群际态度并能够长期且稳定的维持这种积极的效果呢？不同的间接接触方式之间是如何相互作用的呢？对不同间接群际接触方式综合效应的探讨将是对群际接触理论更加综合且深入的一种探索，也更具有实践价值。

5. 其他需要完善的地方

扩展接触效应的有效性是广泛存在且毋庸置疑的，但其起到的长期效果则是一个问题，扩展接触效应会随着时间因素而发生变化。通过长达 7 个月的接触干预研究发现，随着时间的推移，通过直接接触建立的友谊可以有效改善多数群体对少数群体的评价，但是扩展接触却不存在这种长期性的效果（Feddes，Noack，& Rutland，2009）。也就是说，在短期内，扩展接触效的积极效应是存在的，但是其改善群体态度的稳定性却略逊一筹。相比直接接触能够改善对外群体的内隐和外显态度而言，扩展接触仅仅改善了个体对外群体的外显态度（Turner et al.，2007），这一发现是否有效地解释了扩展接触缺乏长期性的效果，还需要继续的探索。

其次，关注扩展接触产生的消极效应。扩展接触效应强调"将他人纳入自我"的重要作用，强调从"朋友的朋友是我的朋友"泛化到"对整个外群体态度的改善"，这一泛化过程隐含的逻辑就是朋友的朋友所在的群体成员之间具有一定的"同质性"（Wright et al.，1997），这体现了人们普遍存在着的一种外群同质性的思维定式，认为群体成员之间存在着较高的一致性特点（Paolini et al.，2004；艾娟，2014）。即当扩展接触展现给个体关于内外群体成员之间的亲密关系时，他们获得的关于外群体成员的良好交往态度和品质会泛化至整个外群体。但问题在于,如果扩展接触展现给个体的是关于内外群体成员之间的消极关系和信息时,这种后果是否也存在着泛化,从而加剧群际偏见呢?

简言之,扩展接触领域还存在着很多值得继续深入探讨的主题,接下来的内容将通过一系列的实证研究,从不同的视角出发,来更为详细地解答扩展接触领域存在的疑问。

第二节
内群体肯定对扩展接触效应的影响

通过不同的干预方式来改善对性少数群体的偏见是一个重要课题。有的研究者认为,可以通过行为改变的方法让性少数群体者融入群体,在性少数群体者和群体合作完成任务的积极互动中,来改善一般群体对性少数群体者的消极态度;或者与性少数群体者进行小组合作促使个体对性少数群体者的态度发生改变,评价变得更加积极(Anderson,1981)。还有的研究者认为,阅读性少数群体者困境的自述材料可以促使个体产生移情,进而改善消极的内隐态度,对性少数群体更加宽容(刘潇肖,2009);或者使用评价性条件反射技术结合"阈上劝说"和"阈下劝说"技术干预,其消极内隐态度在程度上有所减轻(刘予玲,2010)。

但问题在于,很多时候,一般群体并没有机会亲自与性少数群体者进行接触或者合作,即便有这样的机会,也更多的是改善了直接参与者对性少数群体者的态度,并不能真正有效的惠及更大范围的一般群体,不能降低一般群体对性少数群体者的偏见水平。那么,应该采用怎样的方法来改善社会对这一特殊群体的消极态度呢?

一、问题提出

正如前所述,扩展接触的积极效应指的是,如果得知内群体成员与外群体成员之间存在友谊关系,个体对显著减少对外群体的偏见,改善对外群体的态度(Wright et al.,1997;艾娟,2016)。扩展接触普遍被用来改善人们对不同人种(Turner et al.,2007;Pettigrew et al.,2006)、残疾人(Cameron et al.,2006)、精神病患者(West et al.,2014)等群体的偏见,扩展接触的积极效应得到了广泛的验证。但扩展接触改善性少数群体者态度方面的研究成果还比较少,这为继续展开扩展接触改善性少数群体态度的研究提供了必要的前提。

同时,综合考察扩展接触效应的文献发现,以往研究相对忽略了探讨个体外因素对扩展接触实际效果的影响作用,比如内群体成员或者其他个体对扩展接触友谊的肯定方式对改善态度的实际效果会产生怎样的影响呢? 有研究者已经发现,有同伴肯定的扩展接触干预可以改善异性恋成员对性少数群体的低人性化认知,进而改善对性少数群体的态度(Dora,Rossella,Elena,& Ariela,2014)。而戈麦斯和惠慈(2008)研究则发现,通过扩展接触可以改善内群体对外群体的消极态度与刻板评价,特别是有权威人物支持这种接触行为时,内群体成员的态度改善更加明显。可见,扩展接触的效应很可能会受到权威效应、社会赞许、社会惩罚等动机的重要影响,但这缺乏更深入的研究(艾娟,2016)。

鉴于以上分析,将进一步深入探讨扩展接触是否会改善社会对性少数群体的偏见,尤其是当扩展接触展现的跨群体友谊关系得到不同的肯定时(同伴肯定/权威肯定),是否会影响扩展接触改善群体态度的实际效果,即不同的群体肯定类型对扩展接触改善群体态度的效果有无明显的差异。

二、实验

1. 被试

25 名大学生被试参与实验,均为自愿参与。剔除直接接触过性少数群体的 5 人、外显态度与内隐态度均无偏见的 4 人,剩余 16 人,其中男 5 名、女 11 名,年龄在 18～22 岁之间。

2. 实验材料

外显态度量表:采用《大学生对性少数群体者态度量表》测量被试对性少数群体的外显态度。该量表内部一致性信度为0.87～0.93,本研究中的内部一致性信度为0.87,共18个项目,其中细分为认知、情感和行为三个分量表(涂沅澄,陈学志,2001)。从总分上来看,从 18～108 分可分为排斥性少数群体,对性少数群体持中性态度和接纳性少数群体三部分。排斥性少数群体和接纳性少数群体又可再细分为两部分。前者以 90 分为界,高于 90 分为极端排斥性少数群体,在 73～90 之间为对不接纳性少数群体;后者以 36 分为界,高于 36 分为不排斥性少数群体,在18～36 分之间为完全接纳性少数群体,对性少数群体持中性态度则是在 54～73 分之间。在分量表上的态度划分与总分方面的划分相似。具体来说,从 6～36 分可分为无法接纳性少数群体,对性少数群体持中性态度和接纳性少数群体三部分。无法接纳性少数群体和接纳性少数群体又可再细分为两部分。前者以 30 分为界,高于 30 分为极端排斥性少数群体,在 25 ~30 分之间为对性少数群体具有偏见;后者以 12 分为界,高于 12 分为能理性接纳性少数群体,在 6 ~ 12 分之间为完全接纳性少数群体。对性少数群体持中性态度是在 18 ~ 25 分之间(涂沅澄等,2001)。

内隐态度实验材料:根据 E-prime 编写的标准 IAT("内隐联想测试"的简称)任务程序,测量被试对性少数群体者的内隐态度。以自动记录的被试的反应时为基础数据。IAT 程序的实验刺激如下:测验的目标刺激为图片刺激。这是由于异性恋对性少数群体者的词汇了解较少。通过大型搜索引擎搜集国内外性少数群体者关系和异性恋关系的图片(如接吻、拥抱等表示彼此亲密关系的图片)各 50 张,由 10 名大学生进行"图片是否能够代表性少数群体者或异性恋"的判断,使用问卷的形式呈现图片,让被试将不能代表性少数群体者的图片代码记录下来;最后,根据被试的判断,将记录频次超过 3 的图片删除,保留最能代表国内、国外性少数群体者关系和异性恋关系的图片各30 张。

属性词在正式实验前先做筛选工作,最后确定积极和消极词汇各有 30 个。表达积极意义和消极意义双字形容词词汇从《常用形容词分类词典》以及以往涉及的研究文献中收集,一共225 个。请 10 名学生从这些词中选出其认为最积极和最消极的词,然后对每个词的选择频率进行统计,选出选择频率大于 7 的积极词和消极词各 30 个。正向词包括亲切、微笑、进取等,负向词包括灾难、不幸、致命、羞耻、悲哀、耻辱等。将词语制作成图片,所有的图片为 330 × 330 的 bmp(标准图像文件)格式。为了避免数据因被试分心、疏忽或者提前反应造成的干扰,对反应时数据进行整理,对被试反应时间过长(长于 3000 毫秒的)记为 3000 毫秒,反应时间过短的(不足 300 毫秒的)记为 300 毫秒(Greenwald,McGhee,& Schwarz,1998)。

3. 实验程序

假被试:将外显态度与内隐态度均无偏见的 3 名被试作为假被试,1 名为分享者与 2 名为反馈者。分享者将在实验中在组内分享相同性质的故事,故事主题为分享者和其性少数群体者的朋友的相处经历。对假被试的语言表达和行为进行培训。

实验故事:实验故事由具有性少数群体者朋友者根据个人与性少数群体者朋友之间的经历进行编写,共有两个故事。第一个故事围绕着个人与性少数群体者朋友从认识到成为朋友的过程而展开。第二个故事围绕着个人遇到困难后得到性少数群体者朋友的支持,并加深二者的友谊而展开。权威肯定的资料由心理咨询公司的资深心理咨询师提供,主要内容为赞成和肯定故事中的个体积极与性少数群体者交朋友的做法。对权威的认定为:确定咨询师的国家二级心理咨询师资格,具有 10 年心理咨询经验,有 10 位以上性少数群体者来访者咨询经历者。

实验过程:采用单因素两水平(同伴肯定、权威肯定)的被试间实验。选择某一社团群体的 19 名成员作为被试(彼此经常接触,非常熟悉),利用《大学生对性少数群体者态度量表》和 IAT 测验(内隐联结测验)进行对性少数群体外显态度与内隐态度的测量。其中 3 名为假被试(内隐和外显偏见均无),其余 16 名为真正的被试(内隐偏见明显)。将 16 名被试随机分为两组,其中一组为同伴肯定,另一组为权威肯定,进行扩展接触干预。扩展接触干预的具体过程如下:由假被试进行 5 分钟的故事分享,之后开展30分钟组内讨论。在第一组实验时,组内一名假被试分享自己与性少数群体者个体成为朋友的经历,之后大家进入讨论时间,每个个体都参与讨论,对假被试与性少数群体者个体的交朋友经历谈谈看法,另外2名假被试在组内给出积极的同伴态度,对与性少数群体者交朋友进行肯定,对群体内被试积极正向的、无偏见评论进行支持、鼓励,而对消极的评论进行礼貌的忽略,不反对、不辩论。在第二组实验时,组内一名假被试分享积极的交友经历后,将进行权威肯定,即权威专家对与性少数群体者交朋友的假被试及其经历进行充分的肯定和支持。间隔一周后再次进行另一则积极与性少数群体者个体间的朋友经历分享与组内讨论,讨论结束再次通过《大学生对性少数群体者态度量表》和IAT测验进行对性少数群体外显态度与内隐态度的测量。

三、结果呈现

1.性少数群体者外显态度与内隐态度的关系

不同肯定类型实验前后对性少数群体者外显、内隐态度间的相关性进行探究,结果发现,实验前外显态度与内隐态度的相关系数为 $r=0.31(p>0.05)$,实验后二者的相关系数为 $r=0.32$ $(p>0.05)$,总体上外显态度与内隐态度间是低相关且不显著的。根据前人研究,普遍认为,外显态度和内隐态度的关系相关不显著,或者存在中度相关或低度相关,表明二者存在分离现象(刘婉娜,2010;刘予玲,2010)。本研究中,被试对性少数群体者的外显态度与内隐态度二者间同样存在分离现象。

2.肯定类型对扩展接触改善性少数群体者外显态度的影响

对于同伴肯定组的被试而言,扩展接触前被试对性少数群体者的外显态度总均分为 50.00(±13.30),处于 36 ~ 54 分之内,可知被试对性少数群体持有能够合理接纳、不排斥的态度,认知、情感、行为三方面的得分都处于 12 ~ 18 分之内,对性少数群体持有能够理性接纳性少数群体者的态度。实验后,被试对性少数群体者的外显态度总均分为 37.75(±14.29),认知和行为得分仍处于 12 ~ 18 分之内,对性少数群体持有能够理性接纳性少数群体者的态度,而情感得分小于 12,表现为能够完全接纳、完全不排斥。对扩展接触前后的外显态度总均分进行配对样本 T 检验,结果发现,实验前后扩展接触干预下获得同伴肯定的被试其外显态度不存在显著的差异($t = 1.73, p > 0.05$),扩展接触下同伴肯定对改善被试对性少数群体者的外显态度无显著的影响。

　　对于权威肯定组的被试而言,扩展接触干预前被试对性少数群体者的外显态度总均分为 46.88(±15.79),处于 36 ~ 54 分之内,可知被试对性少数群体持有能够合理接纳、不排斥的态度。实验后被试对性少数群体者的外显态度总分为 32.38(±9.46),小于 36,可知被试对性少数群体持有完全接纳、完全不排斥的态度。进一步分析发现,实验前的认知、情感、行为三方面的得分都处于 12 ~ 18 分之内,对性少数群体者持有能够理性接纳的态度。实验后,认知、情感和行为得分小于 12,表现为能够完全接纳、完全不排斥。而对扩展接触干预前后的外显态度总均分进行配对样本 T 检验,结果发现,扩展接触干预下获得权威肯定的被试其外显态度存在显著差异($t = 3.79, p < 0.01$),扩展接触下权威肯定对改善被试对性少数群体者的外显态度有重要的影响,权威肯定可以促进被试对性少数群体的外显态度向完全接纳方向变化。

最后发现,扩展接触情境下,权威肯定与同伴肯定在改善大学生对性少数群体者的外显态度方面不存在显著的差异($t = -0.089, p > 0.05$),可以认为,跨群体友谊的两种肯定方式对改善大学生对性少数群体的外显态度不存在显著的影响。

3. 肯定类型对扩展接触改善性少数群体者内隐态度的影响

扩展接触干预下,获得同伴肯定的被试在 IAT 测验中相容反应时、不相容反应时见表 3 - 1。实验前被试的 IAT 值为正值,表明被试对性少数群体者的内隐态度为消极。实验后被试的 IAT 值为负值,表明被试对性少数群体者的内隐态度为积极。对相容组和不相容组的反应时,进行配对样本 T 检验,结果表明,实验前二者差异显著,表明被试对性少数群体者词汇和消极词汇联合的反应较和积极词联合的反应更快。而实验后二者差异不显著,表明被试对性少数群体者词汇和消极词汇联合的反应比和积极词联合的反应慢。对前、后测获得的 IAT 值进行配对样本 T 检验,结果发现二者存在显著差异($t = 3.68, p < 0.01, cohen's\ d = 0.83$),表明扩展接触下,权威肯定对改善被试对性少数群体者的内隐态度有显著的影响作用。

表 3 - 1　权威肯定对性少数群体者内隐态度的影响(ms)

	相容反应时	不相容反应时	IAT 值	t
前测 ($n = 8$)	961.98(±182.57)	1331.05(±102.71)	369.07(±235.00)	-4.44**
后测 ($n = 8$)	940.70(±123.89)	914.83(±176.91)	-25.87(±121.32)	0.60
IAT 差值			394.94	3.68**

注: **$p < 0.01$

扩展接触干预下获得同伴肯定的被试在 IAT 测验中相容反
应时、不相容反应时见表 3 - 2。实验前后被试的 IAT 值都为正
值,表明被试对性少数群体者的内隐态度均为消极。对相容组
和不相容组的反应时,进行配对样本 T 检验,结果表明,实验前
后二者差异显著,即相容组反应时显著小于不相容组的反应时,
表明大学生对性少数群体者词汇和消极词汇联合的反应比和积
极词联合的反应更快。对前、后测获得的 IAT 值进行配对样本
T 检验,结果发现二者不存在显著差异($t = 1.57, p > 0.05$),扩
展接触干预下,同伴肯定对改善被试对性少数群体者的内隐态
度无显著的影响。

表 3 - 2　同伴肯定对性少数群体者内隐态度的影响(ms)

	相容反应时	不相容反应时	IAT 值	t
前测 ($n = 8$)	1039.03($\pm$208.31)	1287.91($\pm$255.26)	248.88($\pm$237.61)	-5.70***
后测 ($n = 8$)	997.04($\pm$197.05)	1180.99($\pm$223.85)	183.95($\pm$91.36)	-3.97**
IAT 差值			64.93	1.57

注: **$p < 0.01$, ***$p < 0.001$.

通过对实验干预后,不同肯定类型获得的 IAT 值进行独立
样本 T 检验分析,结果发现,二者存在显著的差异($t = -3.05$,
$p < 0.05, cohen's\ d = 0.78$),相比同伴肯定,权威肯定对改善被
试对性少数群体的内隐态度的效果更显著。

四、讨论

研究发现,大学生对性少数群体的外显与内隐态度出现分离的现象,外显态度良好,而内隐态度消极。双重态度理论认为,人们的外显态度会受到社会赞许效应的影响,尤其是在一些社会敏感性较强的外显态度方面,个体会越发根据社会可接受的态度对自身的行为进行调节(Monteith,1993)。大学生会接触到更多的来自媒体、网络、教育机构的关于平等的宣传和强调,使得他们更加愿意在外显态度中表现出对性少数群体者的宽容。即使有些人在内心中是歧视性少数群体者的,也会有意识地控制自己的外显偏见不外露,而做出更多被社会认可的反应。因而,被试的外显态度表现为合理接纳,而内隐态度则更多受到集体潜意识和传统思想的影响,表现得更加消极,偏见更为明显,排斥性少数群体。

同伴对扩展友谊的肯定并未对外显态度的改善起到显著的影响作用,这一结果与已有研究结论存在着不一致。外显态度方面可能是受友谊质量的影响,内群关系的紧密程度(邻居、同事、朋友、家人)对扩展接触改善群体态度具有重要的调节作用,知觉到的内群关系的紧密性程度不同,扩展接触的效应不同。如果获知与自己关系亲密的人(比如朋友和家人)与外群体成员之间存在朋友关系,个体会表现出对外群体更高的信任水平,扩展接触的效应也更加明显(Tausch et al.,2011)。由于高质量的友谊与亲社会行为间是正相关的关系,因此如果被试组内不存在较高质量的友谊,被试则不会更多地表现出亲社会行为,不会有过多的利他性行为及意识,对性少数群体的外显态度也不易改变。

　　而在权威肯定方面得到的结果与已有研究结论比较符合。扩展接触情境下,权威肯定对外显态度与内隐态度的改善都起到重要的影响作用。实验中的权威为心理学方面的专家,被试认可其拥有大量关于性少数群体方面的知识,由于拥有某种领域的专门知识或技能而显现出来的专家型权威通常会说明主体使客体信服并获得客体的服从(洪向华,2005)。其次,权威肯定使得扩展接触改善性少数群体者的态度更加有效也缘于国人普遍具有的权威人格,权威人格(Whitley,1999)会影响人们对性少数群体者的态度。进行权威肯定可以影响以权威作为自己态度与行动依据的被试,进而可以有助于改善个体对于性少数群体者的态度。

　　总体而言,扩展接触干预后,无论是同伴肯定还是权威肯定都促使个体对性少数群体者的外显态度和内隐态度向更加积极的方向发展,降低了偏见水平,态度得到改善。扩展接触作为一种间接群际接触方式,在改善性少数群体者的态度方面确实具有一定的有效性。

五、研究局限与展望

　　研究存在的不足之处主要有以下几点:第一,内隐态度的测量采用7步的IAT测试,容易使被试产生疲劳效应,在外显态度方面无法完全排除从众效应。第二,由于实验采用分享者自我展露、群体内成员组间交流的形式,考虑到每个人都要发言,且能充足地表达自己的想法,因此,小组人数较少。第三,相比于国内传统思想的长期影响,实验持续的时间较短,可能影响被试内隐态度和外显态度的改善效果。

　　扩展接触还有很多值得进一步探讨的地方。首先,不能忽视原生家庭对被试的影响。已有对青少年的研究表明,青少年群际偏见水平与父母的群际偏见水平高度相关(李森森,龙长权,陈庆飞,李红,2010),被试原生家庭若存在较低偏见则被试也很可能将存在较低的偏见。所以,将来可以进一步探讨扩展接触干预改善原生家庭的群际偏见,从而改善个体的群际偏见水平。

另外,中国儿童对父母权威合理性的认同较高,尤其表现在个人交友方面。在对权威的认可方面,国人可能自幼就受到父母较大的影响,对于权威提出的观点能普遍进行认同并内化。所以,可以在扩展接触改善性少数群体者态度的研究中进一步探讨不同的权威认可程度在其中的作用,并将权威进行分类,探究不同类型权威对扩展接触实际效果的影响程度。

再次,需要进行长时间的纵向研究,考虑到在现实生活中,扩展接触是在更加复杂的背景下进行的,而且内隐态度的改善是一个长期的过程,因此,需要较为长期的纵向研究来进行扩展接触的干预,从而进一步保持和维护干预的积极效果。

总体而言,这一研究主要是基于本土文化背景,进一步探讨了群体内的同伴和权威关系对扩展接触效应的重要影响。相比同伴的肯定,权威肯定的效果更加明显,这符合中国人普遍存在的权威认知信念。虽然,近年来"专家"的知识水平、话语权利等在很多时候会引发群体的质疑,但不可否认的是,在社会生活的很多方面,我们仍然还是在很大程度上相信权威,认同权威,群际偏见改善方面也是如此。因此,这启示我们,在利用扩展接触改善群际态度的策略中,可以充分利用权威的力量来增强扩展接触的积极效果。

第三节
情绪在扩展接触效应中的变化

　　长期以来,扩展接触效应的机制研究一直沿着两条主要的路径展开。第一条路径是认知路径,即探讨认知因素在"扩展接触—积极效应"过程中的作用,这条路径被多数研究者广为关注。研究发现,内群体成员知觉到的内/外群体规范(内外群体成员的交往是被内群体所认可的)(Gómez et al.,2011;Liebkind et al.,2010)、将他人纳入自我(Tausch et al.,2011)等认知因素在扩展接触改善群体态度的过程中起到重要的影响作用。普遍认为,扩展接触在某种程度上主要是增加了内群体成员对群际交往以及外群体成员的积极认知经验,这成为扩展接触效应产生的重要原因(Paolini et al.,2004)。

　　第二条路径是情绪路径,即探讨情绪因素在"扩展接触—积极效应"间产生的影响。总结既有的相关研究发现,"扩展接触—积极效应"间的情绪探讨主要集中在焦虑、共情、信任三种类型上,且研究均发现,这三种情绪在扩展接触效应中存在重要的影响作用(Vezzali et al.,2014;Wright et al.,1997)。其中,以群际焦虑为核心的消极情绪研究认为,扩展接触有效减少了群体之间的交往焦虑,使内群体对外群体的态度更加友好(Mereish et al.,2015,Paolini et al.,2004;Turner et al.,2007)。另外还有少数研究涉及了群体积极情绪,认为扩展接触可以提高内群体对外群体的共情和信任水平(Capozza et al.,2013;Capozza et al.,2014;Visintin,Brylka,& Green,2016),从而促进对群体态度的改善。

一、问题提出

相比认知路径,扩展接触效应中的群体情绪研究存在两个明显的不足之处。其一,目前还不清楚扩展效应机制中的情绪作用路径。具体来讲,扩展接触是否会同时引发内群体成员对外群体的积极情绪和消极情绪的变化?如果能够同时引发这两种情绪的变化,那么这两种情绪在"扩展接触的积极效应"中又是如何变化的呢?其二,在扩展接触效应中,就情绪本身的研究而言,以往研究更加重视对以焦虑为主的消极情绪以及以共情和信任为主的积极情绪研究,但是消极情绪和积极情绪的类型是多样的,比如愤怒、厌恶、恐惧等消极情绪类型以及钦佩、同情、尊重等积极情绪类型,目前来看,这些具体类型的情绪在扩展接触效应中的作用并没有得到关注。

因此,研究将在扩展接触情境下,探讨群体情绪在扩展接触效应中的作用,首先探讨积极情绪与消极情绪在扩展接触效应中的作用,其次探讨具体的积极情绪与消极情绪类型在扩展接触中的作用,进而明确解答不同情感类型在扩展接触改善群体态度过程中起到的重要作用及其变化方式。

二、实验一:扩展接触中情绪的变化

采用单因素两水平(有/无扩展接触干预)的被试间设计,扩展接触组阅读扩展接触材料,无扩展接触的对照组阅读中性材料。根据有无扩展接触干预,分析扩展接触能否改善异性恋大学生与性少数群体的社会距离,以及积极情绪和消极情绪在这一过程中的变化特点。

1. 研究方法

（1）　对象

招募 140 名在校大学生为被试,将被试分为扩展接触组和无扩展接触的对照组,扩展接触组 70 人(男生 36 人,女生 34 人),无扩展接触的对照组 70 人(男生 33 人,女生 37 人),平均年龄 21.8 岁。

（2）　材料与工具

①实验材料:自编扩展接触材料,展现一个女大学生跟她的性少数群体朋友 R 的亲密友谊关系,并列举了一些两者日常生活中积极的互动。材料原型来自"知乎"一位作者的亲身经历,为了让被试相信材料的真实性,材料末尾还附有引用链接。中性材料是将其中的性少数群体朋友 R 改成了女性同学 R,其他内容不变。

当然,在正式实验开始前,针对两类接触材料进行了一定的评价,先请 5 名大学生阅读材料并对材料中语言表达是否易于理解提出修改建议。修改后的材料选取 15 名大学生进行阅读并评价材料,回答三个问题"材料中'我'跟 R 的关系""材料中'我'和 R 分别属于什么群体""你跟材料中的谁属于一个群体"来了解实验材料的有效信息是否都已经传达并被被试理解。全部被试均能够阅读和理解,回答正确,实验材料符合扩展接触的特点。

②情绪自评量表:中文版积极消极情绪量表(吕遥迪,郭江,张雨青,2016)。根据研究目的,本实验选择了分别从积极和消极情绪中各选择了 3 个与实验材料可能引发被试的情绪关系最密切的词汇,分别是"感兴趣的、兴奋的、充满热情的、愤怒的、敌

意的和害怕的",每个情绪形容词采用5点评分,1~5分别表示"一点没有"到"非常强烈",得分越高表示该种情绪水平越高。本研究中积极和消极情绪分量表的内部一致性系数分别为0.75和0.73。

③社会距离量表:改编社会距离量表测量,该量表是一种常见的测量群际态度的量表(Bogardus,1967),量表由一组表示不同社会距离或社会交往程度的陈述组成,让被试选择自己能接受的与外群体之间的社会距离。社会距离量表包括六个项目,分别是与性少数群体者同校、认识性少数群体者同学、与性少数群体者交朋友、与性少数群体者做舍友、亲人是性少数群体者、子女是性少数群体者。采用5点计分,1~5分别代表"非常愿意"到"非常不愿意",高分表明被试知觉到更远的社会距离。本研究中量表的内部一致性系数为0.89。

(3) 施测程序

让扩展接触组的被试阅读扩展接触材料,对照组被试则阅读中性故事材料,在每种材料后设计了三个与材料内容相关的问题以确保材料能够被准确认知与理解,然后所有被试均需要完成情绪自评量表与社会距离量表。最后,所有被试均需完成三道自评报告题目(选择题)来评定性取向(你的性取向是什么)、与性少数群体的直接接触状况(你与性少数群体者进行直接接触的经历是怎样的),用于后期处理数据时排除所有性取向为非异性恋、与性少数群体有过直接接触的被试。

2. 结果呈现

(1) 自变量操作的检验

首先,剔除两组被试中的非异性恋被试、与性少数群体者有过直接接触的被试,以及阅读材料后被试对材料中的群体关系以及对自己所归属群体的认知理解出现错误的被试,共计11人,剩余129份数据(扩展接触组65份有效数据,对照组64份有效数据),剩余被试阅读完材料后回答的三道题目均正确。

进一步说明,被试均能够理解材料所展现的扩展接触故事内容,对自身的群体身份、外群体成员的身份特征以及群际友谊关系有正确的认知,这符合扩展接触中"个体获知内群体成员与外群体成员存在友谊关系"这一核心界定,分组材料阅读有效。

(2) 扩展接触对情绪与社会距离的影响

有无扩展接触条件下,对外群体情绪和社会距离量表上的得分进行独立样本 t 检验,结果表明,扩展接触组与无扩展接触组在对外群体情绪和社会距离得分上均存在显著性差异,扩展接触组对性少数群体的积极情绪评价显著高于无扩展接触组($t = -3.75, p < 0.001$; $M_{无干预} = 7.23 \pm 2.33$, $M_{扩展组} = 9.00 \pm 2.97$),对性少数群体者的消极情绪评价($t = 2.42, p < 0.05$; $M_{无干预} = 8.22 \pm 2.76$, $M_{扩展组} = 7.08 \pm 2.61$)及社会距离得分($t = 3.05, p < 0.001$; $M_{无干预} = 15.80 \pm 3.88$, $M_{扩展组} = 13.63 \pm 4.19$)显著低于无扩展接触组。

为了进一步探讨群体情绪在扩展接触效应中的作用,采用 Mplus8.0 进行分析,Bootstrap(N = 1000)估计法进行参数估计和中介效应显著性检验,根据95%的置信区间中是否包含0来判断中介效应的显著性。将无扩展接触组设置为参照类,编码为0,有扩展接触组编码为1,标准化估计的模型见图1。

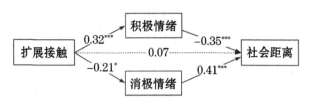

图 3-1　有无扩展接触影响社会距离的中介路径

基于以上结果进而认为,扩展接触对社会距离具有间接影响作用,主要是通过增强对外群体的积极情绪、降低对外群体的消极情绪来间接影响社会距离。

三、实验二:扩展接触中不同情绪类型的变化

实验一发现,扩展接触效应中不同性质的情绪存在中介作用,而具体哪种情绪起到中介作用,还需要进行进一步的探索。实验二根据采用有无扩展接触干预,并进一步控制扩展接触材料的性质,即让扩展接触材料的内容能够展现出外群体成员的良好助人行为,以深入分析不同类型的情绪在扩展接触效应中的具体变化。

1. 研究方法

（1）被试

随机招募 160 名大学生为被试,将被试分为扩展接触组与无扩展接触的对照组,扩展接触组 80 人（男生 39 人,女生 41 人）,对照组 80 人（男生 36 人,女生 44 人）,平均年龄为 22.13岁。

（2）材料与工具

①实验材料:采用自编扩展接触材料,展现了一个女大学生在夜里兼职下班后,在归校途中独自一人非常害怕,但由于受到

另一名同校学生(接触后知道他是一名性少数群体者)多次的陪同和帮助,两人成为好朋友的故事。无扩展接触组的材料是故事情节不变,但是并没有提及助人者是一名性少数群体者。然后,对接触材料的内容和准确性进行评价,选取10名大学生均能够阅读和理解材料,问题回答正确,说明材料易于理解且符合要求。

②情绪测量:要求被试对自己在想到外群体时感受的每种情绪的程度进行评价。结合本研究的材料内容和研究目的,选择并采用了塞格等(2016)在研究中所使用的情绪词,分别为钦佩与厌恶。研究指出,厌恶情绪是研究性少数群体者态度中非常重要的,是人们通常表现出的对性少数群体态度最常见的情绪。采用"一点没有"到"非常强烈"的五点评分标准,得分越高表示该种情绪水平越高。

③社会距离量表:同研究一。

2. 结果呈现

(1) 自变量操作的有效性检验

自变量操作的有效性检验同研究一,剔除两组被试中的非异性恋被试、与性少数群体者有过直接接触的被试以及阅读材料后被试对材料中的群体关系以及对自己所归属群体的认知理解出现错误的被试,共计12人,最终得到有效数据148份(扩展接触组75份,对照组73份),被试在阅读完材料后对材料的内容有比较全面的认识,扩展材料与无扩展材料均能传达出关键信息并为被试所认知与理解,说明材料阅读有效。

(2) 扩展接触对群体具体情绪与社会距离的影响

结果发现,扩展接触组与对照组在钦佩($t = -4.36, p <$

$0.001; M_{\text{无干预}} = 2.59 \pm 0.99, M_{\text{扩展组}} = 3.23 \pm 0.76$)、厌恶($t = 5.97, p < 0.001; M_{\text{无干预}} = 2.86 \pm 1.44, M_{\text{扩展组}} = 1.69 \pm 0.87$)和社会距离($t = 5.25, p < 0.001; M_{\text{无干预}} = 21.38 \pm 3.23, M_{\text{扩展组}} = 18.55 \pm 3.33$)上均存在显著差异。扩展接触组对性少数群体的钦佩得分显著高于对照组,厌恶得分显著低于对照组,扩展接触组对性少数群体者的社会距离水平显著低于对照组。

按照实验一的中介效应检验思路,采用 Mplus8.0 进行分析。将无扩展接触组设置为参照类,编码为 0,有扩展接触组编码为 1,标准化估计的模型见图 3 – 2。

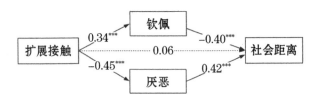

图 3 – 2　有无扩展接触影响社会距离的中介路径

总体说明,钦佩和厌恶均在扩展接触与社会距离的关系中起到完全中介作用,扩展接触的助人故事可以通过提高钦佩情感、降低厌恶情感来间接影响社会距离。

四、讨论与思考

实验一发现,扩展接触改善了异性恋大学生对性少数群体的社会距离,有扩展接触干预组比无扩展接触组对性少数群体的社会距离更近,这一结果再次验证了扩展接触的有效性,即展示内外群体间的友谊关系能够改善群体态度(Wright et al.,1997)。实验一还发现,在扩展接触效应中,对外群体的积极情绪和消极情绪都在发挥中介作用,扩展接触能够同时引起积极情绪和消极情绪的变化,提升对外群体的积极情绪、降低对外群体的消极情绪,进而改善对外群体的态度,这一研究结论早在直接接触的研究中也得到了证实(Seger et al.,2016)。

在总体水平上来看,与外群体有扩展接触的情况下,积极情绪会显著增加,同时,消极情绪会显著降低,二者是此消彼长的变化方式,这一发现较之以往集中以"群际焦虑"为核心的研究来讲是一种拓展和创新。为什么扩展接触能够对消极和积极情绪同时产生作用? 以往研究普遍认为,扩展接触的间接性特点以及群际友谊彰显出的交往准则和榜样示范可以有效降低个体对群际交往的消极预期、焦虑以及负性情绪水平,这为扩展接触降低内群体的消极情绪水平提供了一种合理的解释(Turner et al.,2007,2008;Wright et al.,1997)。但却忽略了扩展接触同样会对积极情绪有提升作用。赛尔纳特等人(2011)认为,扩展接触展现的友谊关系包含有很多"隐含性"的信息,比如扩展接触多展现出的是内外群体间的"温情""友谊"等积极性质的故事或经历,这种故事也会引发内群体个体对外群体成员的积极情感。

实验二发现,当扩展接触的材料增加了助人经历而建构的友谊关系之后,钦佩和厌恶情绪在扩展接触与社会距离间具有显著的中介作用。这一结果与塞格等(2016)的研究结论一致,即在接触改善偏见过程中钦佩与厌恶两种情绪的作用显著。但与之不同的是,塞格等人的研究并没有进行扩展接触的干预,而仅仅是调查了有无接触经历的影响,而本研究却发现,扩展接触干预材料的内容可以有效影响具体的群体情绪反应。对此的解释有两个方面。

其一,扩展接触强调的友谊关系是一个非常广泛的概念,既包括一般性的友谊关系建立,也包括帮助、分享、合作等其他经历所建立的友谊关系,而展现不同类型友谊关系的扩展接触故事材料很可能会启动不同的情绪类型。根据史密斯等(2006)的观点,情绪是一种有具体的事件而引发的状态,当人们知觉到某些群体事件时,引发的情绪是指向整个群体而非个人的,并影响我们的认知和行为。其二,钦佩和厌恶能够在扩展接触效应中具有影响作用的这一发现,也可以从直接接触的研究中找到依据。直接接触的研究发现,以钦佩为主的积极情绪在群际关系中具有积极作用,钦佩情绪是群体态度和行为的重要驱动性因素(Sweetman,Spears,& Livingstone,2013),钦佩源于对外群体的温暖品质的赞美,对性少数群体者存在钦佩情感的异性恋者对其表现出较少的内隐偏见,并对性少数群体者权利表示更积极的支持(陈世民,吴宝沛,方杰,2011)。而厌恶则更多的是源于对污名群体和低社会阶层群体的反应,在社会中,性少数群体通常被感知为一种具有"威胁性的群体",人们更多会认为性少数群体会"污染"异性恋群体。扩展接触中因助人经历而产生的友谊关系,可以有效减少对性少数群体的威胁感知,减少对性少数群体的厌恶情绪。

五、关于群际情绪在群际关系中作用的进一步思考

一直以来,社会心理学领域习惯聚焦于群体偏见与群体态度中的认知性因素,比如刻板印象、比如群体规则认知等,而较少关注偏见背后的情感因素以及这些情感因素对于偏见改变的影响作用。这种研究中的"偏斜"现象之所以出现,源于两个方面。其一,长期具有的"态度中认知与情感是相互分离的过程"的偏颇信念;其二,认知与情感因素对于态度的变化作用不同,

通常认为情感是建立在认知评价基础上的,认知对情感具有单向影响作用,认知在前,情感在后,认知为主,情感为辅。因此,研究者们都倾向于更加重视认知在态度中的作用。但实际上,这种观点也遭到了很多研究者的质疑。比如,有的研究者指出,情感状态也许能够直接反映出与外群体成员相关的信仰和评估,认知与情感不论从概念上还是体验上都不是两个相互独立的过程,对于不同的群体态度来讲,很可能会存在不同的认知与情感的权重组合状态。

关于不同类型的群体情感在态度中的具体作用也充满了争议。虽然我们的研究发现,扩展接触中的积极与消极情绪并非是独立运作的,而是一种此消彼长的复杂关系,但实际上,既往研究中对于二者的争论仍然存在,并未达成共识。比如,有的研究者指出,有时候积极和消极情感都能够对态度具有强有力的预测作用,积极情感对其中的一个群体的态度具有更强的预测能力,而消极情感则对另一个群体的态度更有预测力(Dijker,1987)。如果积极与消极情感对态度变化的影响是相互独立发挥作用的话,那么对特殊外群体的消极情感减少就能够引发积极情感的增加,因此也就无法准确知晓二者的复杂关系,并且使得二者的关系变更加扑朔迷离,到底是积极情感的增加还是消极情感的减少导致了态度的变化,抑或说是二者同时发生变化进而导致群体态度的变化?

对于不同群体的偏见形式是不同的,所以有必要区分不同群体之间的情感类型的具体作用。因为不同的情感反映出不同的行为反应,对于有些群体来讲,偏见更多的是冷漠和忽视,对于另外一些外群体来讲,偏见则可能是恐惧和害怕为主,或者是厌恶和仇恨为主,这些针对不同外群体的不同消极情感不但反映出了群体积极情感的缺失,也可能会导致对外群体不同的群体行为意向,而且这种影响关系是非常微妙和有意思的,比如恐惧和厌恶可能导致疏离和拒绝,而轻蔑和仇恨则有可能导致敌对与攻击,这些情绪甚至还会影响到整个社会的发展与变革,以及群体地位和现状的改善等方面。因此,从这一点上来,群体行为和态度所面临的挑战和困难就是要清楚不同的情绪类型以及某些特殊情绪的重要作用,针对不同的外群体情感而进行的态度变化研究仍然是任重而道远的。

可以说,基于情感路径的视角,进一步详细梳理了扩展接触过程中消极情绪和积极情绪的变化特点,二者此消彼长,对扩展接触改善群体态度发挥了积极的作用。今后在学术探讨上,仍需要将认知和情绪的影响作用结合起来进行研究,继续探讨认知和情绪路径在扩展接触效应中的变化方式。因为在扩展接触过程中,认知和情绪路径并非是单独发挥作用的,或者认知影响情绪,或者情绪影响认知,或者二者相互影响,只是二者之间的作用机制还不清楚(Vezzali et al. ,2014)。

另外,从现实意义上来讲,本研究是以性少数群体为目标而展开的,从这种特定群体身份中得到的结论其普适性也有待于在其他更广泛的群体中得到验证,尤其是对于社会生活中的医患群体、警民群体等需要更加深入的探究,所以需要借助这种思路来探讨如何通过扩展接触策略来引导情绪的变化,进而促进更广泛的群体态度改善。

第四节
替代性表露在扩展接触效应中的作用

扩展接触在社会实践中已经成为改善群际关系的重要策略之一,进而备受关注。为什么扩展接触能够有效改善群体态度呢? 扩展接触效应大多遵循了这样一个内在逻辑和思路:"获知内外群体间存在友谊关系—中介因素—态度改善。"在这个逻辑中,强调的是扩展接触中内群体成员对已经存在的跨群体友谊关系的知晓,这种对跨群体友谊关系的感知能够促进其减少对外群体成员的偏见,跨群体友谊存在是扩展接触效应中的一个重要前提条件。

研究也发现,扩展接触强调跨群体友谊关系是因为内群体成员对群际友谊关系的感知会让其发生一些心理转变,比如它可以降低内群体成员的群际焦虑(Paolini et al.,2004),可以让内群体成员知觉到与外群体成员之间的群际交往是被内群体所允许的(Tezanos-Pinto,Bratt,& Brown,2010),还可以促进内群体成员将外群体成员,即"朋友的朋友"纳入自我(Liebkind et al.,2010)等。"感知到内外群体成员之间存在跨群体友谊关系"正是扩展接触效应存在的重要机制,由此突显了两个非常重要的方面:其一,内外群体成员间的友谊关系及其内群体成员对这种友谊关系的感知非常重要;其二,友谊关系的感知使得个体发生了心理和情绪变化。

一、问题提出

那么,如何能够让内群体成员知觉到内外群体成员之间存在的跨群体友谊关系呢? 一般来讲,扩展接触中的群际友谊关系都是通过内外群体成员间发生的友情故事来展现,在具体的操纵中常用文字性的或者口头表达的方式来展现这些故事,以此来突出群际成员间友谊关系的存在进而让内群体成员感知这种群际友谊关系(Wright et al. ,1997;Liebkind et al. ,2010)。以往的扩展接触研究在展现这些“友谊故事”的时候,更多是基于“内外群体之间的经历以及建立友谊”为主,一般不会涉及对外群体成员的特征进行展露,尤其是不会明确对其个人相关稳定的品质进行展露。所以,更令人感兴趣的问题是,当这种友谊故事展现出外群体成员不同的特点并且被内群体成员感知到时,是否会对扩展接触效应产生不同的影响作用呢?

由此,本研究提出了一个“替代性表露”的概念,并借此去探析和解释如前提出的问题。替代性表露这个概念是根据自我表露及其研究演变而来。以往研究发现,自我表露对改善群体态度具有积极的影响(Miller,2002)。自我表露可以增加同情(Van Dick et al. ,2004)、可以增加个体对群际友谊的重要性感知(Aron et al. ,2001)等。近年来的研究表明,自我表露也可以应用于群际偏见的干预方面,当一个外群成员在合作任务期间向对方公开暴露其个人信息时,该个体及其所在的群体随后会被评估为更积极(Miller,2002)。问题是,以往研究提及的自我表露多是在直接交往过程中出现、多由参与交往过程的本人来展现的,而本研究提及的扩展接触则是一种间接接触方式,绝大多数内群体成员并未与外群体成员进行真正的、直接的互动,在某种意义上来讲,外群体成员是不可能有机会亲自向内群体成员进行自我表露的。因此,只能借助与其有友谊关系的内群体成员(即间接表露者)替代性的表露其信息,这种表露形式在本研究中称之为"替代性表露",即在间接群际交往过程中,借由朋友(与外群体成员存在友谊关系的内群体成员)将有关自身的特点向其他内群体成员传递。从本质上来讲,扩展接触中的替代性表露是一种基于"听说"的表露,是内群体其他成员在扩展接触故事中所感知到的外群体成员特征。

在本研究中,将扩展接触材料中群体交往时表达怎样的内容(即替代性表露的内容)进行了具体的操作:将替代性表露的分成无展露、温暖特质展露以及才能特质展露三个方面。基于以往的研究可以发现,温暖和能力往往是认知和评价外群体成员两个非常重要的维度(Fiske, Cuddy, Glick, & Xu, 2002),通常来讲,温暖和能力往往被看成是个体的两种重要且稳定的特质,对交往对象的能力认知(Campos-Castillo & Ewoodzie, 2014)和善意特质的感知被视为人际信任产生的关键(Colquitt, Scott, & Lepine, 2007),对个体所具有的这些特质的认知会影响交往双方之间的信任和交往质量。通常来讲,友好、助人等内容的展现被认为是温暖特质的表露,而技能、效率、技艺等信息的展现则被认为是能力特质的表露(王啸天,段锦云,方俊燕,2017;Fiske, Cuddy, & Glick, 2007)。

基于此,本研究将以性少数群体作为外群体,以异性恋大学生作为内群体,通过内群体成员替代性的表露与之存在友谊关系的外群体成员的温暖和能力特点,来探讨替代性表露的不同内容对群体态度改善效果的不同影响。

二、研究方法

1.对象

选取大学生180名(女生105人,男生75人,全部自我报告为异性恋,且没有与性少数群体者的交往经历),随机分为三组,分别接受无表露组、温暖表露组、能力表露组三种不同类型的扩展接触材料。其中,剔除明显作答不全、作答错误(作答错误表明被试没有认真阅读材料或没有理解材料内容)的问卷后,有效问卷共计155份。其中,女生90名(58%),男生65名(42%),温暖表露组53人,能力表露组52人,无表露组50人。

2.材料及其评定

(1) 扩展接触材料

①表露组:"我"(被试)有一个朋友小A,"我"知道朋友小A与一个性少数群体者小五有着良好的友谊关系。温暖组的被试接收的信息是:小A告诉"我"一些小五的温暖特质,比如宽和、热情、真诚、友好、乐于助人等。能力表露组接收的信息是:小A告诉"我"一些小五的能力特质,比如成绩优异、才能突出等。

②无表露组:"我"(被试)有一个朋友小A,"我"知道朋友小A与一个性少数群体者小五有着良好的友谊关系。"我"的朋友小A告诉"我":他和小五因在同一个社团而结缘相识,在一次次的交流与相处中他们彼此都很愉快。

被试阅读完材料后要回答问题,检测被试是否认真阅读,以及扩展接触材料和表露内容是否向被试传达了应有的信息。正式实验前,随机选取心理学专业的教师与学生共计8人对扩展接触材料的内容及其展现出来的信息进行评定。根据被试的测试结果以及被试阅后的反馈,对材料中表达不清部分进行修改,修改过后再选取 10 人进行回答,统一评定扩展接触材料及其表露内容的性质是符合实验要求的,材料可以用于正式实验。

(2) 测量

材料评定量表:替代性表露组被试需要完成 5 个题目,主要包括:阅读的材料中谁是性少数群体者?"我"和谁是好朋友?小五和朋友小 A 的关系怎样?通过材料"我"觉得小五是个怎样的人(温暖的/有能力的/材料没有表现出来),以及题目"你觉得性少数群体是温暖的/有能力的"两个选项上进行"1 完全不符合到 5 完全符合"的五点评分,而无替代性表露组只需要完成最后一题,以便于探查材料阅读与替代性表露干预的有效性。

性少数群体者态度量表:测量个体对性少数群体的态度,进行"1 完全反对到 5 完全同意"的五点评分,总分越高代表个体对性少数群体者的态度越消极(庾泳,肖水源,向莹,2010)。

群际焦虑量表:群际焦虑量表共包括 5 个项目(尴尬的、怀疑的、谨慎的、开心的、舒适的),要求被试回答"如果他遇到一名性少数群体者,他的感受是怎样的"。采用"1 完全不符合到 7 完全符合"的七点评分(Stathi,Tsantila,& Crisp,2012),本研究中内部一致性系数为 0.75。

3. 实验程序

将被试随机分为三组,分别阅读一个以性少数群体者为外群体的扩展接触材料,材料都展示了扩展接触友谊关系的存在,同时,三个材料分别体现出外群体成员的温暖信息、能力信息、无特质信息。阅读完成后填写关于材料检测题,并完成材料评定量表、群际焦虑量表以及性少数群体者态度量表。

三、结果呈现

1. 替代性表露干预的有效性检验

首先,检查是否所有被试全部答对了4个检测题,说明被试均认真阅读了材料,知晓材料内容,能够对自身的群体身份、扩展材料中群体成员的关系以及扩展材料的积极性质表示认同。其次,单因素方差分析结果显示,对被试进行不同类型的替代性表露干预确实提高了被试对外群体在温暖/能力的关注程度,温暖组被试对性少数群体的温暖评价显著高于其他两组($F_{(2,152)} = 7.59, p < 0.001$),能力组被试对性少数群体的能力评价显著高于其他两组($F_{(2,152)} = 4.67, p < 0.01$),见表3-3,这说明对被试的替代性表露干预是有效的。

表3-3 不同替代性表露情况下
对群体温暖与能力评价的描述统计及方差分析

评价程度	不同替代性表露组			F	事后检验
	温暖表露 (N=53)	能力表露 (N=52)	无表露 (N=50)		
温暖评价	3.77±0.70	3.62±0.87	3.12±1.06	7.59***	1>2,3
能力评价	2.37±0.99	2.74 1.06	2.14 0.95	4.67**	2>1,3

注:**$p < 0.01$, ***$P < 0.001$。

2. 不同类型表露组的群体态度与群际焦虑

单因素方差分析发现,温暖组、能力组以及无表露组的被试对性少数群体者的群体态度($F_{(2,152)} = 13.58, p < 0.001, \eta^2 = 0.15$)以及群际焦虑($F_{(2,152)} = 6.73, p < 0.01, \eta^2 = 0.08$)五个方面均存在显著差异。事后比较进一步发现,温暖表露组对性少

数群体的态度水平显著好于能力表露组($t = -6.59, p = 0.004$)和无表露组($t = -11.80, p = 0.000$),群际焦虑水平显著低于能力表露组($t = -2.20, p = 0.036$)和无表露组($t = -3.83, p = 0.000$)。能力表露组在群体态度上明显优于无表露组($t = -5.21, p = 0.024$),但是在群际焦虑方面两组之间不存在显著的差异($t = -1.63, p = 0.124$)。

表3-4　不同类型表露组的群体态度以及群际焦虑差异($M \pm SD$)

	温暖($N=53$)	能力($N=52$)	无表露($N=50$)	F
群体态度	46.04 ± 11.55	52.64 ± 13.27	57.84 ± 9.35	13.58^{***}
群际焦虑	18.57 ± 6.52	20.77 ± 5.22	22.40 ± 3.83	6.73^{**}

注:$^{**}p < 0.01, ^{***}p < 0.001$。

3. 替代性表露、群体态度与群际焦虑的关系

为了进一步探讨群际焦虑在不同表露内容改善群体态度中的作用,采用 Mplus8.0 进行中介效应检验,分别以温暖表露、能力表露与无表露组进行比较。

首先,以有无温暖表露作为自变量,有温暖表露为1,无表露为0,群际焦虑为中介变量,群体态度为因变量,进行中介效应检验,结果如图3-3所示。温暖表露能够显著负向预测群际焦虑($\beta = -0.34, p < 0.001$),且能够显著负向预测群体态度($\beta = -0.33, p < 0.001$),群际焦虑能够显著正向预测群体态度($\beta = 0.48, p < 0.001$),由于温暖表露对群体态度的直接预测作用显著,群际焦虑在温暖表露与群体态度的关系中起到部分中介作用,由"温暖表露—群际焦虑—群体态度"的路径95%的置信区间为[-0.240, -0.082],温暖表露可以直接影响群体态度,还可以通过降低群际焦虑间接影响群体态度。

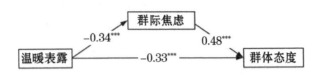

图 3 - 3　扩展接触中温暖表露影响群体态度的中介路径

其次,以有无能力表露为自变量,有能力表露为 1,无表露为 0,中介变量为群际焦虑,群体态度为因变量,进行中介效应检验,结果如图 3 - 4。结果发现,能力表露不能够显著负向预测群际焦虑($\beta = -0.18, p > 0.05$),且不能显著负向预测群体态度($\beta = -0.14, p > 0.05$),但群际焦虑能够显著正向预测群体态度($\beta = 0.45, p < 0.001$),由此可见,群际焦虑在能力表露与群体态度的关系中不存在中介作用。

图 3 - 4　扩展接触中能力表露影响群体态度的中介路径

综合来看,在扩展接触干预中,有无对外群体的替代性表露影响扩展接触效应,在有替代性表露的情况下,不同的替代性表露内容在对扩展接触实际效果影响过程中的作用机制存在不同,温暖表露能够显著降低内群体成员的群际焦虑感,进而改善对外群体的态度。

四、讨论

研究以扩展接触故事为材料,研究了替代性表露的不同内容对改善外群体态度的具体影响。结果发现,在扩展接触条件下,相比无表露组,有表露组(温暖表露组和能力表露组)显著改善了内群体成员对外群体的态度。这一结果进一步说明,在感知到友谊关系存在的前提下,外群体有替代性表露对改善内群体对外群体的态度会产生更积极的影响。相关研究认为,当外群体对内群体成员有一定程度的自我表露时,会增加内群体成员对外群体的信任,表露使个体之间更容易建立亲密关系(Aron et al.,2001)。米勒认为自我表露应该是在个性化群体间互动过程中通过提高熟悉性、感知的相似性更好地处理个人关于外群体成员的信息来减少偏见(Miller,2002)。表露可以看作是一种行为事件(Mallen,Day,& Green,2003),也可以看成是一种动态的交互作用过程(Kathryn,Mary,& David,1997),在群体间互动过程中表露可以提高彼此的熟悉性和感知相似性,可以进一步增强内群体成员对外群体成员的感知(Paolini et al.,2004)。本研究拓展了已有研究,间接的替代性表露也可以起到与直接自我表露相似的积极作用,促进群体态度的改善效果。

同时,研究还发现,在扩展接触情境下,替代性表露的不同内容对态度改善的效果也不一样,如果替代性表露的内容是关于友善、善于合作、乐于助人等积极"温暖"内容,会比替代性表露"能力"内容更能引起大学生对性少数群体者态度的改善。一些研究认为,人们对交往对象的特质认知会影响到彼此之间的信任关系,特质中的能力和善意是更为重要的(Poon,2013)。本研究中替代性表露的内容是突出了外群体成员的温暖和能力,对交往对象的能力认知(Campos et al.,2014)和善意特质的感知被视为人际信任产生的关键(Cernat & Vasile,2011)。但具体而言,相比能力特质,温暖对人际关系起着核心作用,个体对温暖的感知能够促进个体对他人意图、动机和可信任性的感知,因为温暖展现出友好和善良,可以看作是一种利他性的特质,而能力则体现出了个体的技能水平,可以看作是一种自利性的特质(Fiske et al.,2007),人们在进行社会判断时,会优先对温暖维度进行评估,这一判断进而决定了个体与对方进行交往的倾向性,往往认为展现出温暖特质的个体在人际交往过程更让对方觉得更具安全感,更值得信赖,因此,人们更愿意接近交往具有温暖特质的个体(王啸天等,2017)。这在一定程度上也解释了本研究的结果,即扩展接触中,替代性的温暖表露会比替代性的能力表露对态度改善的效果更好。

最后,研究发现替代性表露的温暖内容更显著降低群际焦虑水平进而起到改善态度的作用,而替代性表露出的才能内容却不具有这种中介作用。以往研究发现,扩展接触可以有效降低内群体成员的群际焦虑水平从而改善对外群体的态度(Paolini et al.,2004),但并未详细探讨扩展接触的不同内容对群际焦虑降低的具体影响作用,本研究的这一发现扩展了以往的研究内容。为什么替代性表露的温暖内容会对群际焦虑起到重要的影响作用?对于这个结果的解释可以存在多种可能。

首先,可以从塞尔纳特的研究中可以得到新的解释:扩展接触的经典范式就是展现内群体成员在困境中得到了外群体成员的帮助,从而建立起两者的友谊关系(Levine & Schweitzer,2015)。因此,从某种意义上讲,扩展接触的积极效应很有可能是因为温情的故事本身使得内群体个体产生了外群体成员的钦佩、温暖等积极情感而导致的群体焦虑降低。另一种观点则认为,感知到对方的温暖会中和他人对其极端的消极情绪(乐国安,韩振华,2009),也就是说本研究者中群际焦虑的降低有可能是内群体成员感知到外群体的温暖特质中和作用的结果。最后,我们也基于文化视角提出了一定的解释,在中国传统文化中,善意、温情等在广泛意义上都可以看作是一种道德观念,这种道德性的认知和确定可以促进彼此在人际交往过程中产生依赖感和信任感,虽然德才兼备是非常完美的状态,但相比"才"而言,"德"之温情与和善更加重要,从交往角度来讲,对方展现出来的温情特点更容易让人接受和接近,情绪更放松。

五、现实思考与启示

在扩展接触条件下,具有积极的替代性表露对群体态度的改善效果更好;表露出外群体成员的温暖特质要比能力特质更容易让另一个群体情绪放松,进而改善群体态度。这是一个非常具有启发性和应用价值的发现。

今后在社会宣传与学校教育活动中可以设置一定的扩展接触活动来改善社会公众、青年学生对其他类型群体的消极态度,尤其是改善诸如对艾滋病、性少数群体者等特殊群体的态度时可以积极采纳扩展接触的策略,充分利用内群体成员对外群体成员的赞扬,这是一种替代性的表露过程,也是积极彰显外群体成员所具有的温暖特质和能力特质的重要途径,由此可以改善和强化对外群体的积极认知,减少对其他群体成员的交往焦虑。

其实,在本土文化环境中,自己人、熟人的传统观念仍然普遍存在并发挥着重要的社会交往作用,内群体成员常常被认为是自己人,借由自己人传递出的群体信息是产生群际信任的重要基础,当与其他群体的接触被认为是存在预期风险的时候,这种积极的替代性表露就显得格外重要,在某种程度上,群体替代性表露可以看作是社会群体关系治理的一种策略。

当然,这一结论也可以泛化到其他更为广泛的群际态度改善中,为了更好地建立和谐的社会群际关系,对于社会生活中的两个或者多个存在偏见的群体而言,可以尽可能多地展示和宣传内外群体成员之间存在的友谊关系,这实际上是一种扩展接触的干预,这种做法可以在一定程度上促进彼此之间的感知,改善群际态度。采用扩展接触策略时,在展现群体成员间的友好交往经历时,还应该尽可能多地宣传外群体成员更为温情、善意等更具温暖性的特质,这种稳定的积极社会品质要比能力等其他个体特点更容易让人接受,更容易促进产生良好的群际交往态度。

第五节
内群体压力对扩展接触效应的影响

如前所述,一系列的研究已经发现,扩展接触效应的过程存在着很多因素的影响。比如,群际焦虑、知觉到的内外群体准则、将他人纳入自我、自我表露在扩展接触效应中起到中介作用(Turner et al.,2008);个体对群体准则的知觉差异性(Sharp et al.,2011)、群体对社会的意识态度(Dhont & Van Hiel,2011)、内群体成员之间关系的紧密性(Tausch et al.,2011)、与外群体成员接触的程度(Mereish et al.,2015)等则在扩展接触效应的实际效果中起到调节作用。

　　但是,扩展接触效应的真实效果还可能会受到其他因素的影响。比如,个体可能是因为害怕被内群体成员所疏离而改善对外群体的态度。尤其是在小群体范围内(比如同一班级或者工作单位)当群体成员知觉到,跨群体交往是被允许并提倡的,且大多数群体成员都改善了对外群体的态度时,是否可能迫于群体疏离的焦虑和压力而减少对外群体的偏见呢?

一、问题提出

　　这里需要充分考虑的就是群体压力。压力是对某种威胁性刺激做出的反应,这是一种心理感受,也被称为"压力感",压力感是对压力事件或者压力刺激的认知评价基础上而产生的一种心理反应(张春兴,1994),是一种带有紧张情绪的心理状态,与其他一般性的情绪紧张状态是有所不同的(刘克善,2003)。在此,我们将关注的重点界定为内群体压力,这是一种来自内群体的刺激情境或事件,它会使个体感受到威胁存在,从而导致个体形成一种带有紧张情绪的心理状态。具体来讲,本研究中的内群体压力是指与内部群体成员相处时产生的压力,是一种人际交往压力。也就是说,当群体中大多数人的意见一致时,会导致个体感受到一定的心理压力,这种压力感迫使个体放弃自己原有的真实想法而与众人保持一致。与群体保持一致以此来避免被群体孤立的心理被认为是群体归属的需要。当然,不确定性也是群体压力产生的一个重要因素,当个体对身处的环境、所获的信息、应持的观点等不确定的时候,更容易使个体倾向于跟从群体,既安全又方便(陈力丹,2016)。

　　个体身处群体之中,会因为群体意识和群体规范带来的压力从而与群体中的优势观点保持一致(胡梦琴,2016)。每个群体成员又都希望得到群体的肯定和赞赏,正是这种认同感和荣誉感无形地压迫着内群体成员持有相同的观点,发出相似的声音,进而增强了群体压力对个体观点的影响(杨金山,2016)。当个体受到内群体的疏远或排斥时,个体的归属需要会面临缺失的危险,就会引发个体感到焦虑,产生内群体压力(杨东,吴晓蓉,2002)。为了获得内群体的接纳,保证归属需要的满足,个体会关注内群体信息,而获得信息后,个体很容易将自己的情况和处境与内群体的其他成员进行比较,而且这种比较过程常常是个体不自觉完成的,同时又是相当普遍的(张旭,2015)。不管个体对于自身的评估是高于比较对象还是低于比较对象,只要评价结果与个体的评估相差甚远时,都会使个体与所处的内群体成员之间的关系失去平衡,进而使个体产生消极的情绪(党健宁,2015)。

综上,本研究想要探讨,扩展接触的积极效应(即获知内群体成员与外群体成员有友谊关系会导致对外群体的偏见减少、态度改善这一现象),是否会与群体压力有关系呢? 扩展接触效应是否会因为群体压力的存在和不同而不同呢? 基于以上分析假设认为,内群体压力的存在可能会增强扩展接触的效应,而且由人际疏离激发的内群体压力可能要比个体素质评价激发的内群体压力对提升扩展接触效应更有效。

二、研究一:扩展接触有效性的验证

探讨有无扩展接触干预改善异性恋大学生对性少数群体者的内隐态度的有效性,即检验扩展接触的有效性,进一步广泛性地验证扩展接触效应的存在。由此假设:扩展接触干预能够显著改善异性恋大学生对性少数群体的内隐态度。

1. 研究方法

选取大学生 56 名(均报告为异性恋,且没有接触过性少数群体),其中男生 20 名、女生 36 名,年龄在 18~24 岁之间,要求被试视力或矫正视力正常,且均为右利手。

有关扩展接触的材料,内容如下:"我"(被试)的室友 A 有一个好朋友是性少数群体者。某天,宿舍围绕"怎样看待性少数群体者"展开了讨论。室友 A 说:"我跟我的性少数群体者朋友相处得挺好,我们经常一起出去玩。"室友 B 说:"现在人们对性少数群体者有了更多的了解,也越来越接受他们。"室友 C 说:"我不了解性少数群体者,但我觉得每个人都有选择自己生活的权利,我们应该尊重性少数群体者。"室友 D 说:"性少数群体者是正常的,不是病。从古至今,性少数群体一直存在,并且他们占总人口的比例也大致不变;就像人有高矮胖瘦一样,性少数群体也是符合自然规律的。"故事后面附有 4 道选择题,读完材料被试需要根据故事完成选择。4 道选择题是为了测试被试是否读懂故事,帮助被试更深一步地加工故事,同时也是筛选有效被试的依据。

内隐态度测量材料。根据 E-Prime 编写的标准 IAT 任务程序,测量被试对性少数群体者的内隐态度(劳国华,2017)。根据内隐联想测验理论,内隐态度测量的实验刺激材料包括两部分:目标概念和属性概念。因为大学生异性恋群体可能对表示性少数群体者的词汇不是很了解,所以本研究采用能够代表"性少数群体者"的图片作为目标概念材料。属性概念仍采用形容词词汇作为实验材料。通过大型搜索引擎搜索与性少数群体者和异性恋有关的图片,从中选取能表示男性少数群体者关系,女性少数群体者关系和异性恋关系的图片（如接吻、拥抱等亲密的图片）各 50 张，用软件统一制作成 300×300 大小的图片，格式设置为 bmp。然后编制成问卷，问卷要求被调查对象判断"下列图片是否能够代表性少数群体者或异性恋"，用五级计分法评定图片的符合程度。最后，根据被调查人员的评定，选定最能代表国内、国外男性少数群体者关系的图片 15 张，女性少数群体者关系的图片 15 张和异性恋关系的图片 30 张。

属性概念使用的形容词词汇首先需要做筛选工作，最终选定积极和消极词汇各 15 个。积极词汇和消极词汇是从《常用形容词分类词典》和相关的前人研究文献中收集，各 30 个。同样采用编制问卷，问卷要求被试对看到下列词汇的感受进行评定，从不愉快到愉快分为 5 级计分。最终，分别选择了评分最低的15 个词作为消极词汇，评分最高的 15 个词作为积极词汇。选定的词汇为：积极词汇：亲切、积极、自信、杰出、勇敢、上进、勤奋、健康、公正、阳光、善良、真诚、智慧、友好、幽默；消极词汇：可耻、无能、丑恶、颓废、荒淫、放荡、肮脏、阴险、残暴、卑鄙、无耻、抑郁、绝望、不幸、糜烂。最后将所有词汇制作成图片，统一为330×330 的 bmp 格式。根据前人研究，测量内隐态度常采用经典内隐态度测量程序内隐联想测验 IAT。进行数据分析时，需要对因被试分心、疏忽或者提前反应造成的反应时数据过大或过小的情况进行反应时数据整理。

2. 实验程序

采用单因素被试间的实验设计，自变量为有无扩展接触干预：阅读与扩展接触有关的故事和没有阅读故事。52 名被试随机分配 26 名被试到实验组（阅读扩展接触相关故事），另外 26

名被试到对照组（没有阅读相关故事）。实验组干预前后需要分别测量被试对性少数群体的内隐态度；对照组被试不需要阅读故事直接进行内隐态度测量。实验结束后，主试向被试致谢并发放小礼物，最后询问被试是否猜测到实验目的。

3. 数据初步整理

根据阅读故事后回答"室友 A、B、C 是我的室友还是陌生人?""材料中的性少数群体者是我室友 A 的陌生人还是好朋友?""材料中我的室友们是否认可与性少数群体者成为朋友?""材料中我的室友们是否接受我与性少数群体者接触?"四个问题的情况，确定被试是否读懂故事，剔除未读懂故事的被试的数据。最终获得有效数据 48 份，其中对照组 24 份，实验组 24 份。

4. 结果呈现

为了探究阅读扩展接触故事在改善异性恋群体对性少数群体内隐态度上的作用。首先，将对照组和实验组的相容反应时和不相容反应时进行配对样本 T 检验，结果表明，在 IAT 程序测试中相容和不相容反应时差异显著，对照组（$t = -7.129, p < 0.001$），实验组（$t = -2.226, p < 0.05$），这一结果说明，被试对性少数群体者词汇和消极词汇联合的反应相较积极词联合的反应更快，被试对性少数群体存在明显的内隐偏见。

其次，将对照组和实验组的相容反应时以及两组的不相容反应时进行独立样本 T 检验，结果表明，实验组与对照组的相容反应时不存在显著差异（$t = -0.619, p > 0.05$），两组的不相容反应时存在显著差异（$t = 2.201, p < 0.05, Cohen's\ d = 0.65$），即通过阅读扩展接触故事使被试对性少数群体者词汇和积极词汇联合的反应变快。

最后,以是否阅读扩展接触故事为自变量,IAT 差值为因变量进行独立样本 T 检验。结果表明,IAT 差值存在显著的差异($t = 3.374, p < 0.05, Cohen's\ d = 0.99$),即扩展接触故事对改善异性恋群体对性少数群体的内隐态度有显著的影响作用。

表 3 - 5　扩展接触效应对性少数群体者内隐态度的影响

	相容反应时	不相容反应时	IAT 值	t
对照组	762.56	987.64	225.08	-7.129***
实验组	795.16	867.44	72.28	-2.226*
t	-0.619	2.201*	3.374*	

注:$^*p < 0.05$,$^{***}p < 0.001$。

综上可见,阅读扩展接触故事后异性恋大学生对性少数群体的内隐态度得到了显著改善,相比未阅读故事组的被试,阅读故事组的被试其 IAT 值显著降低,即内隐偏见显著减少。扩展接触干预是有效的,进一步验证了扩展接触效应的存在。

三、研究二:内群体压力对扩展接触效应的影响

通过在扩展接触故事中加入人际疏离和素质评价情境来激发不同的内群体压力,探究个体感受到来自内群体的压力之后,扩展接触是否能够进一步改善异性恋大学生对性少数群体者的内隐态度。由此提出假设:内群体压力能够进一步改善扩展接触效应。即相对于阅读无压力扩展接触故事的被试,人际疏离压力组和素质评价压力组的被试对性少数群体的内隐偏见更少,在 IAT 测试中的差值显著小于无压力组;由人际疏离激发的内群体压力比素质评价激发的内群体压力在改善扩展接触效应上更有效。即相对于素质评价压力组的被试,人际疏离压力组

的被试对性少数群体的内隐偏见更少,在 IAT 测试中的差值小
于素质评价压力组。

1. 研究方法

随机选取 60 名大学生(均报告为异性恋,且没有接触过性
少数群体),其中男生 28 名、女生 32 名,年龄在 18 ~ 24 岁之间,
要求被试视力或矫正视力正常,且均为右利手。

扩展接触材料:故事主题与研究一的内容相同,不同之处在
于:在人际疏离压力组的故事中,加入"我的室友 E 因为不接受
性少数群体被室友们疏远"来激发因内群体成员疏远自己产生
的压力。在素质评价压力组的故事中,加入"我的室友 E 因为不
接受性少数群体被室友们评价为素质低"来激发因对自身素质
进行评价产生的压力。故事后附有 4 道选择题,读完材料被试
需要根据故事完成。为了测试被试是否读懂故事,4 道选择题
的内容稍微有所改变。

内群体压力问卷:问卷采用 4 个与压力有关的词汇来测量
被试感受到的压力,词汇的选择是通过查阅国内有关压力的研
究文献,例如"紧张""焦虑",从中挑选出现概率最高的词汇共
计 4 个,3 个表示压力的词汇(正向计分)和 1 个与压力相反的
词汇(反向计分)。问卷的指导语为"作为上述故事的主人公
'我',感受是怎样的"。请评定当前的感受,采用 1 到 5 的程度
评分,分数越高表示体验到群体压力的程度越大,本研究中的内
部一致性系数为 0.83。

内隐态度测量材料与程度与研究一相同。

2. 实验程序

实验采用单因素被试间的设计,自变量为阅读故事的类型,

三个水平分别是:无压力的扩展接触故事、人际疏离诱发内群体压力的扩展接触故事、素质评价诱发内群体压力的扩展接触故事。60名大学生被随机分配到人际疏离压力组和能力评价压力组。无压力组被试数据采用研究一实验组被试的数据。

实验流程如下:人际疏离压力组被要求阅读包含人际疏离信息的扩展接触故事,激发内群体压力,并根据故事完成相应的问题。素质评价压力组被要求阅读包含素质评价信息的扩展接触故事,激发内群体压力,并根据故事完成相应的问题。完成故事阅读之后,立即填写内群体压力问卷,最后测量内隐态度。实验结束后,主试向被试致谢并发放小礼物,询问被试是否猜测到实验目的。

3. 数据初步整理

根据阅读故事后回答"室友A、B、C是我的室友还是陌生人?""材料中的性少数群体者是我室友A的陌生人还是好朋友?""材料中我的室友们是否认可与性少数群体者成为朋友?""材料中我的室友们对不接受性少数群体者的成员的态度是亲密还是疏远?""材料中我的室友们认为不接受性少数群体者的成员的素质高还是低?"等问题的情况,确定被试是否读懂故事,剔除未读懂故事的数据。最终获得有效数据60份,其中人际疏离压力组30份,素质评价压力组30份。

4. 结果呈现

首先,检验阅读不同类型的扩展接触故事来激发内群体压力的实验操控是否成功,即检验人际疏离压力组,素质评价压力组与无压力组在内群体压力问卷上的得分差异,独立样本T检验的结果表明,人际疏离压力组与无压力组在内群体压力问卷上的得分差异显著,($t = -6.854,p < 0.001$),即人际疏离压力组感受到的内群体压力显著高于无压力组;素质评价压力组与无压力组在内群体压力问卷上的得分差异显著($t = -8.531$,$p < 0.001$),即阅读包含素质评价信息的扩展接触故事显著激发内群体压力。

接下来分别对无压力组、人际疏离组和素质评价组的相容反应时和不相容反应时进行配对样本 T 检验;对无压力组、人际疏离组和素质评价组的相容反应时以及三组的不相容反应时进行单因素方差分析;以不同的群体压力类型为自变量,IAT 差值为因变量进行单因素方差分析;结果见表 3 - 6。

表 3 - 6　内群体压力对扩展接触效应的影响

扩展接触组别	相容反应时	不相容反应时	IAT 值	t
中性 - 对照组	762.56	987.64	225.08	-7.129***
扩展 - 无压力组	795.16	867.44	72.28	-2.226*
扩展 - 人际疏离组	857.42	862.05	4.62	-0.174
扩展 - 素质评价组	787.68	804.56	16.88	-0.504

注: *$p < 0.05$。

无压力组的相容反应时和不相容反应时差异显著($t = -2.226,p < 0.05$),即无压力组的被试对性少数群体者词汇与消极词汇联合的反应相较积极词汇联合的反应更快;人际疏离压力组和素质评价压力组的相容反应时和不相容反应时差异不显著,$p > 0.05$,即体验到内群体压力的被试对性少数群体者词汇与积极词汇联合或与消极词汇联合的反应时不存在显著的差异;相容反应时、不相容反应时和 IAT 差值的差异均不显著,$p > 0.05$,即内群体压力在扩展接触改善对性少数群体的内隐态度方面不存在显著的影响。

四、讨论

研究一的结果表明,仅通过阅读内外群体间的扩展接触故事就能够显著改善内群体对外群体的内隐态度,这与已有研究结论相符合。根据扩展接触假设,只要知道群体成员拥有一个或多个外群体朋友就可以减少偏见,该效应已经在成年人(Stasiuk & Bilewicz,2013)和儿童(Turner et al. ,2013)身上得到了证实。通过涉及内群体和外群体角色之间接触的故事,已经将扩展接触应用于教育环境中(Liebkind et al. ,2010)。通过观察内外群体之间的跨群体的友谊,知觉到内/外群体准则,间接地了解外群体成员,整个过程因为没有直接的面对面地与外群体接触,使内群体成员的负面情绪显著减少,这是扩展接触的重要优势(Cameron et al. ,2011)。

研究二的结果表明,内群体压力对扩展接触效应有改善的作用,但改善的效果不显著。产生这种结果的原因可能在于——内群体压力属于负面情绪,引入内群体压力后可能会增加群际偏见,群体压力本身是一个特殊的情绪,感受到内群体压力会使被试被迫遵循群体规则,跟从内群体的态度和行为,即内群体压力可能会改善群体间的态度,但改善的效果不显著。作为一种负面情绪的内群体压力很可能抑制了扩展接触对内群体成员产生的积极效应。在群际接触中,改变个体对某个外群体的态度可能由某种特定情绪起主导作用(Tapias,Glaser,Keltner,Vasquez,& Wickens,2007)。扩展接触故事引发的内群体压力使被试更加深刻地认识到内群体对外群体接纳的同时,可能降低了共情以及增加了个体的焦虑,从而抑制了扩展接触效应。

在此,还需要多展开探讨两种与研究结果可能有关的原因:其一,青年学生群体更为深刻的文化观念变化。通常认为,在一个崇尚集体主义文化的社会环境中,个体会将人际关系看得更重,人际关系疏离更容易使个体产生群体压力。作为长期受集体主义文化熏陶的中国人,人际疏离应该会使个体产生更大的内群体压力,在改善群际态度上比素质评价更有效。但是我们发现,素质对于个体来说也是非常重要的,将素质评价作为社会比较的标准也很容易使个体感受到压力。大学生在遵从中国传统文化中集体主义观念的同时,也更加注重个体能力的彰显,二者对当代青年群体来讲的重要性不相上下。

其二,群体压力的大小与群体规模和群体情景有重要的关系。本研究中,激发内群体压力的情境是宿舍,大学宿舍的人数一般在 4~8 人之间,群体规模较小,群体关系稳定,可以认为,这种以宿舍为单位的群体关系已经成熟,不会因为观点的不同导致人际关系的疏离危机和风险。相比来讲,群体内不同观点引发的个体评价才更为成员所重视,所以,从这一点来讲,如果在不确定的内群体情境中,当个体寻求群体的安全与归属时,人际关系疏离的压力可能对扩展接触效应的影响才会更加明显地展现出来。

第六节
观点采择对扩展接触效应的影响

扩展接触是一种间接性群际接触,既有研究为扩展接触效应的普遍存在提供了广泛且一致的证据,扩展接触对增进群际关系产生了积极且有益的影响(Gomez et al. , 2011;Turner et al. ,2008),它可以改善美国白人对少数民族等种族和族裔群体的态度(Schofield, Hausmann, &Ye,2010),减少北爱尔兰的天主教徒和新教徒(Hewstone, 2009)、科索沃的塞尔维亚人(Andrighetto et al. ,2012)以及南非的种族群体(Du Toit & Quayle, 2011)等诸如此类冲突群体间的抵抗。同时,扩展接触还可以改善社会对性少数群体(Hodson, Harry, & Mitchell,2009)、残疾人群体(Cameron et al. ,2006)的态度。

一般认为,扩展接触效应的内在过程包含认知和情感两种路径,众多研究一致认为,虽然情感因素诸如共情、信任等在扩展接触效应中也发挥了积极的作用,但扩展接触主要是通过对内群体成员认知经验的改善,诸如群体规范认知等实现了更加广泛的群际效应(Paolini et al. ,2007),这也促使更多的研究集中关注认知因素对扩展接触效应的影响。

观点采择指的是个体设身处地理解与感受他人想法与情感的能力,是一种具有亲社会倾向的认知策略(Galinsky, Ku, & Wang,2005)。长期以来,观点采择通常被看作是认知经验的一种重要的变量。一般来讲,社会观点采择包括:认知观点采择和情感观点采择两种类型(严义娟,佐斌,2008),但研究者们多关注观点采择中的认知性观点采择,主要强调个体在观点采择中的认知过程(Epley, Caruso, & Bazerman,2006)。研究发现,观点采择对群际关系能够产生有益的影响,如改善群体态度、提高利他主义倾向、减少刻板印象(Batson,2010)。群际接触效果与对外群体的观点采择存在显著的正相关(Tausch et al. ,2011),对被污名化群体(如艾滋病患者和无家可归者)产生观点采择的被试对这类群体成员持有更加积极的态度(Voci & Hewstone, 2003),个体进行观点采择干预后显著降低了其对采择对象及其所属群体的偏见(Shih, Wang, Trahan Bucher, & Stotzer, 2009)。

总而言之,以往研究为探讨观点采择与群际接触的关系提供了可能性基础,但以往群际情境中对观点采择的研究也有三个明显的不足:其一,认知观点采择与情感观点采择在群际关系中的不同作用未被重视,也就是说,以往研究对观点采择的探讨并不是建立在对其进行分类的基础上;其二,观点采择的对象多是针对外群体成员,较少探讨针对内群体成员的观点采择;其三,观点采择与直接接触效应的关系研究较多,而观点采择能否促进间接群际接触的效应,尤其观点采择能否对扩展接触效应产生具体的影响作用,这一类研究较少。研究已经发现,想象接触干预(间接群际接触的一种类型)要求个体对外群体进行观点采择可以减少个体对外群体的偏见(Husnu et al. ,2015),所以,在扩展接触情境中,即当获知内群体成员与外群体成员存在友谊关系时,观点采择的视角聚焦于内群体成员而非对外群体成员,不同的观点采择类型会对群际关系改善产生怎样的具体影响还不清楚。

当然,观点采择并非总是增强人际间的关系,观点采择对态度与行为的影响还可能会受到其他因素的影响,比如可能会受到群体关系状况的调节(Cesario, Plaks, & Higgins, 2006),有研究发现,在群际竞争关系的情境中,观点采择会提高自我中心化进而导致助人行为的降低(Epley et al. ,2006),而在内群体关系亲密程度高的情况下,个体更容易产生助人的意愿(钟毅平,杨子鹿,范伟,2015)。因此可进一步推断,扩展接触情境中,内群体关系状况(比如内群体关系亲密程度)可能会调节观点采择对扩展接触效应的具体影响。当然,内群体关系亲密程度本身也会对扩展接触效应存在影响。既有研究已发现,内群关系的紧密性程度不同,扩展接触的实际效应不同(艾娟,2016)。一般来讲,内群体关系的亲密程度越高,比如获知与自己关系亲密的内群体成员(比如朋友和家人)与外群体成员之间存在朋友关系时,个体更容易表现出对外群体更高水平的信任(Tausch et al.,2011)。扩展接触干预中强调内群体成员的群体身份,比如内群体成员是同一个班级或社区或种族的话,扩展接触效果会更加明显(Cameron et al.,2006)。

综上所述,本研究主要是基于内群体的视角,探讨观点采择和内群体关系对扩展接触效应的影响,即对内群体成员的观点采择类型(认知、情感、技术)以及内群体成员的关系亲密程度高低对扩展接触效应存在的具体影响,这里的"内群体成员"指的是与外群体成员存在友谊关系的某内群体成员。

一、对象与方法

1. 对象

共计招募大学生110人,其中50人作为对照组参与预备实验,男生20人,女生30人,平均年龄19.15±1.3岁。另外60人作为实验被试,男生21人,女生39人,平均年龄为19.68±1.24岁,随机分成3组,每组20人,每组的性别比例均衡,每组均是男生7人,女生13人。所有被试均报告没有接触过性少数群体,且无性少数群体者倾向。

2. 实验设计

采用2(内群关系:高亲密、低亲密)×3(观点采择:认知、情感、技术)的两因素混合设计,其中,内群关系亲密程度是被试内变量,观点采择类型作为被试间变量,以社会距离以及群际焦虑为扩展接触效应的指标,即本研究的因变量。

3. 工具

(1)自编扩展接触故事,展现的是被试的密友/同学外出游玩手机丢了,在焦虑不安、心情烦闷的时候遇到了一位大学生(此人是性少数群体者)并得到了 Ta 的帮助,二人由此成为朋友的经历。经过 2 位心理学专业教师进行内容评判,材料内容符合扩展接触材料特点。

(2)自我—他人重叠量表:采用自我—他人重叠量表来考察内群关系的亲密程度,自我—他人重叠指对象(例如,另一个人)与自我的心理距离。它通常用包含一系列成对圆环的刻度来衡量,从两个圆圈开始排列,这两个圆圈不重叠到两个强烈重叠的圆圈,一个代表自己,另一个代表另一个人。要求参与者必须选择最能描述他们与对方关系的一对:参与者选择一对强重叠的圈子,这个人就越接近自我,形成一个 7 点等距量表(Aron et al.,1991),在实验中要求被试选择最符合他与密友/同学关系的图形。

(3)社会距离量表:通过学校、班级、邻居等 6 种社交情景测量群体间的社会距离,采用 5 点计分,分值越高说明个体与外群体的社会距离越远(Bastian,Lusher,& Ata,2012)。本研究中,该量表的内部一致性系数为 0.91。

(4)群际焦虑量表:用来测量内群体与外群体进行交往时的焦虑反应,共 10 道题,采用 7 点计分法,数值越高表明与外群体交往时的群际焦虑水平越高,在本研究中,该量表的内部一致性系数为 0.74。

4. 实验程序

(1)为了检验扩展接触效应的存在,进行预备实验,随机抽取 50 名被试,在不接受任何扩展接触干预的情况下,仅填写社会距离量表和群际焦虑量表。其中回收有效问卷 44 份,有 6 份问卷出现漏题现象,视为无效问卷。

(2)根据观点采择的类型将 60 名被试分为三组。首先,每一组被试在接受实验处理时候都是以 4 人左右的小组形式展开,需要在主试的指导下阅读故事材料,之后在小组内由主试组织和带领小组对扩展接触材料的主题和内容进行 5 ~ 10 分钟的讨论,使被试充分知晓并且关注故事主人公与性少数群体者大学生的关系,自己与故事主人公的关系,让被试充分知晓内群体成员与外群体成员的友谊及其经历,以达到扩展接触干预目的。接下来,要求被试密切关注扩展接触情境中与自己是"密友/同学"关系的内群体成员的情绪感受、想法与观点或故事描述手法,并就关注程度高低进行 1 ~ 9 的评分。具体问题为:你对材料中密友/同学的情绪或情感关注的程度;你对材料中密友/同学的想法关注的程度;你对材料故事描述手法的关注程度。接着,要求被试完成亲密关系量表,评价其与内群体成员的关系亲密程度。因为内群体关系作为被试内变量,所以需要在操作中进行 5 分钟左右的小游戏或聊天来消除无关影响,同时为了消除练习效应以及平衡误差,实验材料中内群体关系亲密程度的呈现采用 ABBA 顺序发放。最后,要求被试完成社会距离量表、群际焦虑量表。

二、结果

1.扩展接触效应存在的验证

将预备实验中对照组被试在社会距离、群际焦虑上的得分与扩展接触情境下被试在社会距离、群际焦虑上的得分进行单因素方差分析。结果发现,扩展接触干预是有效的,相比无扩展接触组,经过扩展接触干预后,被试与外群体的社会距离显著增进,$F_{(2,161)} = 225.16, P < 0.001$,被试对外群体的群际焦虑显著减少,$F_{(2,161)} = 109.37, P < 0.001$。

表 3－7　扩展接触的有效性分析

类别	预实验1 ($n = 44$)	高亲密组2 ($n = 60$)	低亲密组3 ($n = 30$)	F	事后检验
社会距离	13.68 ± 4.47	25.98 ± 2.02	21.87 ± 2.22	225.16***	2 > 3 > 1
群际焦虑	43.43 ± 11.35	24.63 ± 3.57	31.6 ± 2.07	109.37***	1 > 3 > 2

注:***$p < 0.001$。

2. 内群体关与系观点采择的有效性探查

为了检验内群关系亲密程度操作的有效性,对被试填写的内群体关系程度数据进行独立样本 T 检验,见表 3－8。结果发现,高亲密组的被试对内群关系亲密程度的感知(自我—他人重叠得分)显著高于低亲密组的被试在内群关系亲密程度上的评分(自我—他人重叠得分),这说明自变量内群关系亲密程度的操作是有效的。

表 3－8　内群关系亲密程度操作有效性检验

内群关系	M	SD	t
高亲密组($n = 60$)	5.33	0.63	28.5***
低亲密组($n = 60$)	2.03	0.64	

注:***$p < 0.001$。

为了检验观点采择的操作是否有效,对不同观点采择组被试在观点采择关注程度上的评分进行单因素方差分析,结果如表3-9所示,对被试进行不同的指导语操作提高了被试对内群体成员在认知、情感与技术观点采择方面的关注程度,这说明观点采择的不同操作是有效的。

表3-9 观点采择类型下被试关注情感、认知以及技术的描述统计及方差分析

观点采择类型	关注程度($M \pm SD$)			F	事后检验
	1 关注认知	2 关注情感	3 关注技术		
认知观点采择	6.55 ± 1.08	5.00 ± 1.60	4.23 ± 1.13	22.22^{***}	$1 > 2,3$
情感观点采择	4.95 ± 1.34	6.75 ± 1.55	5.03 ± 1.19	28.90^{***}	$2 > 1,3$
技术观点采择	3.45 ± 1.15	3.80 ± 1.65	6.67 ± 0.94	75.90^{***}	$3 > 1,2$

注:$^{***}p < 0.001$。

3. 内群体关与系观点采择对扩展接触效应的影响

为了考察内群体关与系观点采择对扩展接触效应中社会距离的影响,以社会距离为因变量,以内群体关与系观点采择为自变量,进行两因素重复测量的方差分析,结果如表3-10。

表3-10 不同内群体关系与观点采择在社会距离上的得分

内群关系	认知观点采择	情绪观点采择	技术观点采择
高亲密组($n=60$)	24.80 ± 1.85	27.35 ± 1.27	25.80 ± 2.04
低亲密组($n=60$)	21.45 ± 2.11	22.60 ± 2.52	21.55 ± 1.90

结果发现:扩展接触情境下,(1)内群体关系的主效应显著,$F_{(1,57)} = 221.174$,$P < 0.001$,$\eta^2 = 0.79$,内群体关系亲密程度低的被试,其与外群体的社会距离显著高于内群体关系亲密高的被试。(2)观点采择的主效应显著,$F_{(2,57)} = 6.46$,$P < 0.01$,$\eta^2 = 0.19$,事后比较发现,情感观点采择组的被试与外群体的社会距离

要显著低于另外两种观点采择组的被试,$P < 0.05$。(3)内群体关系与观点采择的交互作用不显著,$F_{(1,57)} = 2.19, P = 0.12 > 0.05$。

为了考察内群体关与系观点采择对扩展接触效应中群际焦虑的影响,以群际焦虑为因变量,以观点采择与内群关系为自变量,进行两因素重复测量的方差分析,结果如表3-11。

表3-11　不同内群关系与观点采择在群际焦虑上的得分

内群关系	认知观点采择	情绪观点采择	技术观点采择
高亲密组(n = 60)	24.56 ± 4.42	22.85 ± 2.85	26.40 ± 2.33
低亲密组(n = 60)	31.60 ± 2.28	31.30 ± 2.30	31.90 ± 1.62

扩展接触情境下,(1)内群体关系的主效应显著,$F_{(1,57)} = 212.01, P < 0.001, \eta^2 = 0.79$,内群体关系密程度高的被试,对外群体的群际焦虑水平要显著低于内群体关系密程度低的被试。(2)观点采择的主效应显著,$F_{(2,57)} = 5.079, P < 0.01, \eta^2 = 0.15$,情绪观点采择组的被试群际焦虑要显著低于另外两种观点采择组的被试,$P < 0.01$。(3)内群体关系与观点采择的交互作用显著,$F_{(1,57)} = 3.17, P < 0.05, \eta^2 = 0.10$。通过进一步的简单效应分析发现,内群体关系亲密程度高的情况下,对内群体成员进行情绪观点采择的被试群际焦虑明显改善,$F_{(2,57)} = 5.74, P < 0.01$,而内群体关系亲密程度低的情况下,对内群体成员无论采用哪种类型的观点采择都不能有效减少群际焦虑,$F_{(2,57)} = 0.41, P = 0.664$。

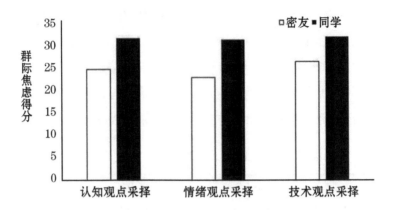

图 3-7　不同亲密关系水平与观点采择类型条件下群际焦虑得分

三、讨论

首先,本研究发现,扩展接触对改善群际关系质量是有效的,与无扩展接触的个体相比,扩展接触干预后的个体与外群体之间的社会距离显著缩短,对外群体的群际交往焦虑得到明显的改善,这与前人诸多研究结论相一致,扩展接触可以改善对外群体的认知态度(Hodson et al.,2009),可以减少内群体与外群体之间的社会距离(Vezzali et al.,2017),可以改善群体情感态度(Turner et al.,2008),进一步说明,扩展接触改善群际关系的积极效应是普遍存在的。与直接接触相比,扩展接触是一种间接群际接触形式,这种间接群际接触形式使得个体(内群成员)成为跨群体友谊关系(内群体某一成员与外群体成员的友谊关系)的观察者而非直接接触者,因此在一定程度上有效避免了真实交往情境引发个体产生接触焦虑和其他负性情感的可能性(Liebkind et al.,2010)。更重要的是,作为间接接触形式的扩展接触也积极改善了内群体成员对群际交往规范的认知经验:了解或观察一个与外群积极互动的内群成员可能会提供关于群内

164

规范的重要信息(Terry & Hogg, 1996),使内群体成员认识到与外群体的互动是被群体所允许的,同时,这种内外群体成员之间的跨群体友谊也使得内群体成员认识到外群体对群际交往是持肯定态度的(Wright et al., 1997)。

其次,观点采择对扩展接触效应的影响是显著的,扩展接触情境中,个体对内群成员采用情感观点采择对群际社会距离与群际焦虑的影响更为显著,能够显著增进内群体与外群体之间的社会距离,降低内群体与外群体交往的焦虑感。这是因为,观点采择可以增进个体对他人观点和情感的感知,改善个体与他人及他人所属群体的社会互动关系,进一步来说,对于群体成员产生的同理心(观点采择的情感成分)更能够使态度得到明显改善(Husnu et al., 2010)。而且个体在情感观点采择的情况下更容易产生对他人的同理心,群际同理心可以增进不同群体成员之间更积极的关系,减少消极刻板印象,改善对外群体态度以及促进对外群体的更大的亲社会行为,减少群体间焦虑(Brown & Hewstone, 2005;Pettigrew et al., 2008)。因此,在内群体成员之间,个体是否感受并理解内群体其他成员感受到的情绪是非常重要的,扩展接触增加了个体体验内群体成员感受和情绪的能力,进而对改善社会距离和群际焦虑产生积极作用。

再次,内群关系对扩展接触效应的影响是显著的,扩展接触情境中,个体与内群体成员的亲密关系水平越高,其与外群体的社会距离越近,与外群体交往的焦虑感越低。本质上讲,内群体关系亲密程度对扩展接触效应所产生的影响主要是通过将他人纳入自我实现的(Pettigrew et al., 2008)。也就是说,个体知觉到的自我—他人重叠程度越高,个体越容易将朋友的朋友纳入自我,从而减少对外群体的偏见(Capozza et al., 2014)。当然,将他人纳入自我的关键在于个体能够自发地将内群体成员作为首要对象纳入自我范畴,只有个体倾向于将内群体成员作为自己的朋友,才可能认为朋友的朋友也是朋友(Liebkind et al.,2010)。内群成员会被个体自发地包含在自我中(Smith & Henry,1996),关系密切的内群体成员更容易被视为是一个统一的认知整体(Sedikides,Constantine,NilsReis,Harry,& T,1993)。因此,当个体获知自己的朋友与外群体成员存在友谊关系时,个体首先会将群内成员包含在自我中,进而将内群体成员的朋友(外群成员)也自动包含在个体的自我中,从而导致个体改善对外群成员及其所在外群体的态度。

最后,在扩展接触情境中,观点采择对群际焦虑的影响会受到内群体亲密关系程度的调节,而观点采择对社会距离的影响则没有受到内群体亲密关系程度的调节作用,即内群体关系亲密程度高时,对内群体成员的情感观点采择对群际焦虑的作用最为积极。出现这一结果可能在于,内群成员的关系越紧密,内群体成员越容易被看作是自我的一部分,朋友的朋友也更容易进入自我的范畴(Aron et al.,2001)。已有研究也发现,对群体成员进行观点采择时,对于低自我—他人重叠的对象,情绪观点采择确实对个体的行为意愿起到重要促进作用(钟毅平等,2015)。还有可能在于,社会距离是一种认知态度,而群际焦虑是一种情绪态度。社会距离的改变更偏向于认知层面改变,而群际焦虑的改变则偏向于情绪层面改变,内群体关系亲密程度为友谊关系时,个体与内群体成员建立就是一种高水平的情感卷入,情感卷入的不同程度也表明了个体与交往对象间认同融合的程度不同,友谊作为一种亲密关系能够体现出个体交往过程中个体与对方的相似性,更容易改善群际情感态度(Harwood et al. ,2011)。

　　总之,相比无扩展接触,扩展接触干预能够显著改善群际焦虑和社会距离;扩展接触情境下,内群体关系程度、观点采择类型能够显著增进社会距离,减少群际焦虑;尤其是在内群体关系亲密程度高的情况下,对内群体成员采用情绪观点采择可以有效减少群际焦虑。

　　这是一个非常具有启发性和应用价值的发现,中国社会是一个"熟人"社会,采用间接的扩展接触干预策略时,可以充分利用这一社会交往特色,积极引入与干预对象关系亲密的"熟人"作为榜样,来展现积极的跨群体友谊经历,并通过引导干预对象提高对内群体榜样的情感体验和同理心,进而达到有效改善社会对诸如性少数群体者、残障、艾滋病等特殊群体的交往焦虑和社会距离,同时,也可以引导社会通过这种方法来改善更多、更广泛的群体(如医患、地域、国度等)之间的消极刻板印象、不良偏见等,最终实现群体和谐共处的目的。

第七节
伪善在扩展接触效应中的作用

　　偏见是对特定群体中的人存在的强烈负性态度,研究发现偏见的类型多种多样,对于如何有效减少偏见的研究也非常丰富(Hing,Li,& Zanna,2002)。受社会规范的制约,内隐态度和外显态度常会分离(杨奕,胡金,2013)。在认知层面,内隐偏见得到了广泛的关注,而如何在认知层面改善内隐偏见也是学界一直重视的主题之一(张中学,宋娟,2007)。

基于认知失调的最新视角发现,在减少个体内隐偏见的过程中可以采用伪善诱发的范式。伪善是一种言行不一的心理现象,伪善诱发范式通过使个体发现自身两种认知彼此不一致进而感觉到心理冲突,产生认知失调。而认知失调会让个体产生改变的动机,促使个体放弃或改变原有的看法,以此来消除心理冲突,促进认知协调(刘毅,孙桂芳,倪彦伟,2014)。因此,这促使我们思考,是否可以利用诱发伪善有效减少个体对外群体的内隐偏见,结合扩展接触来探讨伪善诱发是否可以增强扩展接触效果。

一、伪善及其相关研究

1. 伪善的界定

伪善在心理学的研究中主要指道德伪善。道德伪善是个体在明确道德标准的情况下,在行为上表现出冲突的情况。道德正直假设认为,道德原则可以驱动道德行为,一旦人们将道德原则内化,就会做出符合道德原则的行为(寇彧,徐华女,2005)。然而在实际情况中,道德伪善的人并非如此。Batson 等人通过设置利益冲突情景,让被试给自己和他人分配任务,在实验中发现,虽然道德伪善的人会在其他人面前表现得有道德,但是只要有机会便会逃避道德所要付出的代价。他将道德伪善分为三种形式:一是通常的形式,在有机会逃避付出道德代价时,人会在道德外表下进行自利行为;二是难以发现的形式,当"机会"完全不存在时,即避无可避的情况下,人会做出符合道德标准的事情;三是可怕的形式,人所遵从的道德标准是错误的道德标准(Batson,Kobrynowicz,Dinnerstein,Kampf,& Wilson,1997)。

目前,关于道德伪善的第一种理解认为,道德伪善是一种"言行不一"的心理现象,另一种观点则认为,道德伪善是一种"表层道德",也就是说,个体会在机会允许的情况下逃避履行自己所"认同"的道德行为(沈汪兵,刘昌,2012)。因此,对于道德伪善,从个体层面是自己的行为与自己所认同的道德标准之间相互冲突,从人际层面是对他人道德要求更苛刻,他人必须遵守自己认同的道德标准,但是自己私下可能会违背(刘毅等,2014)。

很多研究者从动机、认知、自我防御等角度对伪善"言行不一"的机制进行了解释,当然,不同研究者对其解释也各有侧重,比如从进化心理学的角度认为,在漫长的选择过程中,这种内外不一的认知情况被保存下来,说明对个体发展是有一定积极作用的。在为自己谋利的情况下,伪善是一项"不错"的机会主义策略(吴宝沛,高树玲,2012),也有研究表明,在触及道德、公正等规范时,个体会出现内外态度分离的情况(Nosek & Smyth,2007)。

2. 伪善效应的研究

伪善作为一种不错的机会主义策略(吴宝沛等,2012),在实验研究中也被广泛应用。对伪善的实验研究主要从三个方面出发,一是验证伪善存在的实验研究,二是对伪善影响因素的探索,三是将伪善作为干预方法的应用性研究。在应用性研究中,伪善对认知、态度、行为均有所影响。

在可控的实验条件下,伪善诱发是一项成功的社会影响技术。伪善诱发范式是一种基于认知失调理论产生的干预方法。很多研究验证了其对行为的改变。在伪善诱发范式改变大学生安全套使用情况的研究中,伪善诱发范式要求个体首先认同某一信念,并公开承诺自己会遵守这一信念,然后意识到自己行为的偏差,产生内外不一的矛盾而改变态度趋向和谐,并且给予个体改变行为方式的机会,使个体做出正确的行为选择(Stone,Aronson,Crain,Winslow,& Fried,1994),伪善可以促进大学生对安全套的使用率上升;可以对大学生的高危饮酒行为进行干预,明显减少大学生的饮酒行为,饮酒的频率和数量也都明显减少。还有研究者发现,伪善诱发可以减少大学生的吸烟行为,同时还发现,伪善诱发可以减少被试对超车者的负性情绪,被试也更愿意表现出原谅的态度(Takaku,2006)。

目前对偏见的研究中,伪善诱发也起到了较好的效果。对于外显态度水平低而内隐偏见水平高的个体,从认知层面而言存在着内外不一的情况,是一种道德伪善的表现。存在内隐偏见的个体,在意识认知层面是有着非偏见标准的,而在无意识层面还会自动地表现出偏见,就会出现言行不一的现象。通过诱发伪善减少了持有内在偏见的种族主义者对亚裔的歧视(Hing,Li,& Zanna,2002)。

二、问题提出

在伪善的实验研究中,被试与偏见群体大多都是直接接触的。以种族偏见研究为例,被试都与亚裔学生有过直接接触,在日常的校园生活中,无法避免与亚裔学生一起上课生活以及享受学校的相应待遇。所以在既往研究中,被试可以通过直接群际接触改变行为态度。然而在实际生活中,很多群体是无法直接接触的,在此情况下,为了改善群际态度,间接群际接触中的扩展接触便成为一种可考虑的策略。

扩展接触不需要个体与外群体成员进行直接接触,而是作为跨群体朋友关系的观察者,更清晰地知觉出这种亲密关系明显的跨群体特点。那么当个体获知内外群体成员之间的交往信息,对内群体成员的道德要求与对自己的道德要求不一致时,是否也会产生矛盾,从而减少对外群体的偏见? 伪善诱发范式在个体层面的操作定义即自己的行为与自己所认同的道德标准之间相互冲突,研究发现其可以有效地减少内隐种族偏见。那么伪善诱发是否可以有效减少不同群际间的内隐偏见呢?

同时,在人际层面,伪善指对自己和他人的道德要求不一样,使个体意识到对自己和对他人之间的差别,认识到两种认知的不一致,而达到统一认知的效果。在群际接触过程中,扩展接触是在人际层面引导个体获知朋友的跨群体交往经历,当个体获知朋友与外群体成员之间具有友谊关系的信息后会减少对外群体的偏见,改善对外群体的态度。由此,采用伪善诱发结合扩展接触情景,探究伪善诱发在人际层面对内隐偏见干预的有效性就非常有意义。同时,也想进一步探究在扩展接触情景中,加入伪善诱发干预是否会对扩展接触效应产生促进作用,增强扩展接触的实际效果。

三、实验一:伪善对内隐偏见减少的作用

探讨伪善诱发是否可以有效减少异性恋大学生对性少数群体的内隐偏见。采用单因素被试内实验设计,其中,伪善诱发为自变量,因变量为内隐偏见的前测及后测结果。

1.被试

随机选取在校大学生 30 名,其中男生 11 人,女生 19 人,年

龄在 18～22 岁之间。根据伪善诱发所针对的被试特点,采用《大学生对性少数群体者态度量表》对被试进行筛选,这 30 名被试的得分均小于 72 分,说明其对性少数群体在外显层面上持中性和接纳态度,全部符合实验要求,可完成全部实验流程(Hing et al.,2002)。

2. 实验材料

外显态度量表:选用陈学志和涂沅澄编制的《大学生对性少数群体者态度量表》,该量表分为认知、情感、行为三部分,内部一致性信度为 0.87～0.93,共 18 个题目,量表总分的分数分布范围为 18～108 分,分为三个水平:91～108 分代表极端排斥;73～90 分代表具有偏见;55～72 分代表中性态度;37～54 分代表合理接纳;18～36 分代表完全接纳。本实验以 72 分为界,分数低于 72 的被试被认为是对性少数群体无外显偏见的,高于 72 分的则表示其对性少数群体有外显偏见。通过筛选,选出对性少数群体无外显偏见的被试继续进行实验。

内隐态度测量:根据 E-prime 编写的标准内隐联想任务 IAT 程序,测量被试对性少数群体者的内隐态度。以自动记录的被试的反应时为指标。IAT 程序的实验刺激如下:测验的目标刺激为图片刺激。通过百度等大型搜索引擎搜集国内外性少数群体者关系和异性恋关系的图片(如接吻、拥抱等表示彼此亲密关系的图片)各 30 张,将其以问卷的形式呈现,由 10 名大学生进行"图片是否能够代表性少数群体者或异性恋"的判断,将不能代表性少数群体者的图片代码记录下来;最后,根据被试的判断,将记录频次超过 3 的图片删除,保留最能代表国内、国外性少数群体者关系和异性恋关系的图片各 10 张。属性词在正式实验前先做筛选工作,最后确定积极和消极词汇各有 10 个。表达积极意义和消极意义双字形容词词汇从《新华词典》以及以往涉及的研究文献中收集,一共 60 个。请 10 名学生从这些词中选出其认为最积极和最消极的词,然后对每个词的选择频率进行统计,选出选择频率大于 7 的积极词和消极词各 10 个。正向词包括开心、纯洁、浪漫、乐观、幸运、健康、爱心、舒适、自由、幸福,负向词包括虐待、卑鄙、低劣、恶心、吸毒、下流、可耻、丑陋、变态、侮辱。将图片统一为 330×330 的 bmp 格式。

伪善诱发材料:自编伪善诱发的材料,指导语"请您根据以下要求完成文字创作"。首先要求被试提出三条支持"性少数群体应受到平等对待,我们不应该对其存在偏见"这一观点的理由,并使其表明对自己所写内容的真实认同程度(1 = 完全不认同,7 = 完全认同),说明确实是本人真实所想。然后请被试以真实经历举例,回想自己对性少数群体出现过负面表现(包括态度、情绪和行为)的情景,对情景进行描述。同样使其表明这些经历的真实程度(1 = 完全不真实,7 = 完全真实),说明确实是被试本人亲身经历。然后提出问题,让被试比较以上两段的回答,判断自己的表现与所支持的标准是否一致(1 = 完全不一致,7 = 完全一致),由此来验证被试是否认识到自身两种认知的不一致。

3. 实验程序

为被试提供一个凉爽安静的环境,便于被试不受干扰的进行实验,在实验开始前,向被试说明这是一个测量反应时的实验,按照指导语操作即可。实验是匿名的,数据会严格保密,只用于学术研究,被试同意后开始实验。

第一步:筛选被试。采用《大学生对性少数群体者态度量表》对被试进行筛选,只留下得分低于72分的被试完成全部实验。第二步:前测实验。使用编好的IAT程序对被试进行内隐态度的测量,以反应时作为指标,将相容和不相容任务的反应时均值之差作为IAT效应值,按IAT效应值的均值将被试分为高低两组。第三步:伪善诱发。由一名对被试偏见程度不知情的实验助手引导被试进行实验。将编好的伪善材料发给被试作答,要求被试尽量仔细详尽的写出相关文字内容。在第二部分的写作中如果实在没有过相关的真实经历,可以写"无"。第四步:后测实验。再次使用编好的IAT程序测量被试的内隐态度。第五步:结束实验,向被试简要说明真实的实验目的,赠送每人一份小礼品表示感谢。

4. 结果呈现

(1) 伪善诱发有效性检验

将被试前测内隐态度的IAT效应值均值为界分成两组,高于均值组为内隐偏见高组,低于均值组为内隐偏见低组。对两组被试在两种认知的一致程度上的分数进行独立样本T检验,结果如下,见表3-12。

表3-12　内隐偏见高低组在认知一致程度上的差异比较

	内隐偏见	N	M	SD	t
一致程度	低	19	5.47	0.772	7.512***
	高	11	2.82	1.168	

注:***$P < 0.001$

结果显示,内隐偏见高低两组在认知的一致程度上存在显著差异($t = 7.512, p < 0.001$)。内隐偏见低组在两种认知的一致程度上的分数显著高于内隐偏见高组,说明内隐偏见高组的被试认识到了自身两种认知的不一致,即自己的表现是不符合自己支持的标准的,由此说明伪善诱发的启动是有效的。

（2）　伪善诱发对性少数群体内隐态度的影响

伪善诱发干预下被试在 IAT 测验中相容反应时、不相容反应时以及 IAT 效应值见表 3 – 13。

表 3 – 13　伪善诱发对性少数群体者内隐态度的影响(ms)

	相容反应时	不相容反应时	IAT 值	t
前测($n = 30$)	787.34 （±219.86）	948.8 （±278.02）	161.46 （±131.91）	– 6.704 ***
后测($n = 30$)	875.01 （±217.22）	776.86 （±180.71）	– 98.15 （±110.97）	4.845 ***
IAT 差值			259.61	8.018 ***

注：***$P < 0.001$

结果显示,实验前,相容组与不相容组的反应时差异显著($t = -6.704, P < 0.001, d = -0.6$),说明被试对性少数群体者图片加消极词汇的反应明显快于对性少数群体者图片加积极词汇的反应,IAT 值为正值,表明实验前被试对性少数群体内隐态度消极,存在内隐偏见。实验后,相容组与不相容反应时差异显著($t = 4.845, P < 0.001, d = 0.5$),被试对性少数群体者图片加消极词汇的反应显著慢于对性少数群体者图片加积极词汇,IAT 值为负值,表明实验后被试对性少数群体的内隐态度转为积极。实验前后的 IAT 值的配对样本 T 检验结果表明,实验前后的

IAT 值存在显著差异（$t = 8.018, P < 0.001, d = 1.9$），说明实验前的 IAT 值显著高于实验后的 IAT 值。由此可知，伪善诱发可以有效降低被试对性少数群体的内隐偏见。

5. 实验一的讨论

结果显示，大学生对待性少数群体的态度存在内外分离的现象。个体对性少数群体的外显态度表现为中性或接纳时，内隐偏见很明显存在。在对偏见的研究中发现，内隐偏见能够以一种自动化、习惯化的水平存在。大学生群体对新鲜事物有较高的接触度，使得他们对于"性少数群体者"的心理接受程度高于社会平均水平；网络文化中有关主题的内容以及影视传媒中大量"腐"元素（同性暧昧）的出现，同时在接触到来自媒体、网络、教育机构的关于平等的宣传和强调，使得他们对性少数群体充满好奇并且更加愿意在外显态度中表现出对性少数群体者的宽容。有些大学生会在社会环境的影响下，即使在心中是歧视性少数群体者的，也会有意识地控制自己的偏见而做出社会认可的反应。而在内隐态度上，可能还保有已经形成的偏见习惯，然而个体自身并没有察觉，认为自己是无偏见的。这种偏见习惯会在无意识层面影响着个体的认知。由此，个体在对待性少数群体者的态度上出现内隐态度与外显态度分离的现象。

同时，伪善诱发确实可以有效减少个体对性少数群体的内隐偏见。这一结论与已有研究相符，再次验证了伪善诱发是一种有用的干预方法。在实验过程中发现，对于内隐偏见较高的个体，在回忆自身对性少数群体负面表现的真实经历时，描述很具体，时间比较接近现在，并在实验中很少表现出为难。而内隐偏见较低的个体，在回忆时多表示自己实在回想不出类似的经历,并在询问实验助手后写"无"。这也与对减少种族偏见的研究是符合的,研究发现内隐偏见高的个体所回忆的自身经历时间都比较靠近现在,而低内隐偏见者则会想到很久之前比如小时候的事,或者没有类似经历(Hing et al.,2002)。而且在对两种认知即两道题的回答一致程度上,内隐偏见高的个体选择不一致的程度显著高于内隐偏见低的个体。说明其意识到了自己的表现并没有按照自己所认同的信念进行。从认知失调理论角度解释,当个体意识到认知不一致时,会产生矛盾,使自身在个人层面趋于认知统一,从而减少内隐偏见。

四、实验二:扩展接触情景下伪善诱发的积极效应

探讨扩展接触情景下伪善诱发是否可以有效减少大学生对性少数群体的内隐偏见。伪善诱发是否会对扩展接触效应产生促进作用,增强扩展接触效果。采用单因素被试间设计。其中,自变量为是否在扩展接触情境中加入伪善诱发,分为两个水平,分别是实验组(结合伪善诱发)、对照组(没有伪善诱发)。因变量为内隐偏见的前测及后测结果。

1.被试

随机选取在校大学生 60 名,其中男生 30 人,女生 30 人,年龄在 18~22 岁之间。根据伪善诱发范式所针对的被试特点,采用对性少数群体者态度量表对被试进行筛选,60 名被试的得分均小于 72 分,说明其对性少数群体在外显层面上持中性和接纳态度,全部符合实验要求,可完成全部实验流程。

2.实验材料

采用实验一的外显态度量表及 IAT 程序测量被试的外显态

度及内隐态度。

扩展接触情景故事:通过大型搜索引擎收集写作素材,自编一则关于内外群体成员交往的小故事。故事内容包括内外群体成员交往的过程并建立友谊的经历。

伪善诱发材料:改编实验一中的伪善诱发材料,先请被试阅读故事,再写出三条支持"性少数群体者应受到平等对待,我们不应该对其存在偏见"这一观点的理由,并使其表明对自己所写内容的真实认同程度(1 完全不认同,7 完全认同),说明确实是本人真实所想。然后请被试评价内群体成员与性少数群体者交好的行为,再以真实经历举例,回想自己对性少数群体者出现过负面表现(包括态度、情绪和行为)的情景,对情景进行描述。同样使其表明这些经历的真实程度(1 完全不真实,7 完全真实),说明确实是本人亲身经历。然后提出问题,让被试比较以上两段的回答,判断自己的表现与所支持的标准是否一致(1 = 完全不一致,7 = 完全一致),由此来验证被试是否认识到自身两种认知的不一致。对照组只要求被试与实验助手沟通自己对这个故事的看法,然后直接回答自己在日常生活中对性少数群体的表现是否符合应该对性少数群体者无偏见这一标准(1 完全不一致,7 完全一致)。

3. 实验程序

在实验开始前,向被试说明这是一个测量反应时的实验,按照指导语操作即可。实验是匿名的,数据会严格保密,只用于学术研究,被试同意后开始实验。第一步:筛选被试。采用《大学生对性少数群体者态度量表》对被试进行筛选,只留下得分低于 72分的被试完成全部实验。第二步:前测实验。使用编好的 IAT 程序对被试进行内隐态度的测量,以反应时作为指标,将相容和不相容任务的反应时均值之差作为 IAT 效应值。第三步:扩展情境下伪善干预。由一名对被试偏见程度不知情的实验助手引导被试进行实验,实验组进行扩展情境下的伪善诱发干预,伪善程序是实验一基础上的变化方式,将编好的材料发给被试作答,要求被试尽量仔细详尽的写出相关文字内容。对照组只进行扩展情景下的干预。第四步:测量被试的内隐态度。第五步:结束实验,向被试简要说明真实的实验目的,赠送一份小礼品表示感谢。

4. 结果呈现

(1) 伪善诱发有效性检验

对实验组和对照组在两种认知一致程度上的分数进行独立样本 T 检验,结果如下,见表 3 – 14。两组在认知一致程度上存在显著差异($t = -2.849, p < 0.01$)。对照组在两种认知一致程度上的分数显著高于实验组,说明实验组的被试认识到了自身两种认知的不一致,即自己的表现是不符合自己支持的标准的,由此说明伪善诱发的启动是有效的。

表 3 – 14　实验组与对照组在认知一致程度上的差异比较

	类别	N	M	SD	t
一致程度	结合伪善	30	5.03	1.351	– 2.849 **
	无伪善	30	5.93	1.081	

注:**$P < 0.01$

(2) 在扩展接触情境中伪善诱发对内隐态度的影响

在扩展接触情境中,进行伪善诱发的干预,获得实验组被试在 IAT 测验中相容反应时、不相容反应时以及 IAT 效应值见表 3 – 15。

表 3 – 15　扩展情景中伪善对性少数群体者内隐态度的影响(ms)

	相容反应时	不相容反应时	IAT 值	t
前测(n = 30)	822.97 (±217.90)	1134.47 (±420.74)	311.50 (±296.03)	– 5.763 ***
后测(n = 30)	904.18 (±304.84)	848.53 (±246.24)	– 55.62 (±232.27)	1.312
IAT 差值			367.12	5.328 ***

注: ***$P < 0.001$

实验前,实验组的相容组与不相容组反应时差异显著($t =$ – 5.763,$P < 0.001$),说明被试对性少数群体者图片加消极词汇的反应显著快于对性少数群体者图片加积极词汇的反应,IAT 值为正值,表明实验前实验组被试对性少数群体内隐态度消极,存在内隐偏见。实验后,相容组与不相容反应时差异不显著($t = 1.312$,$P = 0.200$),被试对性少数群体者图片加消极词汇的反应与对性少数群体者图片加积极词汇的反应时没有显著差别,IAT 值为负值,说明实验后实验组被试对性少数群体的内隐态度转为积极。

实验前后实验组的 IAT 值的配对样本 T 检验结果表明,实验组前后的 IAT 值存在显著差异($t = 5.328$,$P < 0.001$),说明实验组前测的 IAT 值显著高于后测的 IAT 值。由此可知,实验干预降低了被试对性少数群体的内隐偏见。

(3) 扩展接触情景对内隐态度的影响

在扩展接触情境中,获得对照组被试在 IAT 测验中相容反应时、不相容反应时以及 IAT 效应值见表 3 – 16。

表 3 - 16　扩展情景对性少数群体者内隐态度的影响(ms)

	相容反应时	不相容反应时	IAT 值	t
前测(n =30)	771.74 (±187.03)	930.23 (±176.48)	158.49 (±170.70)	- 5.086 ***
后测(n =30)	812.74 (±185.03)	744.98 (±122.55)	- 67.76 (±156.22)	2.376 *
IAT 差值			226.25	5.151 ***

注: ***$P < 0.001$, *$P < 0.05$

实验前,对照组的相容组与不相容组反应时差异显著($t = -5.086, P < 0.001$),说明被试对性少数群体者图片加消极词汇的反应明显快于对性少数群体者图片加积极词汇的反应,表明实验前对照组被试对性少数群体内隐态度消极,存在内隐偏见。实验后,相容组与不相容反应时差异显著($t = 2.376, P < 0.05$),被试对性少数群体者图片加消极词汇的反应显著慢于对性少数群体者图片加积极词汇的反应时,说明实验后对照组被试对性少数群体的内隐态度转为积极。

实验前后对照组的 IAT 值的配对样本 T 检验结果表明,对照组前后的 IAT 值存在显著差异($t = 5.151, P < 0.001, d = 1.3$),说明对照组前测的 IAT 值显著高于后测的 IAT 值。由此可知,扩展接触干预降低了被试对性少数群体的内隐偏见。

(4)　伪善诱发在扩展接触效果中的作用

用 IAT 前测值与后测值作差表示被试内隐态度 IAT 值的变化,对实验组和对照组的 IAT 值变化程度进行独立样本 T 检验,结果如下,见表 3 - 17。

表 3 - 17 实验组与对照组在 IAT 值变化程度上的差异比较

	类别	N	M	SD	t
IAT 值	结合伪善	30	367.15	377.42	1.724
变化程度	无伪善	30	226.25	240.58	

实验组与对照组在 IAT 值变化程度上存在边缘显著差异 ($t=1.724,p=0.09$)。扩展情境中结合伪善诱发对被试内隐态度的影响与无伪善对被试内隐态度的影响程度差异明显,这说明,在扩展接触情景的干预中,伪善诱发能够对扩展接触的效果起到较好的促进作用。

(5) 实验二的讨论

在扩展接触情景中,当个体知晓自己的朋友与性少数群体成员交好时,会降低对性少数群体的内隐偏见。这与已有研究结论相符,影响扩展接触效应的原因是多方面。扩展接触可以有效减少群际焦虑,通过群体内成员与外群体成员之间的温馨故事,将他人纳入自我,并知觉到内群体允许与外群体相交的准则,改变对外群体成员的负面看法,降低自身偏见。并且,内群体成员的亲密程度也对扩展接触效果有所影响。被试对内群体成员的亲密程度知觉越高,对外群体成员越容易表现出信任,扩展接触效果也越好。

但是,此情境中,结合伪善和无伪善两组对降低内隐偏见的程度边缘显著差别,即伪善诱发对扩展接触效应起到了一定的增强效果。在扩展接触情境中,被试口头与实验助手表达自己对朋友与性少数群体者交好的看法,向实验助手表达了其支持"应该平等对待性少数群体,不应该对其存在偏见的观点,并认为自己的行为态度符合这一观点。而在结合伪善诱发时,这一讨论的过程则以文字呈现,要求被试写明自己的观点及看法,同时要求其回忆自己不符合此标准的亲身经历。通过对比自己的负性表现与自己支持的标准,来引起自身矛盾加强扩展接触效果。虽然被试意识到了两种认知的不一致,但是在内隐偏见的降低程度上并没有大幅度的促进扩展接触效果。在人际层面的这种双重标准所带来的冲突并没有对个体统一认知产生更强有力的作用。从社会影响理论出发,即使个体意识到自身存在的双重标准,也会在当时的道德情境中做出对自己有利的归因行为。重构自己可能受指责的行为,掩饰了自己在对他人与对自己双重标准的冲突。所以,伪善激起自己的动机去减少偏见,在一定程度上增强了扩展接触效果。扩展接触会降低大学生对性少数群体的内隐偏见,伪善诱发对扩展接触效果有一定的增强作用。

五、讨论与不足

总而言之,伪善诱发范式在个体层面对内隐态度的改变是有效的,在人际层面的改变是边缘显著的,同时与扩展接触情景的结合能够较好地增进扩展接触效应的实际效果。

在个体层面,当被试意识到自己的行为与自己所支持的标准不一致时,会产生冲突,为了使自己两种认知达到统一,会将之前无意识的内隐态度加以控制,从而降低内隐偏见。而在人际层面,当个体认识到自己对待别人的双重标准时,只产生一定程度的改变动机去协调统一自己的两种认知。所以伪善诱发在个人层面的操作效果远好于在人际层面的操作效果。同时,从认知失调理论的角度出发,伪善诱发在个人层面引发的冲突比在人际层面引发的冲突更为强烈。从社会影响理论出发,个体即使意识到了自己的双重标准,也会受当时情景的影响选择对自己有利的策略,忽视或者重构自身行为,进行有利于自己的伪装。

今后的研究中,对于伪善诱发范式在人际层面的研究还应更加完善,除了应更好地控制主试效应,还需进一步了解扩展接触有效性的影响因素以及人际层面伪善的影响因素,同时还应该进行纵向研究,探究伪善诱发是否可以增强扩展接触效应的稳定性。

第八节
去个体化扩展接触效应

经典扩展接触假设提出,个体意识到一个内群体朋友(相互比较熟悉)有一个外群体朋友就可以改善群体间的关系。但最近的研究者认为,经典的扩展接触提供的"朋友的朋友"这种群际友谊关系存在的信息,其本质上更倾向于看作是一种个体经验(直接知晓内群体成员有外群体朋友),进而影响了个体对内外群体规则的感知。如果提供给被试这样一个信息:一些内群体成员(互不认识的个体)其与外群体成员存在友谊关系,应该也能产生积极的群体效应(Gomez & Tropp,2018)。相比经典的扩展接触范式(朋友的朋友)来讲,这种"去个体化"的扩展接触(内群体成员的朋友)方式可能会更具新颖性和适用性。

第一,效应的本质是独特的,因为内群体成员并没有与那些有外群体朋友的内群体成员存在直接的接触或者亲密的友谊关系,另外,"去个体化"的扩展接触还特别强调,朋友关系的建立表达出的信息是"一些内群体成员"拥有外群体朋友,而非是"一个内群体成员"拥有外群体朋友。所以,这种一般意义上的内群体成员如果与外群体成员存在友谊关系,同样可以让其他内群体成员产生积极群体效应的话,扩展接触的应用性可以得到进一步扩展。

第二,与经典扩展接触的内在机制不同,经典扩展接触强调的是通过知晓一个内群体成员与外群体成员存在友谊关系的信息之后进一步推断内外群体的交往规则,而当下"去个体化"扩展接触更加重视的是,直接知悉内外群体之间关于群际友谊关系的规则。这种"去个体化"的扩展接触效应的产生需要的是内群体明显且普遍的对跨群体交往的支持。当个体知晓大多数内群体成员具有一个或者两个外群体成员作为朋友的时候并不能充分发挥扩展接触的积极效应,个体也应该知晓大多数的内群体成员支持这种跨群体友谊关系的存在。

因此,去个体化扩展接触提供的群际关系信息与经典扩展接触不同,个体的群际交往规则感知、群际焦虑水平、行为意向都可能会有所不同。以此,需要在研究中继续考察经典群际扩展接触与去个体化扩展接触的有效性差异。选择以抑郁症群体为外群体,以非抑郁症(以及未接触过抑郁症群体)的大学生作为干预对象,探讨不同类型的扩展接触所产生的积极效应;同时,由于去个体化扩展接触突出了内群体与外群体建立友谊关系的信息,进而需要进一步考察即使存在这样的跨群体友谊关系,当内群体支持程度不同时,是否会对群际规则感知、焦虑水平以及行为意向改善发挥不同的作用。

一、实验一:不同扩展接触类型改善行为意向

通过单因素三水平的被试间设计,探讨无扩展接触、经典扩展接触和去个体化扩展接触对群际焦虑水平及行为意向的影响。

1. 研究对象

随机招募大学生共 180 人,删除自我报告有抑郁症倾向的被试 5 人、直接接触过抑郁症倾向的被试 12 人,实际有效人数为 164 人。年龄为 18 ~ 22 岁($M = 20.1, SD = 1.08$),其中男生 49 人,女生 114 人,经典扩展接触组 54 人,去个体化扩展接触组 66 人,无个体化扩展接触组 43 人。

2. 实验材料

行为意向量表:采用谢尔顿与里奇森(2005)的群际行为意向量表,量表内总计有六个问题,其中三个问题是与外群体成员互动的意向程度,分别是:我接受在班级中会有更多的抑郁症群体朋友、在聚会时我愿意与抑郁症朋友一起互动、在学习时我愿意坐在一群抑郁症朋友旁边;另外三个问题是测内群体成员行为互动的意图,分别为:我有兴趣加入一个改善抑郁症群体生活条件的志愿组织、我愿意帮助抑郁症群体更好地融入社会、我愿意向一个旨在帮助抑郁症群体的组织捐款。该量表采用七点评分制,从完全不同意到完全同意。得分越高,群际行为意向的积极程度越好。本实验中该量表的 α 系数为 0.835。

群际焦虑量表:"请想象一下,如果你处在一个存在抑郁症个体的环境里,你会有什么感觉? 快乐的(反向计分)、尴尬的、难为情的、自信的(反向计分)、防御的、和放松的(反向计分)",

采用五点评分,得分越高,说明焦虑水平越高。本实验中该量表的 α 系数为 0.817。

3. 实验程序

被试随机接受经典扩展接触,去个体化扩展接触、无扩展接触的处理的其中一种。

经典扩展接触组:(1)填写基本信息:性别、年龄、年级、是否曾经为抑郁症患者、是否具有与抑郁症患者的接触经历;(2)阅读经典扩展接触材料:我们对你所在的班级进行了一个简单的调查,我们发现在你所处的班级,只有一位班级成员拥有抑郁症朋友。小月和老八是在校运动会上认识的,当时正在进行长跑项目的小月因为体力不支而晕倒,恰逢老八站在她身边,及时把她送进了校医院。这之后两人就成了好朋友。在一次聊天过程中,老八告知小月自己患有抑郁症;(3)填写材料阅读理解题:群体成员普遍有/没有抑郁症朋友;材料中小月/老八是班级成员;小月/老八是抑郁症患者;小月和老八是情侣/朋友关系。(4)填写对抑郁症群体的焦虑量表、交往规则感知以及行为意向量表。

去个体化扩展接触组:(1)被试填写基本信息,如上;(2)被试阅读经典扩展接触材料:我们对你所在的班级进行了一个简单的调查,我们发现在你所处的班级,大多数班级成员拥有抑郁症朋友。小月和老八是在校运动会上认识的,当时正在进行长跑项目的小月因为体力不支而晕倒,恰逢老八站在她身边,及时把她送进了校医院。这之后两人就成了好朋友。在一次聊天过程中,老八告知小月自己患有抑郁症;(3)填写材料阅读理解题,被试填写材料阅读理解题:群体成员普遍有/没有抑郁症朋

友;材料中小月/老八是班级成员;小月/老八是抑郁症患者;小
月和老八是情侣/朋友关系。(4)填写对抑郁症群体的焦虑、交
往规则感知、行为意向量表。

无扩展接触组:(1)填写基本信息,如上;(2)填写关于对抑
郁症群体的焦虑、交往规则感知、行为意向量表。

4. 结果呈现

筛选出自己报告为抑郁症患者的被试5人,直接接触过抑
郁症患者的被试12人,实际有效人数为164人,对数据进行单
因素方差分析,结果如表3-18所示。

表3-18 不同扩展接触个体规则感知差异比较

规则感知	N	M	SD	F	事后比较
经典化扩展接触	55	9.84	3.33	14.76***	2 > 1
去个体化扩展接触	66	11.86	4.68		2 > 3
无扩展接触	43	7.84	2.76		1 > 3

注:***$p < 0.001$。1代表经典化扩展接触;2代表去个体化扩展接触;3代表无扩展接触。

对不同扩展接触组的规则感知得分进行单因素方差分析,
结果表明,不同扩展接触组的被试在规则感知方面存在显著差
异,$F_{(2,161)} = 14.76, P < 0.001$。事后分析发现:去个体化扩展接
触组的被试,其规则感知得分显著优于经典扩展接触组的被试,
$P < 0.01$;去个体化扩展接触组的被试其规则感知得分显著优于
无扩展接触组被试,$P < 0.001$;经典扩展接触组的被试其规则感
知得分显著优于无扩展接触组被试,$P < 0.05$。

对不同扩展接触个体焦虑水平进行单因素方差分析,结果如
表3-19所示,不同扩展接触组的个体其焦虑水平存在显著差异,

$F_{(2,161)} = 42.09$, $P < 0.001$。事后分析结果显示：无扩展接触组的被试其焦虑水平显著高于经典扩展接触的个体焦虑水平，$P < 0.05$；无扩展接触组的个体焦虑水平显著高于去个体化扩展接触组的个体焦虑水平，$P < 0.05$。经典扩展接触组的个体与无个体化扩展接触个体在焦虑水平上不存在显著差异，$P > 0.05$。

表 3 - 19　不同扩展接触组群际行为意向与焦虑水平的差异比较

	经典扩展接触 $N = 55$	去个体化扩展接触 $N = 66$	无扩展接触 $N = 43$	F	事后比较
群际行为意向	30.25 ± 6.40	32.61 ± 5.82	27.14 ± 7.13	9.59^{***}	2 > 1, 2 > 3, 1 > 3
群际焦虑水平	8.81 ± 4.49	7.44 ± 3.54	14.16 ± 3.30	42.09^{***}	3 > 1, 3 > 2

注：$^{***}p < 0.001$。1 代表经典扩展接触；2 代表去个体化扩展接触；3 代表无扩展接触。

对群际行为意向得分进行单因素方差分析，结果如表 3 - 19 所示，不同扩展接触组的被试其群际行为意向得分存在显著差异，$F_{(2,161)} = 9.59$，$P < 0.001$。事后分析结果显示：去个体化扩展接触组的被试，其群际行为意向得分显著优于经典扩展接触组，$P < 0.05$；去个体化扩展接触组的被试，其群际行为意向得分显著优于无扩展接触组，$P < 0.001$；经典扩展接触组的被试，其群际行为意向得分显著优于无扩展接触组，$P < 0.05$。

二、实验二：内群体支持程度与扩展接触类型对行为意向的影响

探讨内群体支持程度与扩展接触类型对改善行为意向的影响。采用 2（扩展接触：经典、去个体化）×2（内群体支持程度：高、低）的被试间设计，因变量为行为意向与群际焦虑。

1. 实验对象

随机招募大学生班级 4 个,共 120 人,删除自我报告为抑郁症倾向的被试 3 人、直接接触过抑郁症患者的被试 5 人,数据不完整的 2 人,实际有效人数为 110 人。年龄为 18 ~ 22 岁($M = 19.7, SD = 1.05$),其中男生 35 人,女生 75 人。其中,接受经典 + 内群支持程度高的被试为 27 人,经典 + 内群支持程度高的被试 27 人,去个体化 + 内群支持程度低的被试为 31 人,去个体化 + 内群支持程度高的被试为 25 人。

2. 实验材料

内群体支持程度的高低用两份资料显示。

其中一份资料显示:我们调查了你所在的群体和抑郁症群体是否存在友谊关系,该研究项目主要有两个目的:一是调查大学生群体与抑郁症群体之间是否存在友谊关系;二是了解大学生群体如何看待与抑郁症患者交朋友。经过数据回收,我们发现在你所处的班级中,只有一个班级成员拥有抑郁症朋友,并且多数班级成员表示,就算有机会,他们也不会与抑郁症患者交朋友,同时也不支持自己的朋友或者家人与抑郁症患者为友(内群体支持程度低)。

另一份资料显示,我们调查了你所在的班级和抑郁症群体是否存在友谊关系,该研究项目主要有两个目的:一是调查大学生群体与抑郁症群体之间是否存在友谊关系;二是了解大学生群体如何看待与抑郁症患者交朋友。经过数据回收,我们发现在你所处的班级中,只有一个班级成员拥有抑郁症朋友,但是多数班级成员表示,如果有机会,他们会很乐意与抑郁症患者交朋友,并且愿意支持自己的朋友或者家人与抑郁症患者为友(内群体支持程度高）。

其他所有材料和测量量表均与实验一相同。

3. 实验程序

被试随机分组，分别接受2（扩展接触：经典、去个体化）×2（内群体支持程度：高、低）4 种处理方式的其中一种。以经典扩展接触＋内群体支持程度高为例：（1）填写基本信息：性别、年龄、年级、是否曾经为抑郁症患者、是否具有与抑郁症患者的接触经历；（2）阅读经典扩展接触材料：我们调查了你所在班级和抑郁症群体是否存在友谊关系，我们发现在你所处的班级中，只有一个班级成员拥有抑郁症朋友，但是多数班级成员表示，如果有机会，他们会很乐意与抑郁症患者交朋友，并且也愿意支持自己的朋友或者家人与抑郁症患者为友；（3）填写材料阅读理解题：群体成员普遍有/没有抑郁症朋友；根据材料填写对内群体规则感知：班级成员与抑郁症患者交朋友的意愿程度；班级成员对与抑郁症患者交朋友的支持程度。（4）填写关于对抑郁症群体的焦虑与群际行为意向量表。

其余三种条件不同之处在于被试阅读的材料不同。经典扩展接触＋内群体支持程度低为：我们调查了你所在班级和抑郁症群体是否存在友谊关系，我们发现在你所处的班级中，只有一个班级成员拥有抑郁症朋友，并且多数班级成员表示，就算有机会，他们也不会与抑郁症患者交朋友，同时也不愿意支持自己的朋友或者家人与抑郁症患者为友。去个体化扩展接触＋内群体支持程度低为：我们调查了你所在班级和抑郁症群体是否存在友谊关系，我们发现在你所处的班级中，多数成员拥有抑郁症朋友，并且多数班级成员表示，就算有机会，他们也不会与抑郁症患者交朋友,同时也不愿意支持自己的朋友或者家人与抑郁症患者为友;去个体化扩展接触+内群体支持程度高为:我们调查了你所在班级和抑郁症群体是否存在友谊关系,我们发现在你所处的班级中,多数班级成员拥有抑郁症朋友,并且多数班级成员表示,如果有机会,他们会很乐意与抑郁症患者交朋友,并且愿意支持自己的朋友或者家人与抑郁症患者为友。

4. 结果呈现

为了检验内群体支持程度这一变量操纵的有效性,对内群体支持程度高低两组对支持程度的评分进行独立样本 t 检验,结果表明内群体支持程度的操纵是有效的($t = -3.78, p < 0.001$)。

表 3 - 20   内群体支持程度操纵有效性检验

	M	SD	t
内群体支持程度低(n = 58)	8.34	2.42	-3.78***
内群体支持程度高(n = 52)	10.02	2.34	

注:***$p < 0.001$

以群际焦虑水平为因变量进行多因素方差分析,结果表明,扩展接触类型的主效应差异显著,$F_{(1,106)} = 14.03, P < 0.001$,这表明经典扩展接触和去个体化扩展接触对群际焦虑存在显著的影响。内群体支持程度的主效应差异显著,$F_{(1,106)} = 18.33, P < 0.001$,表明内群体支持程度不同对焦虑水平的变化存在显著的影响。扩展接触类型与内群体支持程度的交互作用显著,$F_{(1,106)} = 4.43, P < 0.05$。通过进一步简单效应分析发现,在内群体支持程度低时,经典扩展接触和去个体化扩展接触两种条件下被试其焦虑水平无显著的差异,$F_{(1,107)} = 0.84, P = 0.361$;

但是当内群体支持程度高时,经典扩展接触组的被试其焦虑水平显著高于去个体化扩展接触组,$F_{(1,107)} = 13.19, P < 0.001$。

表3-21　不同扩展接触条件下被试焦虑水平与行为意向的得分

	群际焦虑		群际行为意向	
	支持程度低	支持程度高	支持程度低	支持程度高
经典化扩展接触	15.55±3.83	13.96±2.94	27.85±4.35	29.30±4.68
去个体化扩展接触	14.35±4.16	9.68±4.22	29.35±4.96	34.32±3.85

以群际行为意向为因变量进行多因素方差分析,结果表明,扩展接触类型的主效应显著,$F_{(1,106)} = 14.32, P < 0.001$,这表明经典扩展接触和去个体化扩展接触对群际行为意向的影响显著。内群体支持程度的主效应显著,$F_{(1,106)} = 13.81, P < 0.001$,表明内群体支持程度不同对群际行为意向的影响显著不同。扩展接触类型与内群体支持程度的交互作用显著,$F_{(1,106)} = 4.17, P < 0.05$。通过进一步简单效应分析发现,在内群体支持程度低时,经典扩展接触和去个体化扩展接触两组被试的行为意向不存在显著差异,$F_{(1,107)} = 1.06, P = 0.305$,在内群体支持程度高时,去个体化扩展接触组被试其行为意向显著高于去经典扩展接触组,$F_{(1,107)} = 13.66, P < 0.001$。

对内群体支持程度、群际焦虑和群际行为意向进行皮尔逊积差相关分析,结果显示内群体支持程度与焦虑水平显著负相关($r = -0.267, P < 0.01$),即内群体支持程度高往往伴随着低水平的焦虑;内群体支持程度和群际行为意向显著正相关($r = 0.276, P < 0.01$),即内群体支持程度高往往伴随着积极的行为意向;结果还表明,焦虑水平与群际行为意向之间显著负相关

($r = -0.258, P < 0.01$),即较低水平的焦虑往往伴随着较为积极的行为意向。该结果表明内群体支持程度、焦虑水平和群际行为意向关系密切,可进一步检验焦虑水平在内群体支持程度与群际行为意向之间的中介作用。

使用 $Process$ 插件,以焦虑水平为中介变量,探讨其在内群体支持程度和群际行为意向之间是否存在中介作用。结果发现,内群体支持程度对群际行为意向的总效应显著($\beta = 0.56$, $P < 0.01$);内群体支持程度对群际行为意向的直接效应显著($\beta = 0.45, P < 0.05$);内群体支持程度对焦虑水平有显著负向预测作用($\beta = -0.47, P < 0.01$);焦虑水平对群际行为意向具有显著负向预测作用($\beta = -0.23, P < 0.05$);内群体支持程度通过焦虑预测群际行为意向的间接效应显著(0.11,95% CI [0.0037, 0.3130]),表明焦虑水平在内群体支持程度和群际行为意向之间起部分中介作用,中介效应对应总贡献率为19.64%。

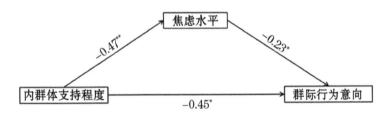

图3-8　焦虑水平在内群体支持程度和群际行为意向之间的中介作用

三、讨论

在本实验中,扩展接触的干预是有效的,其中去个体化扩展接触对减少个体对抑郁症群体的焦虑水平和改善行为意向效果更为明显和积极。本实验再次验证,经典与去个体化两种扩展接触干预均能够显著改善群际焦虑与群际交往意向,也就是说,通过获知内群体成员具有跨群体友谊关系的信息,可以对群际规则具有更积极的感知,进而能够减少群际焦虑,提高群际交往意向。就去个体化扩展接触而言,在个体学习到群体内多数成员都拥有外群体朋友后,其焦虑感降低了,进一步增加个体将注意力集中于群际互动存在更广泛的可能性,并且注意到内群成员和外群成员对彼此的积极行为,会对内群体和外群体规范的感知产生积极的影响,进而与更积极的外群体态度相关。

另外,内群体支持程度对扩展接触改善行为意向同样也存在显著的积极效应。在支持程度高的条件下,拥有外群体朋友的内群体成员被认为是通过改变群体间接触的内群体规范的感知而产生的积极群体结果,与外群体有关系的扩展接触说明了群体内对这种接触的认可和鼓励(Turner et al.,2008)。感知到的积极规范促进了跨群体互动中对外群体成员的积极态度,增加了其对外群体积极的行为意向(Lindsey,Cameron,Adam,Rutland,Rosa,& Hossain,2011)。尤其是在内群体支持程度高的条件下,个体更容易从群体内成员身上获得信息来源的确定性,更容易受到群体的影响,从而改变自己的认知和态度,做出更能被群体所接受的决定和想法(Jetten,Spears,& Manstead,1997),即使被试并不知道群体内哪个人或哪些人与外群体有直接的接触,但只要当内群体成员学习到内群体赞同与外群体交朋友时,他们的群际焦虑也会减少,从而有效地促进积极的群体行为意向(Lindsey et al.,2011)。

其实,去个体化的扩展接触方式作为经典扩展接触带给现实的思考更值得重视。因为,很多时候,个体并不一定具有一个拥有外群体朋友的内群体"熟人",那么,内群体中其他不熟悉的成员也是可以在此时发挥积极的群体榜样作用,这个不熟悉的内群体成员如果拥有外群体朋友的信息属实且被其他内群体成员获知的话,也可以对改善群际焦虑和行为意向产生有益的影响。另外,还需要注意的是,很多时候,即便自己知晓群体成员具有外群体朋友这种确定的信息,我们依然希望寻求内群体对群际交往的明确支持态度,或者说要明确群体内的大多数人都支持与外群体交往这件事情,以此来确证自己感知到的群体规则是大家所认可的,这对于提高扩展接触改善群体态度的效果是非常重要的。

结　语

本章内容是基于扩展接触的主题而展开的相关理论探讨和实验研究。可以说,迄今为止,相比国外学界,国内心理学界对扩展接触的研究成果还比较少见,从某种程度上讲,这方面的研究成果还是非常缺乏的。正是基于这一点,我们在本研究项目中,围绕扩展接触主题展开的探讨也更加侧重、更加用力,以期更加详细、深入地探讨其心理机制。

总体而言,第一节内容详尽梳理了扩展接触假说自从其提出之后的所有研究成果,主要是综述了扩展接触对改善不同群体的态度是有效的,其具有复杂的中介心理过程与调节心理机制,扩展接触日渐被学界看作是一种消除群际偏见的有效策略并在实际生活中应用。

从第二节开始,主要是将某一特殊群体(性少数群体、自闭症群体、抑郁症群体等)作为外群体,以大学生群体为社会公众的代表群体(即内群体干预对象),从不同的层面展开扩展接触干预,进一步探讨扩展接触的效应过程,分析不同因素在扩展接触效应过程中的作用机制。不但验证了扩展接触在国内文化背景中的积极效应是否存在,同时也充分考虑到了在目前研究中被诸多研究者所忽视探讨的认知、情感等因素,比如认知因素中的伪善、观点采择、内群体关系感知、情绪因素中的厌恶、钦佩等;也着重考虑到了本土文化环境中的特殊因素对扩展接触效应的影响作用,比如来自内群体的权威肯定、人际疏离压力、内群体支持程度等。一系列的研究表明,本土文化环境中,扩展接触效应也是普遍存在的,但其内在心理机制是复杂的,情境、认知和情感因素等都在其中起到重要的影响作用。

可以说,围绕扩展接触的研究还存在很多的需要继续探究的空间。比如,群体规范概念的提出并非是一个新颖的概念,多数研究社会交往的学者都曾经探讨过群体规范这个主题。群体规范通常被界定为群体成员共享的关于怎样行动以及应该如何行动的知识,很多情况下,个体行为的表现更多是社会规范的驱使,而不是个体信念的使然。但最新的研究发现,扩展接触情境下所强调的群际规范仍然可以细化,群体规范包含两个方面的内容,即描述性规范与命令性规范,这两种规范对个体行为以及行为趋向可能有着不同的影响作用,相比描述性规范,命令性规范对个体具有更加强烈的影响作用,因为命令性规范比描述性规范具有更加明晰的情境性边界和约束范围,研究也发现两种规范一起呈现要比单独呈现其中一种规范对个体的影响更加深刻,目前来看,扩展接触情境下的群体规范如何起作用还是一个值得深入探讨的问题。当然,还有更多其他的问题可以研究,在此不赘述,放在第六章展开。

第四章
想象接触的理论与实证研究

想象接触（Imagined Group Contact）作为一种间接群际接触方式，相比前一章所述的扩展接触而言，虽然在学界正式出现的时间较晚一些，但自从其提出就受到了学界的广泛关注和追捧，近年来的研究热度持续升温，研究论文数量也不断增加。毫不夸张地讲，其在学界的已有研究成果比较丰富，研究的深度和广度也在某种程度上超越了扩展接触。

以想象接触为主题的丰富研究一方面使得学界可以更加全面地、综合性地了解这一领域研究的相关进展和动态；另一方面也让研究者们能够在这一主题中继续去深入思考与探寻更多新的研究视角和主题。鉴于此，接下来的本章内容将从两个方面具体展开。

其一，尝试全面勾勒出这个仅用十余年时间就被广泛关注的主题迄今为止所历经的整个研究过程，详尽其研究兴起和发展的方方面面，试图为后续的研究寻找更多可探索的方向。这一部分的主要内容聚焦在想象接触理论的兴起背景、相关研究，以及想象接触效应的内在心理机制(主要是截至目前,想象接触中诸多中介因素和调节因素对想象接触效应的作用机制)。深入且详细地梳理想象接触研究的重要价值在于,可以清楚知晓目前该主题下的研究都是在哪些方面展开的,取得了怎样的成果,对社会实践提供了哪些有价值的建议,围绕这一主题还有哪些因素没有得到有效的关注和探讨,未来还可能从哪些方面入手继续展开研究,并进行研究对象、方法、内容等方面的创新等,以便丰富和完善想象接触的理论,为改善群际关系提供策略指导。

其二,本章内容围绕想象接触的主题继续开展了更多实证性的研究,尤其是要选择在以往研究中被研究者关注不够,但是却又可能对想象接触的实际效果产生重要影响的因素,另外,这些因素也是基于本土文化特点进行选择确定,比如想象接触中的观点采择类型、想象事件的助人性质、想象人物建立的关系亲密度,等等,进一步明晰这些因素在想象接触效应的具体作用,完善想象接触效应的过程机制。本章内容的实证研究仍然主要以精神特殊群体为外群体,探讨想象接触在内容性质、自我卷入程度、接触频率以及观点采择等方面对想象接触效应的重要影响,期望通过有效的想象接触减少社会公众(主要是青年学生群体)对某些精神特殊群体的偏见,改善对他们的消极群际态度,为更大范围的群体关系改善提供智力支持,进而提升基于积极想象接触的群体治理成效。

第一节
想象接触的理论、观点与研究

想象接触理论假设指出,仅仅是心理想象的接触,也能够对群际知觉和行为起到积极的影响作用。想象接触指的是对与外群体某个或者某些成员的社会互动进行心理模拟(心理想象),这种通过心理模拟获得的与外群体接触的积极经验可以为个体的群际接触创造一个"行为脚本",能够引发对外群体的积极情感,增加对外群体的积极认知,提升与外群体的交往意愿(Crisp et al.,2009),这种积极效应称为想象接触效应。

一、想象接触的兴起与观点

截至目前,关于想象接触假说的研究与进展讨论已经有多篇论文发表,多数集中在 2013 年前后,这些研究主要详细介绍了该理论的缘起,通过借鉴以往研究的经验基础,解释了其中涉及的众多术语及其含义,并在理论层面上指出了想象接触假说提出的必然性以及它在改善群体态度方面的内在逻辑与原理。

想象接触研究距今已经有十几年的时间,很多研究者都在实证的道路上勤恳探讨着想象接触效应的存在及其普遍性,并试图找到影响这种积极效应的各种中介和调节因素。在此,综合详尽地探讨想象接触的发展及其研究历程,仍具有非常重要的意义和价值,以期望让学界能够更全面、详细地了解相关理论基础,明晰想象接触的理论及其观点所具备的重要渊源。总体来讲,想象接触的缘起,主要来自两个方面。

首先,想象接触是作为直接接触的一种"先行"接触方式而存在的。虽然学界通常认为,想象接触的产生更多是因为直接接触存在诸多不足,但实际上,这种对想象接触是"为不足做补充而存在"的认识略显偏颇。因为,想象接触不仅仅是由于现实群际环境导致直接接触的复杂性而产生的,它同样也是其他群际接触形式之外的有效接触方式,或者更确切一些讲,它是可以作为直接接触的"先行者"存在的。如果把群际接触过程看作是一个连续性的行为过程,那么,这个过程的起始点最好的方式应该是想象接触,而终点就是直接的面对面接触。这是因为,在想象水平上鼓励内外群体之间的活动接触,相比"直接接触"的现实性特征来讲更加"虚拟"和"间接",接触的程度也并非对内群体成员造成焦虑感和威胁感,而是通过一种比较温和的、相对渐进的方式展开,进而可以促进最终直接接触的发生。从这个意义上讲,作为一种间接群际接触方式的想象接触,可以用于改善不同类型群体间的态度,减少偏见。

其次,想象接触有着其他接触方式无法突破的适用边界。在群际关系领域,群际接触是一种非常重要且有效的促进方式。近半个世纪以来,群体层面上的直接接触和间接接触研究都在不断证明着这个令人振奋的理念,即群际接触是可以改善群际态度的,且积极的接触是能够促进群际关系和谐的(Pettigrew et al. ,2006)。正如第二章内容所述,对于直接接触的研究比较成熟和丰富,但是如果群际直接接触遭遇到了客观和主观的障碍而不能顺利实现,接触的积极力量又该如何发挥呢? 比如群际冲突长期且普遍存在,群际关系剑拔弩张,或者在地理位置上不允许直接接触的发生,或者群体隔离造成了没有机会进行群际接触,还有的时候接触者本人也可能会因为种种原因而没能充分抓住和利用直接接触的机会,这些情况下,直接接触就成了不可能(Crisp et al.,2009)。

相比同样作为间接群际接触类型的扩展接触来讲,想象接触的优势何在呢?我们认为,想象接触的特殊适用条件是扩展接触所不具备的。比如,扩展接触认为,如果内群体成员得知另一内群体成员与外群体成员存在友谊关系可以减少对外群体的偏见,但在这里有一个隐含的前提条件,即内外群体成员之间首先得存在着一定的友谊关系,而且,这种友谊关系必须得让其他内群体成员感知。可以说,扩展接触在突破直接的以"机会"为核心的接触方面有所进展,但是想象接触认为,扩展接触显然做得还不够完善,有些时候也仍然不能摆脱现实群际状况所抛给的难题。比如,有很多情况下,群际之间可能是高度隔离的状态,或者结怨很深、歧视很严重,群际间并未友谊关系存在,或者内群体成员根本不知道自己的朋友圈内有人与外群体成员存在友谊关系。

因此,某种程度上来讲,扩展接触还是受到一定条件限制的。虽然,扩展接触作为间接接触的一个新视角打破了直接接触的"奥尔波特神话",让更多的人知道,直接接触经验并非是群际关系改善的必要条件,而且直接接触自身也存在难以克服的弱点。想象接触的提出进一步拓展了间接群际接触的心理边界,认为个体想象与某个或者某些外群体成员的社会互动也能够对群际关系改善起到积极效果,想象接触为未来的直接接触提供了良好的准备,可以增强未来直接接触的实际效果。

二、想象接触理论的理论基础

心理想象能力是人类具有的一种重要能力,也是心理学领域所热衷的研究主题。但是这种能力是否能够被利用并用以改善群际关系,似乎是一件令人充满怀疑的事情。人们真的可以借助想象能力来改善现实生活中的冲突、紧张或者充满偏见的群体关系吗?想象接触假说提出来的时候,很多研究者都认为,那些在实验室里进行操纵的想象技术似乎对根深蒂固的偏见改善并无实际意义,作用也是微乎其微(Lee & Jussim,2010),而且认为将心理想象作为改善现实群际关系的策略也是草率的,是不够理智的。

面对诸多批评和质疑,提出想象接触假说的研究者们仍然认为,相比直接接触,人们似乎很难认可,想象接触同样可以改善群际关系,从某种程度上讲,以上发生的种种怀疑都是可以理解的,因为直接的群际接触是现实情境中发生的,是面对面进行的,是看得见、摸得着的,但是通过心理想象改善群际关系这一观点看起来更加虚无缥缈,想象接触本身存在虚拟性,无法得到有效的探查。但是研究者们也进一步强调,人们应该认识到,从某种程度上来讲,想象接触有其自身的优点,它比直接接触更具灵活性、创造性,尤其是就其发挥作用的核心认知过程进行心理模拟(Crisp et al.,2012)。心理模拟不但是一种认知系统中的关键要素,也能够彰显出社会推断、自我规范、计划与目标追寻等认知与情感特征,心理想象是可以作为一种重要的心理工具来促进行为转变的。

首先,来看一下心理模拟中的社会推论特征。社会认知领域中心理想象具有非常重要的功能,比如,当我们知觉另一个人的行为时,相关的行为表征会在某种程度上被激活,使得我们能够对行为的感知与既有的表征相匹配,进而能够知晓对方行为具体表达的含义(Perston et al.,2002)。同样,这种心理想象能力也使得我们能够推断他人的心理状态,比如可以知晓他人的意图、情感以及信念等。这也就充分表明,心理想象是用于组织和演练社会互动的关键认知过程,心理想象能力使得共享自我与他人之间的表征成为可能。

其次,关注心理模拟中的自我规范特点。如果说心理模拟中的社会推论特征是让我们更加清楚地了解和推断他人的心理状态,那么,在心理模拟过程中还有另外一个与此同时发生的过程,那就是想象个体对自身心理状态的关注和调整,因此,在心理模拟过程中发生的对自身态度与行为的自我觉察被称之为自我规范过程。用心理模拟以实现认知和自我评价等自我规范过程的关键点就是反事实推理,这是一种思考以往行为存在多种可能性的能力,这种能力也对情感、判断以及行为等具有重要的影响作用(Galinsky & Moskowitz,2000)。换句通俗的话来讲,对人际互动的心理模拟过程中,个体必须回到个体以往的观念、态度和行为等历史经历中去思考并询问自己,顺利的与外群体交往是可以进行的,为什么我以前总是对外群体存有那么多不良预期和行为反应呢?另外,一旦当参与者发现通过心理模拟可以促进自己面对现实有更多更好的可能性选择时,就会积极进行自我的改进,使得个体能够为将来更好的行动做出计划,因此,从这个意义上讲,心理模拟不仅可以更好地感知他人,也可以更好地维持自我的调整。

最后,心理模拟中具有目标追寻的特点。心理模拟的第三个功能是保证人们能够好地选择、演练、准备和计划以目标为导向的行为。心理模拟可以帮助我们更深入地知晓人们是如何想象行为相关的场景,进而引发现实行为的积极变化。比如,研究者把被试分成了两组,一组被试想象为什么学习是有趣的,可以想象学习是可以学到新东西、得到好成绩、提升自信等;另一组被试则想象使学习变得有趣的行为,可以想象创造一个舒适的学习氛围、与朋友们一起学习或者奖赏自己。结果发现,想象学习行为的这组被试比想象学习原因的这组被试,表现出了更多有效且具有建设性的学习行为(Ratcliff,1999),这充分说明,单纯对积极行为的想象可以促进人们对目标行为的追求和保持,而不一定非得理解行为背后的原因并借此保持行为的发生。因此,从这个意义上讲,心理模拟是一种重要的心理机制,有利于我们对自身行为的控制,自我控制和调整将来可能发生的行为。

鉴于以上对心理模拟或者心理想象能力所体现出来的对他人心理状态的推断、对自我行为的调整和规范以及对目标行为的计划与追求等特点,想象接触的研究者们相信,在群际关系领域,尤其是在社会偏见的改善过程中,想象接触仍然可以发挥其独特的积极作用。当一个内群体成员在心理模拟(或者在心理想象)与外群体某些或者某个成员进行友好互动并与之建立友谊关系时,就可以对外群体成员的心理状态进行积极的推断和表征,可以反思和改进自身以往与外群体的消极交往行为,可以促使自己选择、演练与外群体成员的积极交往行为,这一系列的心理模拟或者说心理想象为改善群体态度奠定了良好的基础,并进一步使得减少对外群体的消极偏见成为可能。

当然,在肯定想象接触效应的前提下,也需要对想象接触假说并没有阐述清楚的几个问题做出几点批评性反思。

其一,虽然想象接触能够进一步扩展群际接触的边界,使得群际接触在个体的想象中得以展开,而且不需要内外群体之间存在必需的友谊关系,不需要内群体成员知晓这种友谊关系的存在,只需要个体在想象中让积极地互动得以开展并建立起初步的虚拟的友谊关系,但其中往往被忽视的一点是,当想象接触的对象是个体完全不熟悉、不了解的,个体如何在想象中开展与陌生外群体成员的想象互动呢? 如何得以有效地建立起群际互动的心理行为脚本呢? 这对于想象者来讲似乎是一个难题,因为他/她根本不知道如何与一个完全不了解的、陌生的外群体成员展开较为顺畅的互动。

其二,尽管真正的群体间接触可能非常罕见,想象接触使得群际互动在脑海中成为可能,但是也需要警醒的是,想象接触让个体在想象与外群体成员接触时,不但激活了接触情境中做好行为准备的想法,事实上,启动外群体的同时也激活了对外群体的刻板印象,激活了外群体相关的消极概念,例如,性少数群体者的启动伴随着与对性少数群体者污名的启动,对自闭症群体的激活,也伴随着对自闭症群体危害性行为的启动。

其三,想象接触作为一种个体心理层面上展开的群际互动想象,其实并没有充分考虑到真实接触中的行为倾向是受到很多因素影响的,尤其是群体情境因素的影响,比如其他同伴对于外群体接触的看法和支持程度,或者内群体成员对与外群体成员进行接触的诸多讨论性意见,还有想象个体本身对想象接触过程的自我卷入程度等,都可能会影响未来真实发生的群际互动效果。所以,这些因素还是需要进一步考虑到的。

三、想象接触的范式与过程机制

以上更多的是阐述了心理想象接触作为一种间接群际接触

形式如何可能发挥作用的理论观点,但是围绕想象接触的主题,研究者们更多的还是感兴趣于去采用实证的方式探讨想象接触的积极效应是否真的存在,并试图通过大量的研究揭示想象接触什么时候、怎样以及为什么能够减少偏见、改善群际态度等,目的是勾勒出更加清晰的想象接触的过程机制。

1. 想象接触的经典实验范式:想象—控制实验范式

想象接触的经典想象实验操纵主要是这样展开的:"希望你用一分钟时间想象你自己第一次遇到一个来自外群体的陌生成员,想象一下你们之间的互动是积极的、放松的、让人舒服的"(Crisp et al. ,2012)。研究者进一步指出,想象接触的积极效应之所以出现,是因为经典的实验操纵包含两个部分:心理模拟与积极的互动氛围。具体来讲,要引导参与者在脑海里模拟做出与外群体成员的互动,而且这种互动的过程必须是积极的、顺畅的。心理模拟之所以能够引发积极的群际效果,是因为它可以帮助个体在脑海里建立与外群体成员的互动脚本。加入对照组的实验也进一步发现,如果让个体仅仅想象外群体成员,而不是想象与外群体成员的积极互动,根本无法有效改善对外群体的态度(Tuerner et al. ,2007)。而积极的互动氛围也是非常重要的,想象中的积极互动表明群际接触质量较高,研究发现,想象与外群体成员中立性的接触对改善群际关系的效果不如想象积极接触的效果更显著(West et al. ,2011),从某种意义上来看,想象中与外群体的积极互动也是对想象者的约束、规范或者自我调整,这是想象中的一种目标行为,进而可以促进想象者反思以往行为观念,并做出新的行为计划和改变。

为了更好地了解想象接触的积极效应,实验范式还包含另外一种控制实验操纵。通常情况是让个体想象一个令人愉悦的风景(主要是与想象操纵中的积极互动特点相一致),但是不涉及外群体成员,比如"请花一分钟想象一下窗外的风景,尽量想象风景的具体方面,比如一片海滩旁边有一片森林,有很多树木、有群山,想象在地平线上有什么……"(Crisp et al.,2012)。当然,这并不是唯一可用的控制性操纵范式,很多时候,为了与想象接触的过程更加具有对应性,控制性操纵也是基于群际互动的想象展开的,只不过想象中的对象并非是外群体成员,而是其他人。比如对控制组的实验操纵是这样展开的,"希望你花费一分钟时间想象你自己第一次遇到了一个陌生人,你们之间的互动是积极的、放松的、让人舒适的"(Stathi et al.,2008)。这里并没有特意指出,想象中遇到的陌生人是来自哪个群体,而是模糊掉了想象对象的群体身份,是一种更为广泛意义上的一般人际互动,通过这种想象控制,即想象接触发生在个体与相关群体成员—无群体身份成员之间的互动,进而比较想象接触的积极效应。

综合分析发现,想象接触的时间长短、想象是否被要求复现对想象接触积极效应的影响不存在明显差异。基本上所有的想象过程都要控制时间,大多数为一分钟想象时间(也有部分研究采用想象2分钟/5分钟),这样是为了避免想象时间过长可能会导致想象者的疲劳,也可能会导致想象者分散注意力,想象其他与群际接触无关的事情,从而减弱了想象接触的积极效应。另外,为了增强想象接触的指导性和有效性作用,想象结束后,通常要求参与者简略写下自己想象中的互动内容,这样做是为了检验操纵变量的有效性,以保证参与者真正根据指导语参与并展开符合要求的想象接触过程(Crisp et al.,2012)。

通过介绍想象接触的经典实验范式,可以发现,为了更好地验证想象接触的积极效果,通常是采用一个对照组加以控制,这种实验范式我们称之为:想象—控制实验范式。后续的很多研究都是基于这种范式展开,在保证心理模拟与积极互动两个关键成分的基础上,也对想象接触的操纵进行了更多的改进,比如可以让参与者想象的内容更加具体和精细、想象过程更加流畅等,这些对实验范式的改进也进一步增强了想象接触不同方面的积极效果,成为影响想象接触效应的重要调节变量。

2. 想象接触的调节心理机制

总体来看,想象接触的调节变量可以分成两类:任务聚焦与知觉者聚焦。其中,任务聚焦的因素主要包括精细化、典型性等;知觉者聚焦的因素主要包括先前交往经验、群体地位、群体认同等。不同的变量因素影响着想象接触效应的实际效果(Crisp et al.,2012)。

任务聚焦的调节变量主要指的是基于想象接触任务本身的一些调整或者变化,这些任务的变化会导致想象接触效果的差异。第一,想象任务的精细化会导致想象接触效果的优劣。之前曾经介绍过,想象接触任务的经典操纵范式是非常简单的,多数以两三句话作为指导,并不引导或者涉及参与者即将要想象的具体内容,但后期的研究者对这一简单任务范式进行了不同精细化程度的操纵,比如让参与者花一分钟想象自己遇到了来自外群体的一个陌生成员,并要求参与者想象自己在具体的什么时间、什么地点与对方进行了互动交谈,并想象在交谈过程中发现了对方身上很多有趣且出人意料的事情(Husnu et al.,2010)。相比简单的想象接触任务,这种类似于“规定式”的想象任务,使得参与者更加详细的想象接触过程,进而使得参与者获得了更加精细化的、生动的交往行为脚本,从而更进一步增进了参与者与外群体的接触意向(Husnu et al.,2011)。通过一系列实验指出,生动的想象接触情景是非常重要和关键的,想象的越精细,越能够接近真实的效果。目前的研究还发现,想象方式也非常重要,比如,在想象接触过程中是否闭眼对想象接触结果产生影响,闭眼的参与者对想象过程更加生动性,并增强了想象的卷入性,想象接触的效果更加积极(Husnu et al.,2011)。

随着研究的不断发展,基于想象接触任务的范式也不断在创新。比如,有的研究者对想象接触的任务中加入了一些视觉信息的启动。研究者在一系列的设计中,通过想象接触范式研究了群体间身体接触对群体态度的影响,主要做法是,引导参与者根据图片信息来塑造心理形象并进行想象接触。在研究 1中,参与者分别看到白手触摸黑手的图片(即群际身体接触条件)或室外场景图片(即控制条件),并被要求参与者想象是触摸者或自己是室外场景的观看者。结果表明,与控制条件相比,群际身体接触减少了群际偏见。在研究 2 中,将群际身体接触条件与参与者看到一只白手触摸另一只白手[即群体内身体接触],并想象自己为触摸者。结果发现,与群体内身体接触相比,群际身体接触条件下的参与者表现出群际偏见的显著降低。研究 3 进一步表明,要求参与者仅看到白手触摸黑手的图片,而没有想象自己是触摸者,并不能有效地减少内隐偏见(Shamloo,Carnaghi,Piccoli,Grassi,& Bianchi,2018)。

第二,研究者还进一步探讨了精细化想象接触与身体接触共同对群际偏见的改善效果。这项研究的创新之处在于,其一,实验设计采用了三种条件(想象接触 + 身体接触、无任务干预 +

身体接触、身体接触＋身体接触),且每一种条件下的干预都分成两个阶段,每一组被试在接受第一次干预之后都要经过一周时间再进行第二次干预;其二,想象接触任务与身体接触都是以团建活动的形式展开的,尤其是想象接触任务的操纵更是不同以往,明确让参与者想象与外群体之间进行一项团建活动的互动过程,使得想象任务更加明确,有效避免了想象任务不容易控制内容以及想象个体不会想象的不足。通过实验,结果发现,第一阶段接受精细想象接触第二阶段接受身体真实接触互动的参与者对外群体的偏见显著减少,而其他两组接触过身体接触干预的参与者并没有表现出群际态度的改善(Choma,Charlesford,& Hodson,2018)。当然,这一研究不但再次验证了精细想象接触的积极价值,同时也进一步说明,想象接触可以作为直接接触的"先行者",通过想象接触可以为真实接触提供更好的心理准备,从而使得真实的接触并不显得突兀,也不容易让参与者感到无所适从。

第三,想象互动过程中的合作互动对一般想象接触对群体态度的改善更为显著,研究发现,将合作纳入想象任务会优于先前研究中使用的标准想象接触场景,通过要求参与者想象一个中立的、积极的、与外群体成员合作的三种互动情境,想象与外群体成员合作的参与者对外群体表现出了更多的移情和信任,减少了偏见和群际焦虑(Kuchenbrandt,Eyssel,& Seidel,2013)。

第四,采用何种视角来进行想象由此产生的效果也不尽相同。利比等(2011)的研究发现,采用第三人称的视角来进行事件想象可以让参与者使用更加抽象的表述,比如我是一个平等主义支持者,这种表述是更宽泛意义上观点表达;而采用第一人称想象则会让参与者使用更加具体化的表述,更加聚焦在具体情境中的情感体验,更为重要的是,相比第一人称视角的想象,第三人称视角的想象取得的态度改善效果更佳。

第五,想象任务中如何突出外群体成员的典型性进而促进对整个外群体态度的改善也是备受关注的。也就是说,想象接触过程中的外群体成员必须具备外群体的典型身份特征,这对于态度改善效果泛化至整个外群体具有重要的作用。为了突出想象接触中外群体成员的身份,史特西等人(2011)对想象接触任务进行了相应改进,结果发现,态度改善的泛化效应更多出现在了想象与典型外群体成员进行接触的这一组参与者中,换句话说,想象接触中外群体成员的典型性促进了对外群体态度改善的积极泛化,其中主要的原因在于这种外群体成员典型性的感知提高了接触效能感,进而提高了与整个外群体接触的意愿。但是,这一研究结论也得到了进一步扩展,耶特基利等人研究认为,想象与非典型的外群体成员进行接触同样可以改善参与者对外群体的态度,当然,这种积极效应的产生是有条件的,即想象接触中的非典型外群体成员是不遵守其所在群体规范的,研究者认为这种积极效应的产生是因为不遵守其所在群体规范的外群体成员产生了较少的群际威胁,并强化了对方群体的规则(Yetkili,Abrams,Travaglino,& Giner-Sorolla,2018)。

知觉者聚焦的调节变量主要是指以知觉者本人的特征与经验为核心的因素,这些因素的差异对想象接触效应的不一致产生影响。比如,想象者的先前接触经历会提升想象接触后参与真实接触的意向(Husnu et al.,2010),群体地位低的、群体规模小的群体成员想象接触后,其对群体地位高、群体规模大的群体态度改善效果并不理想(Stathi et al.,2008),研究者认为群体地位较低的成员对群际接触存有更多的焦虑体验(Plant & Devine,

2003），也有人指出，小群体有着更高的群体认同，这种内群认同主要是用以来抵御因群体地位低下而可能带来的威胁，由此对外群体有着更多的负性态度、更具攻击性的情感反应、更不愿意接纳减少偏见的干预（Ellemers，Spears，& Doosje，2002）。可见，认同威胁感是阻碍想象接触效应的重要因素，那些对内群体认同程度较低的个体想象接触后对外群体产生了更积极的态度改善，而且通过操纵小群体成员的群体认同程度也可以进一步证实，在想象接触干预之前让参与者以个体自我的方式思考而非以群体自我的视角思考可以控制其内群体认同感，进而可以提升想象接触的积极效应（Stathi et al.，2008）。

　　内群体成员对外群体的不同偏见水平对想象接触的效果也存在差异，对外群体存在高水平偏见的个体想象接触后态度改善效果更加明显（West et al.，2015）。当初始群际偏见较高时，想象接触更有效（West，Hotchin，& Wood，2017）。虽然想象接触对高偏见个体更有效，但仍然不清楚的是，什么时候、为什么想象接触对不同偏见个体的效果会产生差异性影响？是否可能因为高低偏见者以不同的方式进行想象接触？或者是想象接触的内容不同？或者是高低偏见者的想象获益不同？另外，高低偏见水平是否与其他因素发生相互作用，比如群体认同水平，当内群体认同水平较高时，高低偏见水平的个体在接受想象接触后是否会存在改善效果的差异呢？换句话说，当内群体认同水平较低时，想象接触对高低偏见水平的个体有效性才有可能发生这种差异性。

　　随着研究的不断深入，进一步发现，参与者自我调控聚焦的不同会在想象接触的积极效应中起到重要的调节作用（West & Greenland，2016）。调控聚焦理论认为，有两个独立分明的自我调控系统:防范聚焦与促进聚焦,通常来讲,防范聚焦主要体现为避免不理想后果出现的动机,这往往体现为谨小慎微、防备预防,如果这种聚焦模式被采用,个体就倾向于产生一些与不良后果相关的焦虑为主的情绪;相反,促进聚焦主要包含了一种实现目标的动机,采用促进聚焦的个体往往会更具坚持性、热情。直接接触的研究已经发现,聚焦模式的不同对直接接触效应具有一定的影响,防范聚焦的个体会引发焦虑,进而削弱直接接触的积极后果。研究者做了两个实验,实验一的参与者为英国中学生,目标外群体是亚洲人,实验二的参与者为英国成年人,目标外群体是男性性少数群体,两个实验分别采用了不同的方式来测量和操纵参与者的聚焦模式,结果均发现,防范聚焦改变了想象接触的积极效果,导致干预的结果适得其反。研究者解释认为,防范聚焦与认知损耗模型是一致的,防范聚焦使得认知资源得到了损耗,增加了想象接触的不舒适感,让想象接触的互动看起来似乎更加难以完成,更难实现,也更加不愉快。所以,防范聚焦直接影响了想象接触与焦虑的关系,防范聚焦水平越高,接触焦虑越高,从而间接影响了群际态度的改善。当然,这项研究也给予未来的想象接触研究更多的思考,比如,想象接触任务操纵时,我们如何来引导参与者关注想象任务的不同方面,这很可能会对想象接触效果产生不同的影响。以往研究更加强调引导参与者聚焦接触互动的过程,让参与者更多想象互动中的事情,但并不关注互动结果的产生,比如是否会通过接触产生不同程度的友谊,也不关注引导参与者在想象过程中的参与程度变化,现在看来,这些因素都需要得到未来研究的重视。

　　总体来看,想象接触的调节机制研究主要考虑到了想象任务为主、想象主体为主的不同因素,当然也考虑到了想象任务的难度、性质等不同的特点,但是想象接触效果的调节变量绝不仅限于此。首先,想象接触任务中相对忽视了探讨想象接触外原来群际关系的情境因素对想象接触效果的影响,比如不同群体交往规则、群体之间不同的冲突性质和严重程度或者是群际和解的前景与可能性、群际之间资源的不平等性等。研究已经发现,想象接触作为一种互动过程,不但要聚焦想象任务、想象主体、想象情境,也同样需要考虑到想象中外群体的特征,比如考虑想象互动中外群体成员的身份特征、外群体的威胁性、外群体对群际接触的支持程度等,这也为以后的研究提供了更多可能的空间。

3. 想象接触的中介心理机制

想象接触积极效应的产生仍然离开不认知与情感两条路径的作用,情感机制的因素主要有焦虑与信任;认知机制涉及的因素主要是想象脚本。

群际交往时产生的焦虑是一种阻碍互动的主要情感因素,这种焦虑往往会在以下情况产生,比如对外群体缺乏交往经历,或者担心被外群体成员拒绝,或者对外群体成员存有恐惧(比如,对于自闭症、精神分裂症、艾滋病等一些特殊的外群体,内群体成员就存在一定的恐惧感),群际接触焦虑的产生会导致个体回避与对方交往。因此,焦虑的减少是想象接触,严格说是整个群际接触(包含直接接触与间接群际接触)的重要情感中介变量。更重要的是,研究者发现,想象接触干预中积极氛围这一关键点的彰显最能够对焦虑的减少发挥作用(Stathi et al. ,2008)。如果在想象接触时并没有对被试强调让其想象的与外群体的接触过程是积极的、顺利和令人舒适的,那么参与者对外群体的焦虑感不减反增(West et al,2011),主要原因在于个体在想象过程中并没有获取到减少群际焦虑的有效信息,更多还是受到之前对外群体消极刻板印象的影响。另一个情感因素即外群体信任,主要指的是内群体产生一种积极期望,是关于外群体对内群体意向与行为的积极期望(Lewicki, McAllister, & Bies, 1998)。这种解释感觉有些绕,换句简单的话讲就是,内群体对外群体怀有一种美好的期望,认为外群体对自身的意向和行为都是友善积极的。可想而知,如果内群体成员感知到外群体是可以被信任的,那么他们就更愿意与外群体接触,这种对外群体的信任可以带来有利于群际关系质量提升的重要价值。

想象接触效应中的认知路径是如何发挥作用的呢?研究发现,想象接触后形成且存在于记忆中的行为脚本是想象接触产生积极效果的重要认知因素,而行为脚本实质上就是一种认知表征,而这种行为脚本会影响个体与外群体的交往期望、意向等,也能够影响真实接触时的行为表现(Husnu et al. ,2010; Crisp et al. ,2012)。有的研究者进一步解释道,想象接触减少了群际焦虑,同时,想象中的意象提供了形成认知基础的行为脚本,焦虑减少与想象中行为的认知模板,共同影响了未来参与直接群际互动的意图(Crispa et al. ,2010)。

相比想象接触效应调节机制的诸多研究成果,想象接触效应的中介机制研究显然不够丰富,目前更多涉及仅有的几个变量;而且,从情感与认知中介来看,关于认知过程的探讨显得不够深入和全面。再者,少有研究探讨想象接触过程中认知与情感机制的相互作用,不清楚认知与情感机制相比,哪种机制的作用在想象接触效应中发挥了更重要的作用,关于这些问题,都需要以后研究继续深入探讨。

4.想象接触产生的积极后果

首先,想象接触改善了内群体对外群体的态度。诸多研究发现,参与积极想象接触的个体对外群体(如老年人、性少数群体者)有了更积极的评价倾向,以及更加多样性的认知(Turner et al.,2007)等。想象接触也能够促进社会对精神分裂病人(West et al.,2011)等的外显态度评价。当然,想象接触也可以改善对外群体的内隐偏见。相比外显偏见更多是个体自我报告的测评方式,比较容易受到社会赞许性等因素的影响,也更容易让参与者猜测实验的目的,进而表现出实验所期望的结果;内隐偏见则是一种内在的、自动性的、不容易被个体意识到的非言语性的偏见,这种偏见的存在也会深刻影响到群际关系的质量,阻碍群际态度的改善。研究者发现,采用内隐联想测验 IAT 的测量,想象接触能够改善对老年人等群体的内隐偏见(Turner et al.,2011),从而进一步为未来面对面的群际接触提供更大的可能性。

其次,想象接触可以提升交往自我效能,交往自我效能是指个体对自己与外群体成员交往的能力感到自信的水平(Stathi et al.,2011)。研究发现,通过想象与外群体的互动过程增加了个体的交往经验,提升了个体处理群际接触情境中各种状况的能力和信心,比如可以增强个体与外群体接触时的交谈自信、寻找共同话题的自信等。当然,这只能说明,想象接触增强了个体与外群体交往的能力自信水平,但这并不代表,个体接受了想象接触之后就会自发地、自愿地、积极地寻求与群体的接触机会,并提高与外群体交往的真实意愿,而行为意愿的显著提升才是改善群际关系的重要因素。

因此,想象接触也增强了内外群体之间的互动参与,增加了个体与外群体未来的行为接触意向(Husnu et al.,2010),改善了与外群体的行为趋避倾向(Turner et al.,2010)。行为趋避倾向能够反映出个体是否对于外群体接触的看法更具包容性和开放性,想象接触可以促进参与者对外群体的行为趋近,减少对外群体的回避,而且这种过程是此消彼长、同时发生的过程,也就是说,想象接触不但可以增强参与者对外群体的积极交往期望,也能够减少与外群体交往的负性期望(Crisp et al.,2009)。更有意思的是,个体可能会很容易表现出礼貌或者友好的"大行为",但是个体很难掩饰交往时的焦虑、不自在、厌恶等情绪,并通过一些细小的非言语行为表现出来。特纳等人(2012)的研究发现,想象接触可以改善个体对外群体的非言语行为。这个研究设计得非常巧妙,首先,将参与者随机分成想象接触组与控制组,想象组的被试想象自己遇见了一个肥胖的人并且相处得很愉快,控制组的被试想象自己遇到了一个陌生人且互动愉快。接下来,研究者会让想象组的参与者(独自一个人)进入一个事先准备好的房间,并告知他:"一会儿你将与一个胖子讨论一下当今社会人们对胖子的看法,人们是如何看待胖子的,我现在就出去告知那个胖子让他进来,你留下来从墙角的椅子中搬出两把放在房间中间,布置一下你们等会儿交谈时的位置和场景。"然后,研究者离开房间。所有的被试均需要完成椅子的摆放位置,因变量便是被试摆放的自己与胖子椅子之间的距离远近。结果发现,相比控制组的被试而言,想象接触组的被试摆放的两把椅子之间的距离要更近,从一定程度上反映出,想象接触对改善真实非言语行为,或者说是真实接触行为的有效性。

总体来讲,想象接触对行为意向的影响作用要明显优于对群际态度的改善(Miles et al. ,2014)。想象接触强调的核心是"想象的行为引发真实行为的可能性更大",也就是说,如果让想象接触发挥更大行为改变,更应该的是通过想象接触操纵个体去想象与该群体互动的行为过程,想象积极的互动行为应该如何实施,而非是让个体想象为什么与外群体接触,也不是想象与外群体互动会带来哪些益处,这是尤其值得注意的一点。

四、对以往想象接触研究的总结性评论

对直接接触假说半个多世纪的研究进行元分析,可以看作是群际接触理论的一个节点或者转折点,那么,对近70项国外的想象接触研究进行的元分析则是一个阶段性的总结,这项工作就是一个承前启后、继往开来的工作,它认真总结了以往以想象接触为主题的研究,也打开了后续深入研究的思路。经过十几年的研究,想象接触的成果比较丰富,研究者们围绕着想象接触的积极效应以及为何产生积极效应的心理机制等核心问题进行了探讨,使我们对想象接触有了更深刻、更全面的了解。同时,也能够清楚地知晓想象接触研究需要继续完善和发展的地方(Miles et al. ,2014)。

国外学界以想象接触为主题的研究较为丰富,缘起于国外的一个学术假说,不但得到了充分的理论基础探讨,也得到了更多经验性的验证。大量的研究逐渐丰富和完善着想象接触理论假说,有更多的创新性的研究出现。从研究对象上来看,群体的类型逐渐多样。从研究的重点来看,多集中在想象接触效应的过程机制以及影响因素方面。从研究的应用来看,实践性的应用还较为欠缺。

国内想象接触研究始于2013年,至今已经有50余篇研究

论文,主要做了两方面的工作。其一是国外研究的引入与综述。目前在心理科学进展、心理科学两个专业核心杂志上发表了两篇综评类文章,分别对想象接触的理论依据、实验研究、实践需要以及作用机制等方面进行了较为全面的述评,对国内相关研究具有一定的引领作用(于海涛等,2013;尧丽等,2016)。其二是借鉴想象接触的研究思路在本土环境中进行的实验性研究,大部分涉及此主题的研究都是硕士论文,涉及的目标外群体主要包括性少数群体、自闭症群体、少数民族群体、农民工群体等,无论是对于中介变量、调节变量还是结果考察,都不是很丰富。因此,在我国,想象接触还是比较年轻的一个研究主题,仍需要从不同的方面加深和完善自身的理论及其相关研究。

1. 想象接触机制的继续完善

从想象接触的事件或行为性质(向量的方向)来看,基本上所有的研究都在探讨想象中的积极性质的互动过程所产生的积极群体效应,少有人探讨想象中的消极互动所产生的影响。按照积极想象效应产生的逻辑来看,想象消极的群际互动很可能会加深群际偏见,对群际关系质量起到消极的阻碍作用。作为研究者来讲,这一类研究应该是有悖于伦理道德的,也是不被社会所提倡的。

当然,这并不妨碍我们探讨想象内容的性质,也就是集中在想象互动中外群体成员展现出来的品质差异性对群体态度改善效果的具体影响作用。比如,同样是想象中的积极群际互动,但是从互动过程中体现出了外群体成员的能力、道德、性格等不同的特点,且能够被内群体成员所感知到,那么,三种不同特质的展现会对态度改善效果起到不同的积极效果吗?

2. 想象接触效果的综合性探讨

想象接触的效果一直是被讨论的,尤其是其效果的综合性与长期稳定性是被很多学者所质疑的,普遍认为,作为一种间接群际接触方式,其起到的积极效果是不稳定的。因此,在提高效果稳定性方面,还需要从多个层面上去探讨,比如想象接触跨群体、跨时间的长久效应是否存在,比如综合使用多种接触方式,其中包括想象接触与直接接触的结合,也包括不同间接接触方式的综合,比如扩展接触与想象接触、替代性接触与想象接触等,以期让群际接触的积极效应最大化、稳定化。

同时,我们也认为,有一点往往会被忽视的,就是偏见是如何建构以及偏见的具体内容问题,或者说内群体对外群体的态度到底是怎样的? 这是一个非常重要的问题。因为,只有知晓这些问题,我们才可以在干预中更具有针对性,在想象接触过程中更突出解决那些导致态度发生改变的内容,选择那些能够改善偏见的具体事件,才能更好地发挥积极作用。

3. 想象接触的实际运用

自从想象接触研究兴起以来十几年的时间内,研究者们都致力于在学术层面上进行探讨,但是在社会实际生活中的运用却非常少,这是一个遗憾。想象接触如果只停留在实验室水平上便失去了其真正的价值。研究已经发现,相比成年群体,想象接触对年幼儿童的影响更大,改善态度与减少偏见的效果更加明显,因为年幼儿童的学习方式有着更加开放的特点,年幼儿童作为想象主体其积极性要更高,这些研究结论为在现实层面上进行相应的群际偏见干预具有重要的指导作用(Miles et al.,2014)。但是,现实中如何对儿童群体展开相应的想象接触干预是非常关键的。有的研究发现,想象接触只能够改善针对想象对象的行为意向,但是这种积极效果却不能从想象对象泛化到其所在的外群体,即使在参与者接受想象接触干预之前,通过幻灯片或者相关的语音介绍,来提供更多的关于外群体成员的相关描述信息或者是关于外群体成员的综合信息介绍,也都不能对参与者改善态度起到明显的促进作用(Fleva,2015)。所以,今后的研究应该更加重视想象接触干预的社会应用性和扩展性,尤其是需要在社会某些组织中、学校群体中真正去运用,得以改善对外群体的态度,促进群际关系的和谐。

第二节
想象接触的内容改善内隐偏见

想象接触通常是文字材料的形式,引导个体想象一个与外群体成员进行愉快人际交往的情境过程(Turner et al.,2010),由此产生的积极心理效应还可以通过不同的干预得到进一步的加强,比如让个体想象与外群体成员接触情境的更多细节,包括接触的时间、地点、发生的事件、对话的过程以及个体的感受等,个体越能够精细化地想象群际交往情景,群际偏见的改善越明显,想象情景的生动性影响想象接触效果的大小(于海涛,杨金花,张雁军,2013),能增强其直接接触外群体成员的意图(Husnu et al.,2010)。

基于上述分析,进而发现:其一,想象接触的经典操作范式多采用文字或者图片为主引导个体进行接触情境的想象,那么,以听觉材料(即通过语音故事)引导个体展开接触情境的想象是否同样能够产生积极的效应？其二，虽然采用普通人际交往情境,让个体想象一种积极的、顺利的、愉快的交谈情境对改善个体的群体偏见是有效的,但如果对想象情境中人物互动的内容性质进行更细化的分类,不同互动接触的内容是否会对想象接触的积极效果产生不同的影响作用呢？

研究选择性少数群体为目标群体(即外群体),通过听觉材料引导大学生展开积极互动情境的想象,探究想象接触情境中不同的人际互动内容(即被试获得外群体成员帮助的互动/普通的积极人际互动)对想象接触改善性少数群体者内隐偏见影响效果的差异性。

一、研究方法

1.研究对象

非心理学专业在校大学生100名(男27人,女71人),有2名被试性别信息缺失,年龄范围为 19.41 ± 1.04 岁,视力或矫正视力均正常,均报告为异性恋倾向。

2.研究工具

性少数群体者态度量表:采用性少数群体者态度量表测量对性少数群体者的外显态度(姜婷婷,2013)。该量表包含"负性认知""负性情感"和"负性行为"三个成分,共25个题目,具有良好的信度系数,本研究中该问卷的内部一致性系数为0.81。

单类内隐联想测验(SC-IAT):实验中SC-IAT采用的概念词和属性词选用了与性少数群体者相关的词汇11个,属性词采用的是使用频率最多的积极词汇和消极各20个,积极词汇主要包括健康、开朗、阳光等,消极词汇主要包括低劣、恶心、下流、可耻、丑陋、变态等。

3. 实验设计

采用单因素(想象互动内容:普通人际交往/获得帮助)被试间实验设计,因变量为前后两次内隐偏见测量的 D 分数变化量,依据想象接触的具体情境将被试随机分为两组。

4. 实验材料和程序

(1)外显态度的测量。让被试独立完成性少数群体态度量表。

(2)内隐偏见的测量。采用单类内隐联想测验 SC-IAT 记录反应时。测试程序按照概念词和属性词分类由两个阶段组成,具体流程见表 4-1(温芳芳,佐斌,2007)。

表 4-1 性少数群体者内隐偏见的 SC-IAT 程序模式

组块	刺激数	功能	按左键的词	按右键的词	词汇比率
1	24	练习	积极的 + 性少数群体者	消极的	性少数群体者: 积极的:消极的 = 7:7:10
2	72	测验	积极的 + 性少数群体者	消极的	性少数群体者: 积极的:消极的 = 7:7:10
3	24	练习	积极的	消极的 + 性少数群体者	性少数群体者: 积极的:消极的 = 7:10:7
4	72	测验	积极的	消极的 + 性少数群体者	性少数群体者: 积极的:消极的 = 7:10:7

（3）被试进行想象接触。完成音频任务：让被试佩戴耳机，告诉被试认真独自听完音频材料，听音频材料的过程要求被试闭着眼睛进入想象情境。按照实验分组，两组被试分别接收两种不同的音频材料，即展现普通的人际交往情境，语音讲述引导被试想象在健康教育选修课上共同讨论大学生恋爱问题，得知对方是性少数群体中一员，但彼此之间的讨论交往过程非常顺利和愉快。另一组想象的是帮助关系的接触情境，即引导被试想象在健康教育选修课上丢失了学生证，但是被试并不知情，下课回到宿舍后发现丢了学生证，回去寻找时正巧碰到了邻座同学在那里等待被试，并友善地将学生证还给被试，两人一起回宿舍的路途中聊起了课上有趣的恋爱主题，结果被试知道对方是性少数群体者。两种情境的语音材料都努力引导被试想象互动都是愉快的、顺利的、细节丰富的。

（4）内隐偏见的测量。被试再次完成单类内隐联想测验，同第一次 SC-IAT。

5. 数据处理

完成性少数群体者态度量表的被试有 100 名；剔除无效数据 13 份，第一次内隐测验的有效数据为 87 份；在此基础上，另剔除无效数据 6 份，第二次内隐测验的有效数据为 81 份；社会距离的两次测量中，有效数据为 96 份。

二、结果呈现

1. 对性少数群体者的外显态度与内隐偏见

被试在认知、情绪、行为三个分量表上的描述性统计值见表 4 - 2。

从表 4 - 2 可以看出,被试在外显量表中的总均分以及各分量表的平均值,被试的外显偏见得分均值为 3.40,处于 5 点量表值区间中趋于无偏见的中段,说明被试对性少数群体者的态度是中性的。内隐偏见的相容反应时、不相容反应时以及 SC-IAT 内隐效应 D 值,见表 4 - 3。

表 4 - 2　外显态度的描述性统计结果(N = 87)

	量表总分	负性认知	负性情绪	负性行为
M	3.40	3.59	3.37	3.93
SD	0.32	0.70	0.35	0.64

从表 4 - 3 可以得出,不相容的平均反应时小于相容的平均反应时,在 SC-IAT 测验中,性少数群体者与消极词汇联系得更紧密一点。本研究的 D 分数小于 0,说明被试对性少数群体者存在着内隐偏见,被试对性少数群体者的内隐态度是消极的。

表 4 - 3　内隐偏见的描述性统计结果(N = 87)

	相容反应时	不相容反应时	D 分数
M	573.75	571.77	- 0.005
SD	89.94	95.73	0.626

　　由此,本研究发现,大学生对性少数群体者的外显态度是中性的,但对性少数群体者的内隐偏见是消极的。大学生对性少数群体者的偏见基本上属于内隐偏见,这就表明了降低内隐偏见的必要性,从而进一步支持了进一步进行干预的现实意义。

　　2. 实验干预对性少数群体者内隐偏见的影响

　　分别对前后两次内隐偏见测量的相容、不相容、总体平均反应时和内隐效应 D 分数进行配对样本 T 检验,结果见表4－4。从表可以看出,实验中内隐偏见前后两次测量中的相容平均反应时、不相容平均反应时、总体平均反应时均存在极其显著的差异。

表4－4　前测和后测内隐偏见配对样本 T 检验的结果

| | 前测(N＝87) | | 后测(N＝81) | | t | P |
	M	SD	M	SD		
相容反应时	577.22	91.39	522.67	75.38	7.51	0.000
不相容反应时	572.66	91.85	535.67	81.89	6.25	0.000
平均反应时	574.45	81.26	529.49	73.06	8.74	0.000
D 分数	－0.02	0.63	0.15	0.53	－2.37	0.020

　　具体来看,相容组的平均反应时减少量(54.55),比不相容组的平均反应时减少量(36.99)更大。在前测中,相容组的平均反应时(577.22),大于不相容的组平均反应时(572.66),说明性少数群体者与消极属性词已经形成了自动化的认知联结,存在内隐偏见。而后测中,相容组的平均反应时(522.67),小于不相容组的平均反应时(535.67),说明想象接触后,被试能够将性少数群体者与积极的词建立起联结,被试对性少数群体者的偏见得到显著的改善。

同时,想象接触干预前后两次测量中,D 分数的变化存在显著的差异。前测中 D 分数的平均值为 -0.02,小于后测中的平均值 0.15,D 分数变大说明实验后被试对性少数群体者的内隐偏见显著降低。通过内隐偏见前后两次测量的比较,发现想象接触后,被试对性少数群体者的内隐偏见得到显著的改善。

为了进一步检验关系性质对性少数群体者内隐偏见的具体影响作用,探究前后两次测量中内隐偏见变化的效果差异,以 D 分数的变化量为因变量,进行独立样本 T 检验见表 4 - 5。

表 4 - 5　不同关系性质对想象接触降低性少数群体者内隐偏见的效果比较

	关系性质	N	M	SD	t	P
D 分数变化	普通	38	0.012	0.57	-2.117	0.037
	帮助	43	0.311	0.68		

从表 4 - 5 可以看出,关系性质可以显著的降低被试对性少数群体者的内隐偏见。关系性质为普通的被试的内隐效应变化量(0.012)小于关系性质为帮助的内隐效应变化量(0.311),且这种变化量是存在显著差异的($t = -2.117, p < 0.05$),这说明想象接触中帮助关系的情境比普通人际互动情境更能够改善对性少数群体者的内隐偏见。

三、讨论

3. 想象接触对性少数群体者的内隐偏见

大学生对性少数群体的内隐态度是存在消极偏见的,这与以往研究的结论是一致的。更有意思的是,以往对性少数群体者外显态度的研究发现,大学生对性少数群体持宽容和接纳的态度(陶林,周红,刘仁刚,2011),对性少数群体的内隐偏见是存在的,表现出消极的、排斥的特点(黄伟东,2008),外显态度与内隐偏见出现了分离现象。这种现象可是获得双重态度理论的支持。也就是说,人们的外显态度会受到社会赞许效应的影响,尤其是在一些社会敏感性态度上,个体会进一步根据社会可接受的态度对自身的行为进行调节(Monteith,1993)。即便存在着对性少数群体者的不良外显态度,个体也会有意识地控制自己的偏见而做出社会认可的反应,而内隐态度则不容易被探查到,因此会表现得更加消极,偏见更为明显。

2. 关系性质对想象接触改善性少数群体者内隐偏见的影响

研究发现,积极的想象接触,不论是普通的人际互动情境想象还是帮助关系的情境,都可以显著改善个体对性少数群体的内隐偏见。不同的关系性质对想象接触改善性少数群体的内隐偏见的效果存在显著差异。想象帮助关系情境的个体相比想象普通关系情境的个体,其对性少数群体的内隐偏见水平显著降低。帮助的关系性质可以增强被试与性少数群体者接触的亲密性,相比普通的人际互动关系,更能够唤醒被试的积极情绪,从而显著的改善对性少数群体者的内隐偏见。个体在与别人交往的过程中建立起来一种人际关系,人际关系的不同也可以看作是交往情境的一部分。在被帮助情境中的被试更倾向于对接触对象产生积极的情感,积极的情感可以改善对外群体的态度,从而减少偏见(Cameron et al.,2011)。想象情境中的帮助关系激发了个体何种类型的积极情绪(是钦佩,感动抑或是其他),目前还缺乏更深入的探究。但不可否认的是,从情感的视角可以进一步解释想象接触降低对外群体内隐偏见的过程机制。

四、结论与现实启示

本研究认为,积极的想象接触能够明显改善对性少数群体的内隐偏见;想象的帮助情境比想象的普通人际情境对改善性少数群体者的内隐偏见具有更加显著的影响;听觉形式的想象接触能够改善对性少数群体者的内隐偏见。

这些结论对我们的社会教育和学校教育具有深刻的启示意义。随着社会发展,心理疾患和精神问题日益突出,精神异常群体成为一个特殊群体备受关注。其中,我们发现日常生活中,公众对精神疾患群体具有消极的认知和偏见,从而导致他们产生了相应的疏远行为,尤其是对于这部分特殊人群更好地融入社会起到了重要的阻碍作用。如何在学校教育中潜移默化地、有效地改善青年学生对特殊群体的内隐偏见是非常重要的一项工作。

我们可以在教育过程中利用积极的想象接触活动,通过想象与这部分群体的积极接触过程和事件,建立起积极的人际关系,从而在一定程度上改善内隐偏见。这种教育活动比较隐秘且间接,可以有效避免学生有意识的排斥和拒绝,也可以减少因为直接接触这部分特殊群体而引发的焦虑情绪。最后,我们需要在教育过程中突破以往研究中直接利用文字故事或图片故事引导学生的教育模式,而采用听觉形式的想象接触干预方式。利用音频故事引导个体进行积极的接触想象同样能够较好地改善对外群体的偏见,为今后进行更广泛的群际偏见干预提供了一个新的途径。

第三节
想象接触的自我卷入度改善交往意愿

并不是所有的内群体成员都可以和外群体成员发生友谊,很多时候,在个体的人际交往网络中不存在或是不能够知觉到外群体朋友(Paluck & Green,2009)。想象接触主要是引导参与者进入想象情景,让参与者想象自己遇到一个外群体成员,并与"他"进行轻松愉快交流,可以作为一种间接接触方式改善群体态度。

基于前面的论述已经发现,影响想象接触效应的因素主要包括:其一,与想象活动本身相关的因素,比如想象情景生动性、知觉流畅性程度较高时想象接触效应更显著(Husnu et al.,2010);想象接触的频次与持续时间可以显著降低本土儿童对移民儿童的偏见(Vezzali,et al.,2011);想象接触的精细程度会影响想象接触效果,精细想象时所形成的接触脚本更精细,更容易被激活和提取,想象情境越精细化,未来交往脚本更加清晰(Husnu et al.,2010)。其二,与想象者特征有关的因素,比如有无接触经历能够影响想象接触效应的实际结果,与外群体成员有过部分接触经历的个体更容易产生接触想象,想象接触的积极效果更好(Husnu et al.,2010);参与者的社会地位(Stathi et al.,2008)、参与者的年龄大小(Vezzaliet al.,2012)、参与者的权威主义人格特点(Asbrock,Gutenbrunner,& Wagner,2013)等因素也能够影响想象接触效应的最终结果。其三,与外群体有关的因素,比如想象接触过程中外群体成员的典型性特征越明显,

越能够增加对外群体群际态度的改善和积极泛化(Stathi et al. ,
2014)。

虽然很多研究都已经探讨了影响想象接触效应的不同因
素,但对想象接触既有研究的元分析后发现,关于想象接触效应
影响因素的研究还不够全面和丰富(Miles et al. ,2014)。尤其
是想象接触作为一种想象中的群际互动过程,想象主体在想象
接触过程中的参与程度以及与外群体成员的情感卷入程度同样
可以影响到想象接触积极效应的实际结果,且已有的相关研究
也为这一问题的探讨提供了可能性基础。

首先,从交往过程的个体参与方面来讲,对交往事件的卷入
程度与态度的改变存在密切关系。研究发现,越是与自身紧密
有关的信息或者活动,个体对此的卷入度就越高,越能够提高自
身的动机去处理某一事件的相关信息,并容易采用精细加工,形
成的态度比较稳定(马向阳,徐富明,吴修良,潘靖,李甜,2012)。
由此可以推断,越是自身参与的事件,个体越容易形成对事件更
加积极和稳定的态度。当然,也有研究者指出,即便是自己不是
参与交往的主体,但如果得知内群体成员与外群体成员之间存
在友谊关系,也可以减少其对外群体的偏见,改善对外群体的态
度,因为积极的内群榜样,即那些与外群体成员具有亲密关系的
内群体成员,他们为群体内的其他成员树立了一种积极正面的
榜样,不但可以使内群体成员认识到与外群体的互动是被群体
所允许的,也可以让个体通过观察内群体成员的行为和态度,可
以知晓在群际互动中应该如何反应和行动(Wright et al. ,
1997)。尤其是当个体获知与自己关系亲密的人(比如朋友和家
人)与外群体成员之间存在朋友关系时,个体对外群体成员的态
度改善效果也更加明显(Tausch et al. ,2011)。以往想象接触多

强调想象者本人作为直接参与者与外群体成员进行互动接触，较少考虑到实际生活中我们也常常会作为"第三者"的身份来观察内群体其他成员与外群体成员进行交往，比如想象自己的朋友与外群体成员进行了交往互动。从这一点来讲，还不清楚想象情境中参与交往的个体是自我还是内群体其他成员会对群际交往意愿产生怎样不同的影响作用。

其次，从想象中的交往结果来讲，情感卷入度是人与人之间建立的情感联系程度。比如，友谊关系的建立就是一种情感卷入类型，也是一种高水平的情感卷入，研究发现，群际接触中群际友谊关系是一种较为理想的接触形式（Pettigrew et al.，1998），群际友谊关系与积极的外群体态度紧密相关联（李森森等，2010），友谊这种人际间产生的紧密情感联结可以改善群际态度（Pettigrew et al.，2006），可以减少群际焦虑（Paolini et al.，2004）。可见，与外群体成员建立何种程度的情感关系也能够影响到群际态度的改善，但这在想象接触效应中还缺乏更加全面和深入的探讨。以往想象接触虽然强调想象情境中内外群体成员的积极互动，却并没有关注和比较内外群体成员间所最终形成的关系程度对想象接触积极效应的具体影响作用。

综上分析，研究将探讨想象接触的参与程度，即想象是以自己还是他人作为参与主体与外群体成员进行交往（其中，这里的"他人"主要是与想象者存在友谊关系的一位内群体成员），以及想象接触情感卷入度，即想象中通过接触互动与外群体成员形成的是友谊关系还是一般关系，对群际交往意愿的具体影响作用。这一研究将继续丰富想象接触效应的影响因素，并进一步为有效开展想象接触的群际干预提供实践依据与指导，促进群际态度的改善。

一、对象与方法

1. 研究对象

采用方便取样,在某大学选取 180 名大学生,被简单随机分到中性想象组以及想象接触组中(即随机分配阅读不同的想象接触材料并进行作答),视力正常,阅读理解能力正常,均报告无与性少数群体接触的经历,也均无该倾向。

根据想象接触之后的检验题剔除问题回答错误(被试对想象过程或者内容混乱或者对想象接触对象的群体身份搞不清楚)以及想象情景内容愉悦程度低于 4 的参与者(根据想象接触的特点和伦理规范,想象接触过程必须是愉悦且顺利的,被试的体验应该是积极的)。结果发现,13 份数据不符合要求,其数据被删除后,最终剩余有效被试 167 人〔男 72 人,女 95 人,平均年龄(20.1±0.9)岁〕。其中,中性想象组 35 人(男 14 人,女 21 人);自己 + 友谊组 31 人(男生 16 人,女生 15 人);自己 + 一般组 33 人(男生 13 人,女生 20 人);他人 + 友谊组 34 人(男生 18 人,女生 16 人);他人 + 一般组 34 人(男生 11 人,女生 23 人)。

2. 实验设计

按照想象接触的经典操作范式,设计一个中性想象组作为参照(请你花一分钟时间想象在学校兴趣社团组织的活动中,你遇到一名陌生同学,你发现了他有很多有趣的事情和特点,你们相处很愉快),其目的在于比较中性想象与想象接触效应的差异。想象接触组则进一步采用 2(接触参与度:自己、他人)×2(情感卷入度:建立友谊、一般关系)的被试间实验设计,以性少数群体为外群体,以异性恋大学生为内群体,形成自己参与 + 友谊关系(请花一分钟时间想象在学校兴趣社团组织的活动中,你遇到一名陌生同学,你了解到他是一名性少数群体者,聊天过程中你们相处得非常愉快,你发现了他有很多有趣的特点,你们成了好朋友)、自己参与＋一般关系(请你花一分钟时间想象在学校兴趣社团组织的活动中,你遇到一名陌生同学,你了解到他是一名性少数群体者,聊天过程中你们相处得非常愉快,你从他身上发现了许多有趣的特点)、他人参与＋友谊关系(请你花一分钟时间想象在学校兴趣社团组织的活动中,你的好友遇到一名陌生同学,你的好友了解到这位同学是一名性少数群体者,他们相处得非常愉快,你的好友从这位同学身上发现了许多有趣的特点,他们成了好朋友)、他人参与＋一般关系(请你花一分钟时间想象在学校兴趣社团组织的活动中,你的好友遇到一名陌生同学,你的好友了解到这位同学是一名性少数群体者,聊天过程中他们相处得非常愉快,你的好友从这位同学身上发现了许多有趣的特点),四种不同的自变量水平,因变量为群际交往意愿。

3. 工具与实验材料

想象接触检验:根据想象接触的特点编制相应的问卷:包括想象过程中陌生同学的身份(性少数群体者/异性恋);此次想象过程中谁是与陌生同学的交往的主体(你/朋友);你/朋友与陌生同学建立了怎样的关系(友谊/一般);被试想象情景的愉悦程度(7点评分),共计4道题目。

群际交往意愿:群际交往意愿量表包含10个题目:假如你发现自己身处一个可以与性少数群体者交流的情境。你认为自己与其搭讪的可能性有多大? 你认为自己对与其聊天的兴趣有多大？你认为自己有多想与其交谈？等等。采用7点评分,可靠性分析内部一致性系数为0.89。

4.实验程序

第一步,将参与者随机分配至各种实验处理条件下,告知参加实验的参与者所收集的实验相关数据将被用来进行科学研究,而且会严格保密,让参与者没有顾忌地表露自己的真实感受。第二步,使用指导语让参与者按照要求来想象自己与一个性少数群体者同学/普通同学的积极接触过程,主要是保证参与者在不同条件下的接触参与程度与情感结果不同。第三步,在参与者完成想象任务后,完成想象接触检验题,评估被试是否按照指导语的要求完成了想象任务,并让参与者填写交往意愿量表。

5.统计方法

首先,对中性接触与想象接触不同情况下的积极效果进行单因素方差分析,当差异具有统计学学意义时,进一步采用LSD方法进行多重比较。其次,采用2(接触参与度:自己、他人)×2(情感卷入度:建立友谊、一般关系)的两因素方差分析考察不同接触参与程度、情感卷入程度对群际交往意愿的主要影响作用和交互作用,在交互作用显著的情况下,进一步进行简单效应检验。

二、结果呈现

1.想象接触积极效应的验证

为了检验想象接触的积极效应是否存在,以不同想象接触类型为自变量,以群际交往意愿为因变量,采用单因素方差分析方法,探讨中性与想象接触条件下被试群际交往意愿的得分差异情况。

表 4 - 6 不同想象接触组的群际交往意愿($M \pm SD$)

	中性想象	自己—友谊	自己——一般	他人—友谊	他人——一般
交往意愿	29.2 ±9.9	50.7 ±6.7	41.0 ±9.3	44.7 ±9.8	41.3 ±6.5

单因素方差分析结果表明,不同想象处理条件下的被试与性少数群体的交往意愿得分差异显著 $F_{(4,162)} = 29.77, p < 0.001$ 。通过多重比较的结果可知,想象与性少数群体者接触的个体交往意愿得分均显著高于中性想象组的个体,表明想象接触的积极效应是存在的,与中性想象组比较,想象接触显著提高了被试与性少数群体者的交往意愿。

2. 想象接触参与程度与情感卷入度对群际交往意愿的影响

以想象接触的自我参与度与情感卷入度为自变量,以群际交往意愿为因变量,进行两因素方差分析。

表 4 - 7 不同想象参与度情况下高低情感卷入度组的群际交往意愿($M \pm SD$)

类别	友谊关系	一般关系
自己参与	50.7 ±6.7	41.0 ±9.3
他人参与	44.7 ±9.8	41.3 ±6.5

两因素方差分析结果表明,想象接触参与度的主效应显著 $F_{(1,130)} = 4.02, p < 0.05, \eta^2 = 0.03$,想象接触的参与主体是自己时其交往意愿显著高于想象接触参与主体是他人时。想象接触情感卷入度的主效应显著 $F_{(1,130)} = 21.09, p < 0.001, \eta^2 = 0.14$,想象与性少数群体者建立友谊关系的个体交往意愿显著高于想象与性少数群体者建立一般关系的个体。想象接触参与度及情感卷入度的交互作用显著 $F_{(1,130)} = 4.70, p < 0.05, \eta^2 = 0.04$ 。

进一步的简单效应分析发现,当想象接触的参与主体是自己时,想象与性少数群体者建立友谊关系比想象建立一般关系在交往意愿的得分上更高 $p < 0.001$;当想象接触的参与主体是他人时,想象与性少数群体者建立友谊关系与建立一般关系在交往意愿得分没有差异,$p = 0.088$。

三、讨论与现实启示

本研究首先验证了想象接触的积极效应是存在的,这一观点与之前诸多与想象接触相关的研究结论一致。已有研究已经证实,通过想象接触可以改善对外群体成员的态度(Turner,2007),可以促进内群体成员积极寻求与外群体成员的交往(Crispa et al.,2010)。想象接触通过心理模拟与外群体成员的社会互动,就可以不用进行面对面的实际接触,其核心过程就是心理想象或心理表象,对他人、事件或物体有目的、有意识地进行心理表征;表象则是指基于知觉在头脑内形成的感性形象,人的感知活动受到直接经验的局限,而表象则克服了对直接经验的需求(Blair,Ma,& Lenton,2001)。

另外,想象主体的积极性很重要,尤其是想象行为过程要比想象认知特征的内容对改善群际态度更有效(Crisp et al.,2012)。想象接触通过想象一个积极的群际接触而不是真实的面对面接触,让个体建立了一个能够顺利与外群体成员进行交往互动的行为脚本,这种积极的互动脚本会促使内群体成员产生与外群体交往的积极期望(Crisp et al.,2009),提高内群体成员与外群体交往的自我效能感(Stathi et al.,2011),增强与外群体接触的意愿,因此,想象接触作为一种发生在个体心理内部的间接交往过程证明一点:群体间的直接接触经验在改善群际态度、改善群际交往意愿方面并不是必需的。

本研究发现,想象接触的卷入程度会显著影响内群体成员与外群体的交往意愿水平。当自我参与度处于高水平时,即当想象中的交往参与主体是自己时,参与者与外群体成员的交往意愿显著高于想象接触中参与主体是他人时,以往研究为这一结论提供了解释。首先,参与者在想象接触中的自我卷入程度越深,处理事件信息的动机和精细加工的水平越高(马向阳,徐富明,吴修良,潘靖,李甜,2012),越容易形成更加积极的态度。其次,参与者在想象接触中的自我卷入程度越深,其想象过程激发的相关心理结构就会与直接积极接触所激发的相关心理结构相似,也就越容易为个体提供与直接接触相似的态度和行为模式(Kosslyn, Stephen, Ganis, Giorgio, & Thompson, 2001),而且研究发现,当个体以自我作为第一角色去参与群际交往时,会促使个体采用更加精细、更加具体的方式去想象接触交往过程,更容易将想象中因交往互动而产生的积极情感泛化到整个外群体中,想象接触的效果也就越好,交往意愿就会越高,但当个体自我不是参与交往的主体,而是作为一个想象接触中的"观察者"或者"第三者"身份出现时,想象接触的积极效果则大打折扣(Libby & Eibach, 2011)。

研究还发现,从情感卷入程度上来讲,想象中与外群体建立友谊关系的个体群际交往意愿水平更高,这一结论扩展了已有的研究成果,即除了直接接触中形成的跨群体友谊关系促进群际关系之外,想象中的友谊关系建立也能够对改善群际关系发挥积极的作用。那么,为什么群体成员间友谊关系的建立能够对改善交往意愿产生显著的影响呢?这可以从相关研究中找到一定的支持性证据。研究发现,群体友谊关系作为一种亲密的群际接触形

式,可以有效减少群际交往焦虑,进而改善对外群体态度(Eliza-
beth,Rodolfo,& Mendes,2014)。而且,个体与外群体成员亲密程
度的增加也可以减少对外群体的消极预期,增加对外群体成员的
强烈好奇心,从而引发更多的群际交往意愿(Page-Gould,Mendo-
za-Denton,& Tropp,2008)。当然,从一定程度上来讲,情感卷入的
不同程度也表明了个体与交往对象间认同融合的程度不同,友谊
作为一种亲密关系能够体现出个体将交往对象积极纳入自我的
程度,体现出交往过程中个体与对方的相似性,而感知相似性的
提高可以改善群际态度(Harwood et al. ,2011)。

　　鉴于以上两方面讨论,也就不难理解,在想象参与度高时,
即想象中的主体是自己时,想象与性少数群体成员建立友谊关
系的个体其交往意愿显著高于想象中与性少数群体者建立一般
关系的个体。当想象参与主体是自己时,想象过程的参与程度
更高、想象过程更容易具体化,与外群体成员的友谊关系也更容
易让个体感知到,但当想象参与主体是他人时,想象接触情境的
参与程度和情感卷入就不容易具体化、不容易判断,交往过程被
感知成为一种普通意义上的友好关系。应该说,这是一个非常
具有启发性和应用价值的发现,如果在教育活动的主题中需要
设置一定的想象接触活动来改善与其他外群体,尤其是特殊群
体的态度与交往意愿时,应该积极纳入和控制那些对想象接触
效果起到促进作用的因素。

　　在实际的想象接触干预过程中,我们需要有效引导个体积
极参与与外群体成员的想象互动过程,同时要求个体增加想象
过程中与外群体成员的情感卷入程度和亲密程度,从而进一步
提高想象接触的积极效应,最终达到改善群体态度,提升群际交
往意愿与倾向。

第四节

想象接触的频率改善内隐偏见

　　调查发现,社会大多数公众对抑郁症的看法消极悲观,对抑郁症持有消极刻板的偏见(温李滔等,2017),对抑郁症群体及其治疗理念等存在诸多误区(何浩宇,周亚男,廖艳辉,2015)。因此,如何能够减少社会对抑郁症群体的偏见,改善社会对这一群体的态度,从而使其获得更多的社会支持,更好地融入社会生活中,便成为我们更加需要关注和解决的现实问题。群际接触理论认为,在适当条件下,把内外群体聚集在一起,通过群体间的相互接触可以增加对不同群体间的互相了解,面对面的接触可以有效改善个体对外群体的态度(Pettigrew et al.,2008;Brown et al.,2005),改善群际关系(Pettigrew et al.,2006)。但在现实生活中,只有当不同群体间有机会进行接触时直接接触才能减少偏见(Turner et al.,2007;2008),但目前很多情况下并不能实现群体间的直接接触,更多的情况是,群体之间高度隔离或者群体之间没有动机和机会进行接触,比如在美国,拉丁美洲和白人社区的隔离仍然普遍存在(Martin,2013),白人为主的社区只有不到10%的黑人居民(Logan,2001),两个群体间的直接接触机会非常少。

　　诸多研究结果形成了一致性的共识,即便在没有实际接触的情况下,通过发生在个体心理内部的心理想象也可以减少个体对外群体的刻板印象和内隐偏见(Blair, Maje, & Lenton, 2001)。但以上研究结论大多是基于单次想象接触干预而得到的。那么,人们对外群体态度的改善效果是否会受到想象接触干预次数的影响呢?增加想象接触的干预次数是否会取得更好的态度改善效果呢?

以儿童为被试考察了想象接触在改善他们对移民儿童态度方面的作用,一周进行一次想象接触,持续了三周时间,结果发现想象接触的干预效应显著,想象接触大大降低了本土儿童对移民儿童的偏见(Vezzali et al.,2011)。帕特里克也认为,增加研究的持续时间、后续测试的次数和频率,被试会更加关注歧视问题,对自己的思想、行为和感受中蕴含的歧视会更加敏感,能够减少对黑人的种族歧视(Forscher,Mitamura,Dix,Cox,& Devine,2017)。鉴于多次接触干预耗时较长,被试容易流失,花费精力较多等操作困难,这方面的研究还是比较少见。基于以上分析,本研究将以抑郁症群体为目标群体,以大学生群体为想象接触的干预对象,探究不同的想象接触干预次数在改善大学生对抑郁症群体内隐偏见度中的有效性及其效果差异,并提出如下假设:大学生对抑郁症群体存在明显的内隐消极偏见;积极的想象接触可以有效降低大学生对抑郁症群体的内隐偏见水平;增加想象接触的干预次数对降低内隐消极偏见的效果会更好。

一、研究方法

1.研究对象

2017 年 11—12 月期间,实验招募了 94 名大学生(年龄范围 19~22 岁,无抑郁症患病历史),随机分成三组:无想象接触组 30 人,单次想象接触组 34 人,多次想象干预组 30 人。本实验不涉及违背实验伦理的内容和操作设计,所有被试均自愿参加实验,视力或矫正视力正常,无参与类似心理实验的经历,结束后给予少量报酬。

2. 研究设计

本实验以大学生群体为想象接触的干预群体,想象目标群体为抑郁症群体,采用单因素三水平完全随机的设计,自变量为想象接触干预次数(无/一次/三次),因变量为大学生对抑郁症群体的内隐偏见。

参考以往研究,为了更好验证想象接触效应,通常会采用一个对照组加以控制。对照组的操纵有多种方式,比如让被试想象风景、仅仅想象一个外群体成员、想象与外群体成员的中性互动、想象与其他群体成员的互动等,还有的研究采用的对照组不进行任何想象活动。鉴于本实验需要有效区分想象接触次数变化带来的效果差异,故采用单因素被试间设计,自变量为想象接触干预次数(无想象接触/单次想象接触/多次想象接触),无想象接触组作为对照组,被试无须任何想象活动,因变量均为对抑郁症群体的内隐偏见。

无想象接触组:无接触想象组的被试没有进行任何想象接触干预,被试参加实验只需完成内隐联想测验即可。

单次想象接触组:被试根据指导语进行想象接触。根据以往想象接触的研究范式,被试想象接触的时间有的时候是1分钟(Husnu et al. ,2010)、有的时候是2分钟(Turner et al. ,2009)或5分钟(West et al. ,2011)。为了避免想象时间过长可能会导致想象者的疲劳,也可能会导致想象者分散注意力,想象其他与群际接触无关的事情,从而减弱想象接触的积极效应,本研究设定想象时间为1分钟。想象结束后被试书写想象内容,评估被试是否按照指导语完成想象,并对想象过程的愉悦程度进行1~5水平的评分,评分越高表示想象接触过程越愉悦。最后,被试需要完成内隐联想测试。

多次想象接触组:每周进行一次想象接触干预,共持续三周,三次干预结束后隔一周后进行内隐联想测试。三次想象接触的指导语参考以往研究,分别为:"请花费一分钟的时间想象,你在公园游玩,遇到了一位抑郁症患者,你们进行了交往,交往过程顺利,并且你发现他身上有很多有趣的地方""请你花一分钟时间想一下,你的邻居是一个抑郁症患者,但是你们相处得非常融洽,从来没有发生过争吵,你觉得他很好相处""请你花一分钟时间想一下,你和一个抑郁症患者一起完成一项任务,你们合作的很顺利,没有发生任何争吵,在短时间内就完成了任务"(Vezzali et al.,2011)。在所有被试理解指导语之后,开始计时。一分钟想象时间结束后,要求被试简单写下想象内容,并完成内隐联想测试。

因变量的设计与测量:采用内隐联想测验(IAT范式)的反应时测量结果作为内隐偏见指标。内隐联想测验是测量内隐偏见的常用方式,它可以有效消除社会赞许性等因素对外显偏见的影响,更为真实地反映人们对外群体的内在社会认知状况。内隐联想测验认为,人们总会对某种事物表达出一种态度,事物和态度自动联结在一起。当这一事物与人们对之的态度是一致且同时出现的时候,比如呈现"男性—刚强"的时候,人们做出的反应(也称之为相容反应时)要比他们对这一事物和相反态度在一起的时候做出的反应(也称之为不相容反应时)更加迅速,比如"男性—温暖"。通常认为,不相容反应时与相容反应时之间的差异表示了人们对外群体的内隐偏见,差值越大,偏见越大。

本实验的内隐抑郁症偏见测试材料来自访谈,从所得词汇中选取 10 个出现频率最高的词汇作为"抑郁症"概念的属性词,最终获得内隐联想测验概念词和属性词共计 28 个。其中概念词为"抑郁症"和"普通人","抑郁症"包括"抑郁症、心理疾病……""普通人"包括"心理健康、正常心理……"属性词包括描写"抑郁症"词汇和描写"普通人"词汇。比如"孤独、悲观、死亡、绝望、低落……以及乐观、活泼、开朗、积极、快乐"等。由于刺激词的熟悉程度对结果没有显著影响(Greenwald et al., 2013),因此在本实验中对词频没有做出限定,刺激材料采用 E-prime 软件呈现,20 个属性词与 8 个概念词随机出现。内隐联想测验均是单个施测,被试首先阅读计算机屏幕上的指导语,明白实验要求后按"B"键开始,反应时和反应对错情况都由计算机自动记录。

二、结果呈现

1. 想象接触干预操作有效性的探查

在单次想象接触组和多次想象接触组实验干预后均要求被试写下想象内容。结果发现,被试写出的想象内容整体字数在 50~180 字之间,表达清晰流畅,描述了想象中两者接触发生的时间、地点以及过程,大部分是以自述的形式。材料显示,很多人表示与抑郁症患者相处的很顺利,在一起合作的时候抑郁症患者总是很努力地配合积极完成任务,当得知邻居是抑郁症患者的时候大部分被试与邻居和平相处,并没有出现明显的排斥与抵触现象,仅有小部分被试觉得心中有些害怕,但是与邻居交谈时仍旧是愉快的。整体来看,所有被试都进行了一定程度的想象接触,且接触的性质是积极的,接触过程是顺利的,符合实验操纵的要求。

根据前人的研究,对实验数据根据如下原则进行了处理:只选取两个测试阶段的数据,删除实验错误的数据;删除没有完成全部实验和平均准确率低于80%的被试。对本实验数据进行预处理之后发现,无想象接触组30名被试中有2名被试的不相容联结任务的实验正确率低于80%,单次想象接触干预组34名被试中有5名被试的不相容联结任务的实验正确率低于80%,多次想象接触组31名被试中有2名被试的不相容联结任务的实验正确率低于80%,全部删除其数据。

2. 想象接触干预效果的差异比较

基于有效数据,将无想象接触组作为实验结果比较的基线,计算每个被试不相容任务反应时和相容任务反应时的平均数,配对样本 T 检验结果发现,被试两种类型任务的反应时差异显著($t = 8.792, p < 0.05$),进行不相容任务时所需要的反应时明显比相容任务长,这说明被试对抑郁症群体存在明显的偏见。

表 4 - 8　想象接触干预下对抑郁症群体内隐偏见改善效果比较

	相容反应时 ($M \pm SD$)	不相容反应时 ($M \pm SD$)	反应时之差 ($M \pm SD$)
无想象接触(n = 28)	858.11 ± 179.15	1723.82 ± 592.97	865.71 ± 521.02
单次想象接触(n = 29)	792.79 ± 254.74	1195.38 ± 359.21	402.58 ± 295.89
多次想象接触(n = 29)	772.46 ± 171.13	1218.34 ± 411.12	445.87 ± 377.07
F	1.345	11.758***	11.180***

注:***$p < 0.001$。

通过方差分析发现,不同处理条件下被试的相容反应时不存在显著差异($F_{(2,83)} = 1.345$, $p = 0.226 > 0.05$);但是三组被试的不相容反应时差异显著($F_{(2,83)} = 11.758$, $p < 0.001$, $\eta^2 = 0.221$),事后分析发现,相比无想象接触组,单次想象接触组与多次想象接触组的不相容反应时显著降低,单次想象接触组与多次想象接触组的不相容反应时则不存在显著差异。另外,不同处理水平下被试的不相容与相容反应时之间的差值存在显著差异($F_{(2,83)} = 11.180$, $p < 0.001$, $\eta^2 = 0.212$),事后分析发现,相比无想象接触组,单次想象接触组与多次想象接触组的反应时差值显著降低,单次想象接触组与多次想象接触组的反应时差值不存在显著差异。以上分析均说明,相比无想象接触,想象接触能够显著改善对抑郁症群体的内隐偏见。

通过对单次想象接触干预与多次想象接触干预后,被试的相容反应时和不相容反应时平均数进行配对样本 T 检验,进一步得知,被试的不相容反应时始终显著高于其相容反应时,两组被试对抑郁症群体的内隐消极偏见仍然明显(t 单次干预 = 7.327, t 多次干预 = 6.368, $p < 0.001$)。

三、讨论与现实启示

首先,实验发现,大学生对抑郁症群体存在着明显的内隐偏见,态度消极。被试对抑郁症—消极词的反应时要明显快于对抑郁症—积极词的反应,这说明在被试的认知中,抑郁症与消极词这两个概念的联系更紧密些,这一结果与以往关于抑郁症群体的外显态度研究结论相一致。调查已经发现,个体对抑郁症看法消极悲观,对抑郁症持有消极刻板印象(温李滔等,2017),结合本研究的发现,进一步证实社会公众对抑郁症群体存在明显外显消极偏见的同时也存在明显的内隐消极偏见,两种类型的偏见并未出现分离的情况。值得一提的是,研究发现,人们对性少数群体者的内隐和外显偏见是一种分离的、不一致的状态,外显偏见不明显,内隐偏见明显。而以抑郁症群体为目标群体时并未出现这种态度的分离状态。在中国人的认知观念中,相比性少数群体所彰显出的非病症化的特点,抑郁症更加突出的特点是"症",即带有病症性的特点,人们则会表现出对其明显的消极态度,社会赞许性的影响较小。

其次,研究发现,积极的想象接触对减少被试对抑郁症群体的消极内隐态度是有效的。无想象接触组的被试没有进行想象接触干预,而单次和多次想象接触组则让被试想象在头脑中创造了一个积极的环境和机会,让其与抑郁症群体进行一个简单顺利的交流,想象接触达到了减少对抑郁症群体内隐偏见的积极效果。这与国内其他研究中的结果一致,比如想象接触在特殊教育(李森森等,2010)、精神分裂(于海涛,2015)及农民工(庾泳等,2010)等群体进行态度干预所取得的结果都是积极有效的,想象接触可以减少人们对外群体的偏见。只是想象接触积极效果的有效性是有一定限度的,在本研究中,即便进行了单次和多次想象接触干预,但当不相容联结任务出现时,被试仍需要更多的时间去选择和判断然后做出反应,与相容联结任务的差值一直存在明显的差异。相容和不相容反应时差值越大,说明被试的偏见越大,反之则小(张林,张向葵,2003)。最终来看,即便是在想象接触的干预条件下,大学生对抑郁症群体的内隐偏见虽有水平的降低,但仍存在明显的偏见。这说明人们对抑郁症群体的偏见较为稳固,不容易消除。

在想象接触的干预中真正令人感兴趣的是,为什么多次想象接触干预效果并不比单次干预效果更加积极和显著？想象接触的频率或者次数对态度改善的效果并没有发挥更加重要的作用原因何在？结合仅有的多次干预研究不难发现，尽管 Vezzali 等认为多次想象接触的积极效应显著，可以大大降低儿童对同龄移民儿童的偏见（Vezzali et al.，2011），但这一研究干预的对象是儿童，而本研究的被试均为成人，二者相比，成人对外群体偏见的更深、更稳固，由此推断在同样是三次干预的情况下，态度改善效果并不明显，这一结论不但支持了前面提及"即想象接触干预降低了对抑郁症群体的内隐偏见，但仍存在明显的偏见"的观点，也与其他研究结论相互印证，即相比成人而言，想象接触对儿童的群体态度改善更加有效（Miles et al.，2014）。另外，需要提及的是，增加研究的持续时间、次数等会让被试更加敏感的关注自身存在的对外群体的歧视从而减少对外群体的歧视（Forscher et al.，2017）。但在本研究中，单次实验干预的持续时间是需要较为严格控制的，以免被试的想象主题和内容分散，因此本研究只能借助增加实验次数来增加整个想象接触的持续时间。结果发现，被试并未因为接受多次干预而更加敏感的关注自身对外群体的消极态度，可能的原因在于：相比歧视而言，内隐态度更不容易被觉察。同时，被试没有更加敏感的关注自身存在的对抑郁症群体的偏见也从另一个侧面反映出本实验控制的有效性，即被试并未明显觉察到实验干预任务的目的，从而能够更加真实地反映出自身对抑郁症群体的态度。

本研究并未对不同想象接触干预次数后所取得的效果是否持久做进一步的探讨。虽然想象接触次数不同所产生的积极效果并不存在显著的差异，但是从长远来看，多次想象接触的效果应该会更加持久和稳定一些，这个疑问还需要在多群体中进一步验证。再比如,前人研究指出,想象接触比较易于应用在现实生活中,合理的想象允许人们在心理上进行群际交往的模拟接触而不产生群体交往的焦虑,也会增加未来的接触意图和开放心态(Crisp et al. ,2009),但在本研究中并未对想象接触改善群体内隐态度的机制路径进行探讨,并未将诸如群际焦虑、接触意愿等因素纳入研究中,实属遗憾。

最后,需要指出的是本研究及其结论对现实的深刻启示。首先要引起我们重视的是,学生们普遍存在着对抑郁症群体的内隐消极偏见,这往往是我们最为忽视的地方,因为存在这些消极的内隐偏见,很容易让学生们从情感和行为上疏离抑郁症患者,一旦生活中遇到或者接触到抑郁症患者,这种消极偏见就会对抑郁症患者的社会支持和社会融入带来一定障碍,所以,尽量减少对抑郁症群体的消极偏见是学校心理卫生教育领域中的一项重要工作。同时,我们也欣慰地看到,通过积极的想象接触干预可以有效降低普通群体对抑郁症群体的内隐偏见水平,所以,我们提倡学校心理健康教育的课程中应该设置相应的教育环节或者活动,在平时的课堂中开展想象接触的一些教育干预,这会有利于学生们改善对抑郁症的偏见,促进社会对抑郁症群体的认知和接纳。

第五节
观点采择在想象接触效应中的作用

如前所述,想象接触强调通过积极的心理想象或者心理模拟群际间的互动从而达到改善群体态度的目的(Batson,Early,& Salvarani,1997)。想象接触核心因素就是对互动接触的心理想象,这种在头脑中展开的接触互动过程,克服了人的感知活动所受到的直接经验的局限,具有重要的认知功能(Crisp et al., 2009)。想象接触有两个关键成分,一是心理模拟成分,即只有被试者在心理上进行模拟互动过程,才能够产生互动的心理脚本程序,从而观察到积极的接触效应。如果被试对象仅仅是想到一个外群体成员,这对群际态度没有积极的影响。二是积极的互动语境,这与面对面的直接接触所强调的交往情景一样。积极的互动语境要比在中立的互动语境下接触效应更为明显。如果没有评价性的互动,其至会对群际态度产生消极影响,尤其是被污名化的群体(于海涛等,2013)。

一、研究问题

观点采择是站在他人的角度,去认知或推断对方观点与态度的一种能力和过程(岳童,2013)。积极的观点采择会产生诸多有益的结果,比如可以增进我们对他人观点和情感的感知与理解,从而改善个体与他人及他人所属群体的社会互动关系。观点采择的过程中会产生亲密感与同情感,促进助人等亲社会行为的产生,并有助于建立良好的人际关系。进一步来说,对于外群体成员产生的同理心(观点采择的情感成分)使得态度得到改善。一系列研究表明,对被污名化的群体(如艾滋病患者和无家可归者)产生同理心的被试对这类群体成员持有更加积极的态度(Husnu et al.,2010)。关于群际接触的研究已证实,同理心与观点采择在减少偏见方面是关键因素,具有更大的影响力(Oswald & Patricia,2002)。

另外,移情是一种指向于外群体的情感反应。有的学者认为,移情包含四个成分,即观点采择,比如从他人的角度看问题、换位思考;移情关注,比如有人比我更加不幸时,我也会变得更加脆弱;个人苦恼,比如当处于一个情绪性情境时,自己有时感到很无助;幻想,比如当阅读完别人的故事或者看完某些电影之后,我常想象如果这些事情发生在自己身上会怎样(Davis,Mitchell,Hall,Lothert,& Meyer,1999)。不难发现,在一定程度上讲,观点采择是移情中自发感受他人内心观点的倾向,也是产生移情非常重要的一个方面。从整体的层面上来看,群际移情可以带来不同群体成员之间更积极的关系,例如减少刻板印象,改善群体外群体态度以及促进对外群体的更大的亲社会行为(Batson,2010;Stephan & Finlay,1999),减少了多数群体与少数群体接触的群际焦虑,进而改善群际接触的实际效果(Brown et al.,2005;Pettigrew et al.,2008)。

群际移情不仅是直接接触的重要中介,还可以作为间接接触效应的重要因素(Capozza et al.,2013)。由此不难推断,观点采择作为一个移情的重要内容同样能够对间接群际接触改善效果起到推动作用。与在直接接触中的作用类似,观点采择作为移情的重要方面,也是想象接触效应的重要中介因素(Husnu et al.,2015),进行想象接触的参与者减少了对外群体的偏见,因为他们能够换位思考,站在外群体的视角下或者说处在外群体的情境中来体验。但是迄今为止,想象接触中的观点采择所发挥的作用并没有得到充分的验证。

本研究选择心理疾病群体作为目标外群体。因为在群际交往关系中,对于心理疾病患者部分行为的非正常性以及不可预测性,社会大众常会有一种偏颇性认知与恐惧感,出现回避、远离或排斥等行为,具体表现为不愿意在同一环境中一起生活、学习或工作,不愿意与之打交道。对心理疾患的歧视问题不仅会发生在社会的日常生活中,也广泛存在于学校和医院之中。研究将探讨想象接触改善大学生对心理疾病患者态度的影响,以及在此过程中,观点采择对想象接触效应的中介作用是否存在。

二、研究方法

1. 被试

随机选择大学生 180 人,其中实验组(想象接触组)87 人,控制组(想象风景组)93 人,年龄在 17～26 岁之间($M=20.92$,$SD=1.67$),所有被试均报告心理健康,不存在心理问题。

2. 研究工具

观点采择量表:依据观点采择的定义,采用 3 个题目(7 点评分)对观点采择进行操作性检验:(注:A 某是一名心理疾病患者)①在多大程度上,您把自己想象成了 A 某? ②在多大程度上,您将自己置身于 A 某所处的情境中? ③在多大程度上,你能想象或推测出 A 某的观点与态度? 在正式实验开始之前,随机选取 30 名大学生为预测对象,对这 3 个题目进行可靠性分析,得出内部一致性系数为 0.88,信度良好。

群体态度量表:为了测量被试对外群体的态度,采用 6 个题目的 7 点评分量表。让被试进行两极维度的评定:①冷酷—热情;②消极—积极;③敌对—友好;④怀疑—信任;⑤轻蔑—尊敬;⑥厌恶—钦佩。本研究中此量表的内部一致性系数为 0.89。

心理疾病污名量表:理疾病污名量表共分为刻板印象、情绪与歧视行为三个部分。刻板印象量表(共有 10 题)与情绪量表(共有 6 题),社会距离量表(共有 7 题)。三个量表采用 1 分(非常不愿意)到 5 分(非常愿意)的五点评分,分数越低表示被试的歧视倾向越高。本研究中,刻板印象量表内部一致性系数为 0.84,情绪量表内部一致性系数为 0.83,社会距离量表的内部一致性系数为 0.87。

3. 研究设计

采用单因素两水平的想象接触(想象接触(实验组)/想象风景(控制组)被试间设计,因变量为外群体态度与心理疾病污名。

4. 研究过程

(1)采集被试基本信息,并告知所有被试所有数据将被用来进行科学研究,并会被严格保密,以此让被试能真实地表达他们的想法与感受。

(2)将被试随机分成两组,如同以往的研究那样,用指导语让控制组被试想象自己位于一处室外风景之中,而让实验组被试想象自己与一位同龄心理疾患进行互动。在被试理解指导语后,开始计时。一分钟的想象结束后,为了评估被试是否按照指导语完成想象任务,要求被试回答一些问题。

(3)请被试完成观点采择量表,然后进行外群体态度的测量,接着完成心理疾病污名量表。

(4)完成各量表后,询问被试是否知晓本实验的真实意图,若是的话,请其写出自己的观点。

(5)最后,告知被试实验已经结束,并感谢他们的大力支持与配合。

三、结果呈现

1.观点采择的操作有效性的检验

独立样本 T 检验结果表明,如表 4 − 9 所示,实验组被试与控制组被试在观点采择水平上存在显著差异。相较于想象风景组的被试,想象接触组的被试采取了更多的观点采择行为,即他们更能把自己想象成心理疾患,更能将自己置身于心理疾患当时所处的情境中,也更能想象或推测出心理疾患的观点与态度。因此,观点采择的操作是有效的。

表 4 − 9   实验组与控制组被试在观点采择上的差异

	组别	N	M	SD	t
观点采择	实验组	87	3.45	1.21	4.97***
	控制组	93	2.48	1.40	

注:***$p < 0.01$。

2.想象接触对外群体态度的影响作用

由表 4 − 10 可知,想象接触可显著改善大学生对同龄心理疾病患者的态度。实验组被试在经过想象接触后,与控制组被试相比,其外群体态度更为正面。这正如已有研究所言,想象接触可改善外群体态度,增进对外群体的信任,对外群体成员更加热情与友好。

表4-10　实验组与控制组被试在外群体态度上的差异

	组别	N	M	SD	t
外群体态度	实验组	87	5.05	1.19	4.18***
	控制组	93	4.41	0.87	

3. 想象接触对心理疾病污名水平的影响作用

表4-11　实验组与控制组被试在心理疾病污名水平上的差异

	组别	N	M	SD	t
刻板印象	实验组	87	2.55	0.61	-5.69***
	控制组	93	3.08	0.65	
情绪	实验组	87	1.82	0.61	-6.75***
	控制组	93	2.47	0.68	
社会距离	实验组	87	2.71	0.68	2.54*
	控制组	93	2.45	0.70	

注：$p < 0.05$，$p < 0.001$。

如表所示，在刻板印象、情绪、社会距离得分方面实验组与控制组存在显著差异。想象接触组认为，心理疾患对疾患自身造成危险的程度更低，对他人造成危险的程度更低，依赖他人的程度也更低。在情绪方面，想象接触组的被试对心理疾病患者带有更少的负面情绪。此外，虽然两组被试都希望与心理疾患保持一定的社会距离，但想象接触组被试的歧视倾向比想象风景组被试的明显低一些。至此得出，想象接触可有效降低心理疾病的污名水平。

4.观点采择在想想接触效应中的中介作用验证

第一步,以组别(想象接触组与想象风景组)为预测变量,经过虚拟变量处理,想象风景组为0,想象接触组为1,以外群体态度为因变量,进行第一次回归分析,结果发现,回归系数 c 是显著的;第二步,以组别(想象接触组与想象风景组)为预测变量,观点采择为因变量,进行第二次回归分析,结果发现,回归系数 a 是显著的;第三步,以组别(想象接触组与想象风景组)和观点采择为预测变量,外群体态度为因变量,进行第三次回归分析,结果发现回归系数 c' 是显著的,但是回归系数 $\beta = 0.002$ ($t = 0.03, p = 0.977 > 0.05$)则不显著。此时再进行 Sobel 检验,结果($p = 0.973 > 0.05$)不显著,因此观点采择的中介效应不显著。

表4-12　观点采择在想象接触与群体态度关系中的中介效应检验

	标准化回归方程	回归系数检验
第一步	y = 0.299x	SE = 0.16, t = 4.18 ***
第二步	u = 0.349x	SE = 0.20, t = 4.97 ***
第三步	y = 0.298x + 0.002u	SE = 0.17, t = 3.89 ***
		SE = 0.06, t = 0.03

注: ***$p < 0.001$。

从数据分析结果来看,想象接触能有效预测外群体态度,同时想象接触与观点采择的回归系数也达到显著水平。不过,在加入观点采择变量后,观点采择对外群体态度的回归系数不显著。同时,想象接触对外群体态度的回归系数比起没有观点采择变量加入时的大小几乎无变化,且仍显著。这一结果表明,观点采择在影响外群体态度的过程中并没有起着明显的中介作用,即想象接触对外群体态度的预测作用并不是通过影响观点采择间接作用于外群体态度的。

四、讨论

1. 观点采择在想象接触效应中的作用

本研究让实验组被试想象与心理疾病患者 A 某积极互动,向 A 某提供帮助。结果发现相对于想象户外风景的控制组,想象接触显著提高了大学生对外群体的态度。这也进一步证实了想象接触的积极效果,即改善对心理疾患的态度。数据处理结果表明,想象接触与外群体态度呈现显著正相关,且与观点采择也呈现显著正相关。针对想象接触改善外群体态度,本研究将观点采择作为中介变量进行分析。分析得出,在改善外群体态度的过程中,观点采择并没有发挥明显的中介作用。

以往研究指出,想象接触可促进积极的群际关系,想象接触能减少与外群体接触的焦虑,从而对外群体产生更为积极的态度,即群际焦虑在想象接触与外群体态度二者之间起到中介作用。群际接触主要是通过减少群际焦虑导致积极的群际关系,这一过程也是想象接触效应产生的重要心理过程。不像群际焦虑、自我表露、外群体信任与想象情境的生动性等变量,观点采择也许并不是一种合适的中介变量。前人第一次确立的观点采择在想象接触中具有中介作用的结论,在这里并没有得到验证。

仅仅站在外群体的视角下,或者处在外群体的情境中,并不足以解释想象接触组被试所报告的更加积极的外群体态度。关于观点采择的中介效应不显著这一结果,我们认为针对心理疾病患者这一特殊群体,想象接触对外群体态度的改善也许是通过其他作用机制进行的,比如前人所研究的群际焦虑的减少与群际信任的增加。另外,本研究所用的观点采择量表与以往所用测量工具有所差异,其本身的局限性可能导致观点采择的中介作用在想象接触改善外群体态度的过程中并不明显。因此,今后的研究有必要对观点采择在这一过程中的作用机制方面进行进一步的探索。

2.想象接触降低心理疾病污名水平

刻板印象是污名中的重要认知成分(张宝山,俞国良,2007),刻板印象可以让人们快速知觉并判断某一类群体的社会信息及其所述群体的属性特征。对于心理疾病群体存在偏见的个体通常会认同关于这个群体的消极刻板印象,从而引发对心理疾病患者的消极态度和情绪反应(West et al.,2011;Vezzali et al.,2011)。偏见常常会导致人们对心理疾患的歧视行为,如远离他们和拒绝帮助。通过想象接触,个体对心理疾病患者的消极刻板印象有了显著降低,对心理疾患的负面情绪也有显著的减弱。想象接触组的歧视倾向相较于想象风景组,明显更低。实施想象接触这一干预措施后,被试的心理疾病污名水平显著降低。想象接触作为一种改善对心理疾病群体偏见的方法,干预效果是理想的。

3　现实意义

想象接触的作用效果是十分显著的。令被试想象自己与心理疾患进行积极互动,可改善外群体态度,同时显著降低心理疾病污名水平。因此,在今后对外群体态度与心理疾病污名的干预实践中,可将想象接触作为一种干预方法加以推广。想象接触可以为群际接触提供安全的、结构性的、初始的指导,可以考虑将想象接触的干预手段与更多其他类型的直接接触方式结合起来,进一步改善对外群体的态度,降低心理疾病污名水平(尧丽等,2015)。

迄今为止,想象接触这种干预手段,其影响的持续性只被少数研究者所探讨。想象接触究竟能否长期改善外群体态度与降低心理疾病污名水平,以及其他关于想象接触影响的持续性研究,都可作为将来的研究方向(高承海,杨阳,董彦彦,万明钢,2014)。另外,针对以往的研究,有人质疑,期望特征可能影响实验结果。放在本研究的背景下,也就是说,在想象接触条件下的被试可能在因变量报告中,给出更加积极、正面的回答。而这只是因为他们猜到了实验本身的目的,并按他们所感知到的实验者期望进行一致的反应。为此,本研究在最后询问了所有被试是否知晓实验的真实意图。实际上,无任何被试能够准确猜出研究目的,这就大大降低了期望特征出现的可能性。即便如此,今后的研究仍需要进一步探讨观点采择在想象接触效应中是否存在影响作用,这对于如何促进群际共情具有重要的意义,也对如何提高想象接触的积极效果具有重要的价值。

结　语

国内外学界对于想象接触的研究是颇受关注的,相比间接群际接触的另外两种类型(扩展接触与替代性接触),想象接触的研究成果也是最多的。本章主要是围绕"想象接触"的主题展开了详细且全面的理论与实证探讨。

在理论探讨方面重点是基于以往研究文献,述评了想象接触的理论兴起、主要观点以及内在心理机制,尤其侧重于想象接触效应的调节与中介因素探讨,深入分析了不同的调节变量和中介变量对想象接触积极效应的重要影响。具体来讲,基于想象任务的精细化程度、难度、想象对象的典型性等、基于想象主体的先前交往经验、群体地位与群体认同等影响着想象接触的实际效果;想象接触是通过减少群际焦虑、增加群际信任、增加积极接触行为的认知表征等来实现其积极效果的。基于目前综述,指出了这一领域研究存在的不足,以及未来可能的研究空间。

在实证研究方面,分别以性少数群体者、抑郁症以及心理疾病患者等为目标外群体,进一步探讨了想象接触中互动关系性质、想象接触的参与度与情感卷入度、想象接触的单次与多次干预,以及观点采择等因素对想象接触效应产生的不同影响作用。一方面再次验证了想象接触在改善不同群体的态度、减少群际偏见方面的积极效果是普遍存在的,同时,也进一步丰富了想象接触效应的理论内容,深化了对想象接触心理机制的分析,对"参与者怎样想象""想象什么"等对最终积极效果产生作用的诸多过程进行了更深入的解答,也为以后在现实情境中如何有效的应用想象接触改善群体态度提供了更加具体的建议。

总体而言,想象接触是间接群际接触三种类型中,在干预操作要求等方面最为简单实用的一种方式,也是最容易被人们所接受的一种方式,应用情境也比较广泛。它可以作为现实直接接触的"预备"策略,减少焦虑和消极预期,提高行为自我效能,从而最终达到改善群际偏见、增进群际关系的目的。希望,本章内容能够对社会群体态度的干预提供一种有益的视角,促进其在现实生活中发挥更积极的作用。

第五章
替代性接触的理论与实证研究

　　前面已经分别用两章内容对扩展接触、想象接触两种理论的缘起、相关研究等进行了详细的梳理,并且开展了一系列实验,深入探讨了影响两种间接群际接触效果的复杂心理因素,获得了很多有价值的结论,加深了对扩展接触效应、想象接触效应内在心理机制的了解,对社会现实中如何改善群体态度、增进群际关系提供了建设性的、指导性的意见。

　　接下来,从本章内容开始,将以"替代性接触(Vicarious Intergroup Contact)"为主题展开详细的理论梳理和实证探讨。按照之前两章的研究思路与逻辑框架,本章的理论探讨部分主要是基于文献资料对替代性接触的产生背景(学术背景与现实背景)、相关研究以及未来发展空间等方面进行述评,这项工作可以帮助我们更加系统地了解目前学界对替代性接触的诸多观点和研究成果,建构起替代性接触的既有研究图景。

　　同样地,在梳理相关理论和研究的基础上,我们也会围绕替代性接触效应开展一系列的实验研究,主要以自闭症群体为目标外群体,通过采用不同形式的替代性接触干预策略,进一步验证替代性接触在改善自闭症群体偏见方面的积极效应可能受到哪些因素的影响,加深对替代性接触效应内在心理过程机制的了解。另外,本研究还进一步比较想象接触与替代性接触两种不同干预策略对改善群体态度的效果差异,为社会实践中如何有效地使用不同的策略增强群体态度改善效果提供指导。

在此需要特别指出的是,本章在探讨替代性接触效应时为什么选择了自闭症群体为精神特殊群体中的代表性群体呢? 主要考虑到以下几点。其一,相比较抑郁症群体,自闭症群体具有相对明显的行为表现特征,比如自闭症群体,一般是指自闭症儿童群体其社会交往行为的水平低下,不能够有效进行正常的社会交流,眼神无接触,行为回应性差等。当社会公众接触到这一群体的时候,很容易辨认、识别到他们的这些特殊性,并很可能因为自闭症群体的这些外部行为特征,引发明显的不适感和距离感。其二,从替代性接触的特点来讲,强调的是良性、顺利的群际接触行为本身所具有的示范性和榜样性作用,有助于激发观察学习者的交往自我效能感,为群际接触提供一定的行为模式来参考和模仿,减少实际交往的焦虑。基于以上两点考虑,所以,本研究针对青年群体开展与自闭症群体有效接触的替代性干预策略是可能且可行的,也期望这一研究能够为社会公众积极接触自闭症群体、改善对他们的态度,提供积极的替代性接触策略。

第一节
替代性接触的理论、研究与机制

顾名思义,"替代"就是"非直接"或者"非本人参与接触"的意思,因此,替代性接触作为一种非直接性接触也具有间接群际接触的特点。个体通过观察内群体成员与外群体成员成功互动的过程,从而达到减少对外群体的偏见、改善对外群体态度的目的,这种通过替代性接触而产生的群体积极效果被称为替代性接触效应(Mazziotta, Mummendey, & Wright, 2011; Dovidio, Eller, & Hewstone, 2011; Joyce & Harwood, 2014)。

一、替代性接触的理论背景

替代性接触实质上是一种强调在群体层面上展开的替代性群际互动过程。替代性接触理论的提出具有一定的学术背景。从某种意义上讲,替代性接触是由班杜拉的社会学习理论(也称社会认知理论)演变而来的(Mazziotta et al., 2011)。该理论主要探讨了个体如何通过观看和学习榜样的行为、认知和情感以及由此产生的后果来获得学习价值观念、思想观点以及行为模式,其中替代性学习是关键环节(Bandura, 2002)。社会认知理论提出,人们从观察别人的行为中学习社会规范。根据这一理论,观察其他人(尤其是自己认识的人)提供的认知、情感和行为反应的信息,这些信息可以应用于与观察到的情况相似的情境中。观察性学习过程可以避免个体可能出现的紧张、恐惧、焦虑等,并构建个体可能使用的模仿行为。

社会认知理论有助于解释群体内行为的传播,因为个体的行为发展至少部分来自家庭、相关他人、同龄人和媒体等群体的传递。同时,观察成功的跨群体互动也可以促使内群体成员积极学习其他人,并可能在未来的真实接触过程中采取适当的行为。尽管社会学习理论提出以来在学术研究领域得到了广泛的关注,但是在社会实践领域,尤其是群际接触领域却并未得到应有的重视和应用。正如有学者所言,通过替代性经验来形成和改善刻板印象、偏见和歧视并非是新理论,但令人吃惊的是,却少有人在实践领域内进行运用(Gómez & Huici,2008)。因此,替代性接触的提出可以看作是社会学习理论在群体领域的实际运用,关注群体态度如何通过替代性学习而发生积极改变,致力于在群际层面上来探讨群体态度改善的可能性问题。

用于解释替代性接触的另一个理论是替代性的自我知觉理论。替代性自我认知模型(Goldstein & Cialdini,2007)更进一步解释了为什么替代性接触会对个体产生态度等方面的影响。该理论认为,当思考他人的经验时,特别是当个体高度认同观察到的内群体成员时,自我认知过程也正在进行。个体通过观察另一个人表现出来的行为,获取被观察者的态度信息,进而改善自身的态度。相应地,观察一个与外群成员进行友好互动的内群体成员,很可能会引导观察者相信内群体成员对外群体的积极态度。从这一点来讲,替代性接触与扩展接触有一定程度的相似,甚至有的研究者将替代接触归为扩展接触的一种(Dovidio, et al.,2011),当然二者是存在重要区别的,这部分阐述在后面会详细展开。与社会学习理论强调行为模仿所不同的是,自我知觉理论更加重视在观察过程中对于互动信息和经验的自我认知与加工过程,从而推断群际态度的性质以及群际互动的可能性与可行性。

除了以上两个理论支持之外,展开替代性接触的研究也是社会实践发展的必然和需要。近年来的研究发现,加强群体间直接接触的数量和深度可以有效减少群体偏见,改善群体态度(Pettigrew et al.,2008)。然而,在社会现实情境中,群体间的直接接触远非是一件容易的事情。替代性接触鉴于其间接性的特点,在一定程度上实现了直接接触不允许或者不能顺利展开的情况下改善个体对外群体态度的目的。

二、替代性接触的特点:兼与其他接触方式的辨析

随着间接群际接触研究的兴起和发展,很多新术语如扩展接触、想象接触、替代性接触不断涌现,它们之间在外延和内涵方面都存在着一些混淆和模糊的地方,基于此,厘清替代性接触与其他概念的内涵,成为一项必要且重要的任务。

首先,有学者认为,可以将替代性接触看作是准社会交往、媒介性交往以及扩展接触、想象接触的总称。这种观点指出,即便以上术语可能存在着一些差异,但是它们也可以因为两个重要的特点而得以整合,即社会认知理论以及非直接接触的交往情境(Joyce et al.,2014)。因为社会认知理论为以上种种形式的群际接触提供了理论基础和解释框架,尤其是能够解释它们所共同存在的社会认知学习过程。另外,以上所有的接触形式都采用了某种形式的叙事(比如故事、节目等),通过图书、电视、话剧等来展现这些叙事,对群体态度改善起到了积极的作用。但目前来看,这一观点并不流行,原因主要有两个:在诸多的文献中,对于各种术语的使用界限还是比较清楚和规范的,并未出现过度混用的现象,准社会交往、扩展接触以及想象接触的

使用都已经在学界成为基本的共识和通识,并不需要再将它们归拢到其他概念之内。另外,此种观点下的替代性接触涵盖的范围过于宽泛,无法有效区分不同术语的差异,也不能明晰各种间接群际接触的特点,这必然会导致学术研究和实际干预过程中的种种不确定、困惑以及质疑。

其次,将替代性接触看作是扩展接触的一种特殊形式。根据扩展接触假说,个体知道内外群体成员之间的友谊关系就可以减少对外群体的偏见,改善对外群体的态度(Vezzali et al.,2014)。其中,扩展接触需要特别强调"跨群体友谊关系"存在的重要性,作为"第三者"的内群体成员要通过内外群际成员间的友谊故事来感知群际亲密关系的存在,从而将他人纳入自我,认为朋友的朋友也是朋友(Wright et al.,1997)。即便都是作为"第三者"的内群体成员,在替代性接触与扩展接触中观察到的内容却存在很大的不同。替代群际接触展示的是内外群体成员之间顺利交往的情景,强调对群际接触行为过程的暴露,促进了内群体其他成员对接触情境和接触行为等的学习。研究指出,替代性接触强调接触情境和群际互动的交往过程,这种行为演示可以让群体成员清楚地知晓相似情境下如何更具体地与外群体成员进行接触(Mazziotta et al.,2011)。因此,替代性接触不能仅仅看作是扩展接触的一种特殊形式,二者强调的前提条件是各有侧重的,内在心理机制是不同的:一个是强调友谊关系的重要性,一个是强调行为展示的必要性。

再次,将替代性接触等同于准社会交往。在传播领域,准社会交往过程及其后果得到了很多研究者的关注和探讨,准社会交往的"准(Parasocial-)"是为了区别真实的、面对面的社会交往过程,主要是指利用媒介为途径而展开和构建的一种人际交往模式。比较而言,准社会交往展现的内容并非一定体现出"替代性"的特点,准社会交往可以是单纯地展现外群体的生活和工作状况,不用绝对性地涉及与内群体成员的互动,在传播内容方面具有单向性的特点。目前来看,替代性接触也大都借由媒介而展开,有的学者甚至将其命名为"准社会接触假说"(Parasocial Contact Hypothesis,PCH;Schiappa,Greg,& Hewes,2005),或者称之为"准社会替代性接触"(Parasocial Vicarious Contact;Gougeon,2015)。但关键的不同在于,替代性接触所展现的必须是群际成员的互动过程,即通过媒体展现的互动必须是发生在内外两个群体之间。从机制上来讲,准社会交往是通过媒体向内群体暴露外群体成员,替代性接触则是通过媒体展现内外群体之间积极的互动。准社会交往改善群体态度有可能是因为暴露或者熟悉效应导致的,而替代性接触减少群体偏见则更可能是因为行为过程为主的学习而导致的更为复杂的心理过程。

我们认为,替代性接触是具有相对独立的理论和实践基础的一种群际交往方式,具有不同于其他接触方式的特点,不能将其宽泛地看作是一切非直接接触的概括,也不可以将其狭隘地看作是扩展接触或者是准社会交往的特殊形式。通过概念辨析之后,对替代性接触的特点做出如下概括:替代性接触必须是发生在内外群体之间的互动,这种互动必须是积极的、顺利的,这种互动可以通过媒介的形式展现,这里的"积极"体现为"成功的交流互动",即群际成员间能够完成一次顺利的、目标实现的互动。当然,有的学者也曾经指出,并不需要区分替代性接触与其他形式的差异,而更适合将其作为减少群际偏见的一种干预方式(Gómez et al.,2008)。我们认为,如果对诸多容易混淆使用的概念不做任何区分和辨析是不妥的,这种不做任何区分的观点也是不符合未来实证研究的操作性要求的,即便是作为一种干预方式,也需要在实践过程中掌握其干预的要点,要清楚替代性接触的关键核心,以保证干预方式的区分性和确定性以及干预结果有效性的考察。

三、替代性接触的相关研究

尽管替代性接触有其学术创新性和现实必要性,但可惜的是,从2011年明确提出这一主题以来,相比扩展接触与想象接触这两种间接群际接触形式,它并未得到研究者充分的关注,从而使其在社会实践中的价值也不能充分彰显。基于现有的文献,将对替代性接触的相关研究进行总体的评述。

总体来看,研究者们主要通过不同的替代性接触(观看视频、阅读故事、影视作品等)形式,探讨了不同情境和目标群体中的替代性接触在改善群际关系方面的积极效果,由此说明,替代性接触效应的广泛存在。比如,马兹奥塔等(2011)要求德国参与者观看两个短视频剪辑,视频主要描述的是德国人和中国人之间成功互动的情景。结果发现,相对于视频片段显示两个德国人之间互动的对照情况,那些观看德中两个群体间互动视频的参与者,表现出了对中国人更积极的态度和行为意向。

另外,暴露于电视节目中积极的跨群体关系也可以改善群体态度。例如,观看芝麻街和不同种族间的互动(两个儿童电视节目的特点是种族多样化程度高,几个民族成员间存在积极的群体互动)改善了学龄前儿童和小学生的种族态度和友谊评论(Graves,1999)。维特鲁普和霍登(2011)询问白人儿童观看电视节目(例如芝麻街)的短视频片段,视频片段是由不同种族的演员组成,并展现积极的跨种族友谊,结果显示,与儿童没有观看视频的对照情况相比,替代性接触在改善对黑人的刻板印象方面效果明显。由于种族群体之间的相互作用在电视中有所体现,通过媒介节目展现跨群体互动可以看作是替代性接触的有益形式(Lienemann & Stopp,2013)。帕鲁克(2009)在卢旺达地区进行了为期一年的实地试验,证明了替代接触对群体间行为的有益影响。卢旺达地区的胡图族和图西族之间有种族灭绝和暴力历史,研究者因此设计了一档广播节目,旨在劝阻盲目服从和依赖当局指导、促进独立思考和集体行动以解决问题的广播节目。在一年的时间里,随机给一个社区播送这个被设计过的电台节目,而另一组社区播送的是一个处理艾滋病毒的类似节目。最后采用封闭式访谈、焦点小组讨论、角色扮演练习和集体决策等手段评估个体态度、感知的社区规范以及行为的变化。尽管广播节目对许多信仰和态度几乎没有影响,但它对听众表达不同意见的意愿以及他们解决公共问题的方式产生了实质性的影响。

从更为宽泛的视角来看,通过媒介进行的替代接触也可以采用专门创建的故事、书籍、报道等形式开展。在这种情况下,读者可以通过文字而不是图像来感受与体验故事,尤其是阅读描述内群体和外群体之间良好互动与友谊的相关材料。相比视频来讲,故事阅读需要参与者有着较高的阅读理解能力,以及能够体验到互动故事的主题,利布金等(2010)对芬兰青少年进行了一项实地试验,要求被试阅读几篇芬兰人与外国人积极接触的故事。结果显示,在移民密度高的学校,由于干预措施而提高了群体间宽容;在控制学校(参与者没有任何故事)中保持稳定;在中等或低密度移民的学校中,在干预后对外国人的容忍度保持稳定并在控制学校中下降。

应该注意的是,负面性质的替代接触对外群体态度产生不利的影响。白人在大众媒体中表现出的消极群体间非言语行为有助于强化白人对黑人的消极态度。反过来,在白人观众中,暴露非语言种族偏见增加了内隐偏见(Dovidio et al.,2002)。观众没有意识到自己已经受到非语言种族偏见的影响,也没有明显地意识到自己的群体态度所发生的变化,由此可见,替代性接触对群体态度的影响存在一定的隐秘性。

四、替代性接触效应的心理机制

在实际研究中,对替代性接触心理机制的探讨是非常重要的,它可以解释为什么替代性接触能够改善内群体成员对外群体的态度。此心理机制包含三个核心问题:替代性接触的作用方式,替代性接触改善群体态度的有效性,以及影响替代性接触实际效果的因素,对这些问题的解答能够勾勒出替代性接触效应的心理过程框架。

1.替代性接触的作用方式

替代性接触主要是展示特定情境中的群际互动过程,这种展示可以借助一定的媒体形式,比如图书杂志、电视剧(节目)、电影等来实现。所谓特定情境可以是一些自然发生的与外群体成员进行接触的情境,也可以是有一定控制性、目的性和针对性的情境。特定情境中的替代性接触在操作过程中需要克服三个障碍才能保证替代性积极效应的出现:其一,替代性接触应该展现内群体成员与一些较为陌生或不经常接触的外群体之间的交往情境。其二,替代性接触不应该增加观察者的群际焦虑,不会对观察者提出直接接触的要求。其三,替代性接触展现的交往互动情境应该是没有压力感的、自然发生的,尤其是从外群体成员的角度来讲,展现出来的交往情境不能表现出外群体(通常是受到偏见的群体成员)存在回避群际接触和互动的迹象(Gómez et al.,2008)。概括来讲,替代性接触就是要通过一定的媒介形式展现内外群体间顺利的交往过程。

目前来看,现有的替代性接触研究大都依靠大众传媒方式,比如图书、电影、电视剧、网络等,以故事、节目或者特定的视频等来展现群际交往的过程,从而达到改善群际态度的目的。这种群际接触形式适用的情景更加广泛,可以在比较自然的、群体成员没有过多心理戒备的情况下展开。一系列的研究发现,通过观看电视中异性恋群体成员与性少数群体成员的交往互动可以减少对性少数群体的偏见水平(Schiappa et al.,2005),观看电视中白人与黑人互动的视频可以改善对黑人群体的态度(Ortiz & Harwood.,2007)。从更加细致的层面上发现,视频呈现的人物以及互动的展现方式也能够对态度改善起到不同的作用,观看控制性视频(没有人物存在),准社会交往视频(视频镜头中呈现的内外群体成员总是分开的、单独出现的)以及准社会替代性交往视频(内外群体成员是互动的)后发现,相比那些观看控制性视频的个体来讲,观看准社会视频和准社会替代性交往视频的参与者均表现出了更近的社会距离,而后两者相比,观看准社会替代性交往视频的个体对外群体表现出了更高水平的温情(Gougeon,2015)。通过网络进行的替代性接触干预甚至发现,互联网游戏中虚拟的替代性交往情境也能够影响群体态度。参与者(新西兰人)观看消极的、积极的、中性的群际在线扑克游戏(对手是俄国人),结果发现,观看消极和积极性质的在线扑克游戏可以影响个体对外群体的态度和信任水平(Stark,Flache,& Veenstra,2013)。

以上研究为替代性接触改善群体态度的理论观点提供了有力的支持,同时这些研究也引发出另一个重要的问题,即发生积极的替代性接触效应的心理机制问题。为什么通过媒介形式展现的替代性接触能够减少内群体成员对外群体的偏见呢?替代性接触使得个体心理内部发生了怎样的变化,从而降低对外群体的偏见水平呢?

2.替代性接触改善群体态度的有效性

替代性接触改善群体态度的有效性主要是基于社会认知理论来解释的。观察群际互动可以看作是一种社会学习,通过观察学习,个体可以学习行为知识,提高自我效能感,并能够将这些自己并未实际经历的情境中的相关认知、情感和行为反应内化,一旦遇到相似的情境便会应用(Bandura,2002;Ortiz et al.,2007;Pagotto et al.,2013)。具体来讲,替代性接触改善群体态度的有效性主要围绕三个核心问题展开。

一是对群体身份的感知和认同。从内群体的角度来看,替代性接触应该突出展现外群体和内群体成员的身份(Mazziotta et al.,2011)。对内群与外群身份的感知,使得作为观察学习者的个体能够明确地知晓群际互动的双方是谁,并且能够明晰从群际互动过程中学习和模仿哪些行为。另外,个体须意识到自身与被观察者(互动中的内群体成员)是存在一定关系的,而且在观察者看来,他所观察到的内群成员与外群体成员的交往行为是与自我也相关的(Mazziotta et al.,2011)。观察一个人的行为,特别是当被观察的对象是自己认同的个体时,能够对观察者产生重要的影响,可以进一步加深观察者关于外群体的原有认识,学会与外群体的交往行为(Joyce et al.,2014;Dovidio et al.,2011;Eyal & Rubin,2003)。另外,从对外群体身份的感知来看,对外群体成员典型性、代表性的感知对群体态度改善的泛化起到积极的促进作用,参与互动的外群体成员越是被认为能够代表其群体的特征,群际互动的展现越能够促进群际态度的改善,内群体成员通过改善对外群体某些成员的态度泛化至对整个外群体成员的态度改善(Ortiz et al.,2007)。因此,要想促进积极外群体态度的泛化,最好选择外群体中具有代表性和典型性的成员,而且其本人具有一定的亲和力(Joyce et al.,2014;Mazziotta et al.,2011)。最后需要提及的是,群际积极互动和消极互动过程的展现对群体成员发生何种性质的心理效应具有不同的影响作用。尽管多数替代性接触都是群际间积极互动的过程展现,但也有一些隐含在媒体节目中的消极性质的、关于暴力和偏见的群际互动(Brown & Paterson,2016)。研究发现,当个体看到的是消极性质的群际互动过程时,对内群体成员认同水平越高的个体越容易产生更消极的外群体态度(Joyce et al.,2014),对消极互动中外群体成员典型性的感知会进一步放大内群体成员对外群体的消极态度(Meeussen et al.,2013)。

二是对于群际情绪作用的探讨。在群际互动的展示过程中,观察者通过观看被模仿者的情感反应唤醒自己的情感体验(Pagotto et al.,2013),而且替代性接触作为一种间接接触方式,也减少了内群体成员直接参与真实交往情境的焦虑、恐惧等情感水平(Mazziotta et al.,2011),群际焦虑和恐惧主要源于自身对群际交往消极后果的预期,群际焦虑的降低可以改善对外群体的态度(Paolini et al.,2006)。从积极情绪的引发来看,群际信任、共情在替代性接触减少偏见的过程中起到重要的调节作用(Pagotto et al.,2013)。信任可以看作是对外群体的积极乐观的期望,能够预测积极的行为倾向,替代性接触可以看作是真实交往前的准备或预演,由此提高了对外群体的积极期望和信任水平。最后,也有研究者认为,替代性接触促进了一种虚拟社会关系的构建,作为内群体的观察者可能会在观看群际互动的过程中与外群体成员建构一种虚拟的人际关系,这种虚拟的关系与面对面的人际关系是比较相似的,可以促进其对外群体态度的改善(Schiappa et al.,2005)。可见,替代性接触并非是一种情感中立的情境,群际互动过程中内群体成员的情感反应都可能会被观察者所感知和体验,并作用于观察者对外群体的态度。

三是对替代性经验的获得以及自我效能感提升的肯定。替代性接触使个体获得了替代性的行为经验,提升了群体成员的自我效能,通过提高内群体的自我效能感而提高与外群体的交往期望水平,从而改善了对外群体的态度,增强了内群体成员参与直接接触的意愿(Mazziotta et al.,2011)。自我效能感指个体对自己是否有能力完成某一行为所进行的推测与判断。一个人的自我效能信念力量在很大程度上决定了他如何解释和应付需求的能力,高级的自我效能感更想要参与和外群体的交流活动。替代接触给予了个体学习和模仿的机会,更重要的是让个体学习到了如何与外群体进行交往。基于社会认知理论的观点,观察群际互动是一种社会学习方式,可以增强个体的自我效能感,获得行为知识。尤其是面对一些陌生群体或者特殊群体的时候,个体会因为不知道如何与外群体进行互动而不知所措,产生无助感和焦虑感,而替代性接触可以使个体获得这样的交往技能,减轻对外群体的陌生感和隔离感。对成功进行跨群体交往情境的观察可以提高观察者的自我效能期望,这种高水平的自我效能期望又减少了观察者与外群体交往的不确定感,从而促进对外群体的积极态度,进一步提高了直接接触的可能性(Mazziotta et al.,2011)。

目前来看,在群体心理视角下,替代性接触效应的机制还不够完善和清晰,基于群体认知、情感与行为之间的具体作用还没有得到更深层的解释。对直接接触效应的元分析已经发现,情感因素比认知因素更为重要,焦虑、威胁感的减少、信任、共情感的增加在群际接触过程中的积极作用要远大于外群体知识的获得等认知因素(Tropp et al.,2005)。那么,在替代性接触效应中,认知、情感和行为因素存在怎样具体的影响作用与相互作用呢? 在心理机制的内在路径方面还缺乏更深层次、更具整合性的研究。

3. 替代性接触效应的影响因素

替代性接触的积极效应存在着一定的差异,其实际效应的大小受到很多因素的影响。其实,这些影响因素与前一部分中提及的心理过程很难明确分开,在此,将这些因素的影响作用单作评论主要是有利于今后研究的开展。

首先,个体成员与外群体的过往交往经验很重要。比如与外群体成员的朋友数量、交往质量以及接触机会等,如同其他间接接触的形式一样,替代性接触的积极效应主要发生在内外群体间并无机会接触经历以及较少具有接触机会的群体中,这样由于直接接触而产生的对外群体的先前态度就对替代性接触效应起到较少的影响作用(Gougeon,2015;Mereish & Poteat,2015)。

其次,替代性接触中有无权威会影响态度改善的实际效果。

用明星、专家等知名度、信任度较高的群体成员作为代表而展现出来的替代性接触情境和行为更具有引导性(Herek & Capitanio,1997),替代性接触行为受到某个权威人物的肯定和支持,也能够促进和强化内群体对外群体产生的积极认知评价,替代接触积极效应就能得到增强,对外群体态度的改善效果就更加显著(Gómezá et al.,2008;Joyce et al.,2014)。

替代性接触产生的心理效果可能还会受到其他因素的影响,这方面研究还存在很多值得探索的空间。比如,对内群体成员的认同程度可能会影响到替代性接触的实际效果,但哪些内群体成员更容易被认同呢? 是相似性认同还是权威性认同(毛良斌,2014)? 从改善效果的差异性来看,哪种类型的认同对态度改善的作用更大呢? 另外,观察者自身的动机水平可能会影响态度改善的效果。在扩展接触的干预下发现,高自我扩展动机水平的个体更容易、也更积极地接受外群体(Dys-Steenbergen,Wright & Aron,2016),那么,在替代性接触的干预下,不同自我扩展动机水平的内群体成员是否存在着态度改善效果的差异呢? 最后,由于多数替代性接触都借助一定的媒介形式展开,那么问题就接踵而来,即个体对替代性材料的观看程度、卷入加工程度等也可能会影响到替代性接触的实际效应。研究已经发现,观看频率影响态度改善的效果,重复播放电视节目可以增加个体对准社会交往的卷入程度,降低偏见水平(Schiappa et al.,2005)。因此,作为一种间接学习模式,替代性接触应该重视内群体成员的学习主动性,尤其是在改善群体态度、偏见、刻板印象以及歧视等方面的学习主动性,进而提高社会学习的成效。

五、替代性接触的学术前景与现实意义

替代性接触作为一种群际交往的间接方式,对改善群际态度起到了积极作用,而且替代接触干预过程没有其他间接接触的限制条件多,也比较容易控制。这些令人振奋的研究结论使得致力于研究群体心理的学者更加希望全面探讨替代性接触,并期望这些研究能够促进替代性接触在社会实践领域充分发挥作用。

1.完善替代性接触效应的内在机制

替代性接触效应的心理过程既包括认知路径也包括情感路径,但基于两种路径的各种探讨还存在很多需要深入解释的地方。从认知方面来讲,替代性接触改变或者调整了内群体的哪些认知?是行为知识(脚本)本身的获得抑或是群体规范的获得对改变外群体态度起到了作用?也就是说,个体通过观看内外群体成员的互动过程后,是否会从中抽象出一种群际交往的规范,获知与外群体进行交往的社会文化约定性,即群际互动是可能的、被允许的、开放的、友好的,而这种隐含规范的获得对群际态度的改善会起到怎样的作用呢?从情感的角度来讲,是消极情绪(焦虑、恐惧、威胁感等)的减少,还是积极情感(信任、共情等)的增加导致了群际态度的改善呢?从认知与情感互动的角度来讲,是替代性学习使个体获得群际交往的行为脚本,这种行为知识的获得减少了个体感知到的群际交往不确定感,从而改善对外群体的态度,提高群际交往意愿呢,还是说自我效能期望是否会影响个体的情感因素,激发内群体成员的兴奋感和挑战性,进而产生了更强烈的直接交往意向呢(Mazziotta et al.,

2011）？认知和情感因素之间的具体作用还不能清楚地解释替代性接触效应，而针对以上这些问题的探究，可以进一步明晰替代性接触效应的内在心理路径。

2. 深入挖掘影响替代性接触效应的因素

从替代性接触的过程来看，替代群际接触产生的积极效应不但要受到外在权威的影响，还可能受到社会惩罚以及赞许、自利性归因等社会心理因素的影响，甚至还可能受到观察者本身对交往情景、自身交往能力以及其他因素认知评价能力的影响，而这些变量对替代性接触的实际影响作用目前尚不明晰。从年龄特征来看，模仿和观察学习对儿童、青少年等低幼年龄的个体的影响更明显（Bandura，2002），那么，替代性接触的积极作用是否也存在这样的年龄效果呢？而且研究已经发现，随着年龄的增长，个体对群体准则的感知水平会不断发展（Cameron et al.，2011），群体层面上的社会学习更加复杂，其中不但包含行为的学习，还可能存在着群体规范和制度的抽象性归纳和认知，这是否会阻碍替代性接触对低幼年龄个体态度的干预效果呢？从偏见形成的信息内容来看，需要更加关注偏见感知的来源，以此通过替代性接触更加准确地找到消除或者减弱哪些特征来改善态度。比如，需要进一步关注媒体信息内容的细节，即哪些信息更容易被记住，哪些信息对群际知觉作用更强烈？新闻和电视剧相比，新闻的偏见性更明显，消极作用更强烈，因此信息内容的性质更加需要关注（Pagotto et al.，2013）；这样就能够深层地解释内群体的消极态度是否是通过视频学习而引起的，以此找到态度改变的明确归因（Joyce et al.，2014）。

3.关注来自外群体的影响因素

迄今为止,绝大多数关于群际接触的研究都是从单群体视角(往往是内群体视角或者是占主导地位的群体视角)出发的,即内群体成员如何通过观察、知晓或者想象与外群体成员的接触和互动从而引发一系列的心理过程改变。但问题是我们忽略了群际偏见是双方的,外群体可能存在着对于内群体的不同偏见,也存在着对群际互动的不同看法和信念,而且群际态度的改善是双方面的,可是我们在研究中仍然"一厢情愿"地相信,如果展示内外群体成员间发生的良好互动必然会改善"我们"对"他们"的态度,而忽略了群际关系的增进还需要"他们"对"我们"的态度发生积极友好的变化。这个问题成为目前所有间接群际接触研究存在的一个共同缺憾。今后的研究应该加强从外群体视角来探讨,将群际接触真正地看作是一种群体间的"互动过程",只有在这种思路的转变中,才能进一步考察,当外群体对群际互动有不同的反馈时,间接群际接触效应是否会受到重要的影响(Gómez et al.,2008)。

4.对比考察替代性接触的干预效果

减少偏见不仅仅是从认知层面上去改善对外群体成员特征的刻板印象,加强群体的多元化认识,同时也应该加强从互动行为的层面上去指导群体的交往过程,从不愿、不敢与外群体接触转变成愿意、能够与外群体接触,才能够从认知、情感和行为层面上改善对外群体的态度。这一积极效果绝非是单靠替代性接触本身所能实现的,还需要与其他接触方式的综合干预。上面曾经提到,扩展接触是让个体知晓跨群体友谊关系的存在,替代性接触则是群际互动过程的展示,两种干预方式的结合是否会起到更加积极的效果呢? 另外,替代群际接触的直接行为意图以及行为改善的长效性效果还是有待加强的。虽然研究已经广泛证实,替代性接触可以降低群际偏见,改善群体态度,但是这并不意味着直接行为意图的改善,实际情境中行为的改善是否真的有效,还需要进一步的验证。除此之外,相比直接的面对面接触而言,通过媒体的准社会接触所获得的经验对群体态度改善的作用要小很多,其稳定性也较差,已经对外群体减少偏见的人很容易被接触到的其他信息再次改变看法(Gómez et al.,2008),是否可以进一步探讨,媒体内容展示后的激励过程,以及媒体和其他形式的互动以促进或抵抗态度变化呢(Joyce et al.,2014)。最后,增强替代性接触的积极效果是否也可以进一步尝试在互动过程中增加和激发群际情感水平的内容成分。比如,研究发现,对外群体的同情可以对群际接触改善外群体态度起到更积极的预测作用(Pagotto et al.,2010)。如果让参与者观看一个移民遭受歧视的电影引发他们对移民的同情反应,要比单纯观看一个积极群际互动接触的影片产生更加积极的外群体认同和偏见(Juan-Jose Igartua,2015),这对提高实际干预效果来讲是一种重要的启示。

5.加强替代性接触在社会生活的作用

从研究对象的来看,已有研究多集中在对移民、种族、艾滋病等群体的偏见减少和态度改善,却较少探讨其他一些特殊群体,比如自闭症群体、残障群体等。其实,这种研究对象的扩展本身也说明了另一个非常重要的问题,即替代性接触可能对改善某些群体的态度更为有效。替代性接触作为一种行为为主的学习,可以促进大部分人与某些特殊群体进行顺利地接触和交流。比如,大学生在做志愿者的过程中,对特殊学校的学生存在更多的焦虑和恐惧,这些情绪的主要来源是不知道该与对方如何接触。

在社会生活中,替代性接触为我们改善群体关系提供了一种简便有效的途径。研究发现,通过媒体的替代性接触与面对面交往的效果并无显著差异(Chia,2006)。我们可以利用媒体,通过一定的节目、电影、电视剧等来展现群体替代性接触,从而改善社会公众对陌生外群体(比如少数民族、种族、宗教等)、特殊群体(比如身体残障群体、精神残障群体以及其他弱势群体)以及职业群体的偏见。有效借助媒体信息来起到积极的教育引领作用,不仅要呼吁、提倡和肯定群际互动,还应该明确提供群际接触行为过程的展示,加大群际互动行为的宣传,由此提升群际交往的意愿水平,改善群际间的消极态度。

第二节
替代性接触改善群际社会距离

自闭症被认定为一种精神残疾,近年来患病人数明显增多,自闭症患者已经成了一个人数庞大的特殊群体。长期以来,针对自闭症患者,我们的视角都集中在如何治疗方面,以促进他们更好地掌握生存技能,更好地融入社会,却忽略了关注阻碍他们更好地融入社会的其他障碍,比如来自社会普通群体的偏见。因此,改善社会对自闭症群体的态度就成为一个非常现实的问题,展现在我们面前。

一、问题提出

替代性接触认为,个体观察内群体成员与外群体成员成功互动的过程,能够减少对外群体的偏见,改善对外群体的态度(Mazziotta et al.,2011)。在群际层面上,替代性接触主要运用在改善内群体对外群体的态度方面。近年来的研究多集中在国外,且多以电视为媒介渠道,以种族、性少数群体者以及移民群体为目标群体。而在国内,以自闭症儿童为目标群体的替代性接触干预并未在当下得到足够的关注和探讨。除此之外,已有研究多数集中使用视频媒体作为替代性接触干预的途径,但是对文字材料为媒介的替代性接触干预效果探讨较少,不同类型的干预材料是否会导致干预效果的差异也并未得到深入的关注。本研究旨在探讨:替代性接触是否能够改善社会与自闭症儿童的社会距离。

二、研究方法

采用方便取样,随机选取 120 名大学生,男生 60 名,女生 60 名,分成对照组 40 名,文字材料组 40 名,视频材料 40 名。被试年龄 18～23 岁之间,所有被试排均报告未参加过类似的实验,不存在直接接触过自闭症儿童或有自闭症儿童亲戚或者朋友。

采用被试间设计,以自闭症儿童为目标外群体,进行单因素三水平的实验处理,即无材料干预的对照组、文字材料干预组和视频材料干预组三种处理,文字材料干预和视频材料干预都属于替代性接触。

1. 实验材料

实验材料分为文字材料和视频材料两种。文字材料是将视频展现的互动过程转换成了文字表述。为了保证文字材料和视频材料都有较高的可用度,符合替代性接触的特点,正式实验前进一步对两种材料做了评定工作。

视频材料评定:选择某网上《自闭症儿童》的一则视频进行适当的剪辑,片长共5分36秒。视频讲述的是志愿者去一所特殊学校去陪自闭症儿童互动玩耍的经历,志愿者陪自闭症儿童弹钢琴,教自闭症儿童做饭,一起玩篮球等活动,并展现出了积极顺利的互动过程。随机抽取30名同学进行材料评定,被试需要读完指导语和观看视频材料后回答三个问题,①你认为材料所展现的群体是;②你认为材料所展讲述的内容是;③你认为事件展现的接触过程是。其中24份选取的是期望答案,有两份分别忘了填写第1题和第2题,有三份分别在第1题回答错误一次、第2题回答错误两次,还有一份答案模糊不清。预实验正确率达到80%,可以判定视频材料的有效性。

文字材料评定:小驰是一名15岁的自闭症男孩,有轻微的言语发育障碍和人际交往障碍,行为方式也有些刻板,但并没有攻击性。现在小驰生活在一所特殊学校里。周日下午,几名在校大学生又来到这所特殊学校做志愿者。和小驰接触的是一位正在读大三的男同学王洛,上午刚到的时候,他们在一起弹钢琴,小驰一直反复地给王洛弹《两只老虎》中的一句,虽然弹奏得不是很流畅,但小驰很开心,弹完一直拍着手笑。到了中午的时候,老师一步步地指导小驰给大家做了一道西红柿鸡蛋汤,还和老师一起给大家把饭菜端出来。下午他们去楼下公园玩篮球,刚开始时小驰接不住王洛抛出来的球,但玩了一会儿后就能很好地在一起配合了,他们一会儿来回地抛球,一会儿追着球跑。志愿者临走前和小驰用了他们每次道别时的特殊方式,两个人握着手然后肩头相碰,这是王洛教了很长时间后,小驰才学会的,也是小驰最喜欢的道别方式。随机抽取 30 名同学进行材料评定,被试需要读完指导语和文字材料后回答问题(问题同视频组三道)。其中 25 份选取的是期望答案,有两份分别忘了填写第 1 题和第 3 题,有三份分别在第 1 题回答错误一次、第 2 题回答错误两次。预实验正确率达到 83.33%,可以判定文字材料的有效性。

2.测量工具

(1)自我效能量表:由张建新等编制的中文版自我效能量表,至今已被证实具有良好的信度和效度,共计 10 个项目,采用李克特 4 点计分,分数越高表示自我效能感越高。

(2)社会距离量表:由一组表示不同社会距离或社会交往程度的陈述组成,让被试选择自己能接受的与外群体之间的社会距离。采用李克特 5 点计分,1~5 分别代表"非常愿意"到"非常不愿意",高分表明被试知觉到更高的社会距离,即偏见水平更高(史斌,2010)。

3.实验过程

(1)对照组:随机选取 40 名大学生,其中男生 17 名,女生 23 名。由于对照组是作为基础数据进行比较,所以可直接发放问卷进行填写。指导语:"亲爱的同学们,4 月 2 日是世界自闭症日,在本月,老师要带领同学们去一所特殊学校接触自闭症儿童,请你设想一下你是其中一名志愿者。在参与这项活动之前,请先完成以下问卷。"

(2)文字材料组:随机选取40名大学生,其中男生22名,女生18名。指导语同对照组,差异在于告诉被试,请先阅读以下文字材料,然后完成问卷。规定实验过程中同学之间不能相互交流,以免出现不必要的误差。

(3)视频材料组:随机选取40名大学生,其中男生21名,女生19名。指导语同对照组,差异在于告诉被试,请先观看以下视频,然后完成问卷。由于视频组是观看统同一视频,因此,必须控制人数,以避免被试在观看视频后会出现讨论的情况,影响实验结果。

三、结果呈现

1. 替代性接触干预的有效性

表5-1 不同干预下对自我效能和社会距离的差异比较($M \pm SD$)

	对照组($N=40$)	视频组($N=40$)	文字组($N=40$)	F
自我效能	29.63 ± 3.87	35.35 ± 4.31	31.62 ± 6.24	13.991^{***}
社会距离	22.07 ± 2.97	17.70 ± 2.76	18.80 ± 3.40	22.206^{***}

注:***表示 $p < 0.001$。

对文字干预组、视频干预组和对照组被试的自我效能感和社会距离得分进行单因素方差分析,如表5-1所示。

结果发现,三种处理水平下,自我效能和社会距离得分存在显著差异($F_{(2,117)} = 13.991, P < 0.001; F_{(2,117)} = 22.206, P < 0.001$)。事后多重比较发现,视频干预组的自我效能显著高于文字干预组和对照组,后两者比较来看,文字干预组的自我效能显

著高于对照组;另外,视频组和文字组的社会距离得分显著低于
对照组,前两者的社会距离得分并不存在显著差异。总体来看,
替代性接触干预(视频和文字)对改善群际社会距离是有效的。

2. 自我效能感在替代性接触过程中的中介作用

替代性接触的有效性可能在于其所展现的群际互动过程提
高了个体的自我效能,增加了个体接触外群体的信心,自我效能
在替代性接触改善社会距离的关系中具有一定的影响作用。鉴
于此,以有无替代性接触干预作为自变量,社会距离作为因变
量,探讨自我效能在替代性接触改善社会距离关系的中介作用,
见表 5 - 2。

表 5 - 2　自我效能在替代性接触过程中的中介效应检验

	标准化回归方程	SE	t
第一步	$Y = -0.509X$	0.595	-6.423^{***}
第二部	$M = 0.337X$	0.993	3.891^{***}
第三部	$Y = -0.320X - 0.559M$	0.503	-4.792^{***}
		0.004	-8.361^{***}

注: ***表示 $p < 0.001$。

自我效能在替代性接触改善大学生对自闭症儿童群体的社
会距离中的中介效应依次检验结果均为显著,从第三步检验中
发现两个 t 检验结果两个都极其显著,这说明自我效能感在替
代性接触改善大学生对自闭症儿童的社会距离的关系中起到部
分中介作用。

四. 讨论

本研究首次、初步以自闭症群体为目标群体,探讨了替代性接触改善大学生与自闭症儿童社会距离的有效性。结果发现,相比对照组的无干预处理,替代性接触干预是能够改善群际社会距离的,这一结论与前人的研究一致,验证了替代性接触效应的存在。替代性接触作为一种间接接触方式,其对改善社会对陌生群体或者特殊群体的态度方面更为有效。替代性接触是一种社会性学习,通过观察学习和模仿,个体可以学习行为知识,并能够将这些自己并未实际经历的情境中的相关认知、情感和行为反应内化,提高自身与外群体之间的交往意愿(Pagotto et al.,2013)。

同时,本研究发现,视频材料的干预效果要明显优于文字材料的干预,以往研究中并未比较不同材料类型的干预效果,并未发现其存在的效果差异。虽然文字材料和视频材料都是一种社会性刺激,但是人们阅读的产生画面和视频展现的画面有着很大的差异。通过阅读文字改变的自我效能和观看视频所产影响的自我效能感有很大的不同。文字材料的可控程度较小,虽然文字材料给被试所展现的内容是相同的,但不同的人有不同的感受能力,对相同的文字带动的情感和情绪都是不同的(周艳艳,马婷,张锋,2014),相比来讲,虽然视频材料呈现在眼前的画面所引起的联想效果没有文字材料引起的联想更详细,但是作为一种行为学习来讲,视频材料展现的交往行为过程与方式显然更加直接,对自我效能提升效果更明显。

另外,自我效能在替代性接触改善社会距离的关系中起到部分中介作用,进一步验证了替代性接触展现行为互动过程对个体社会性行为模式学习的积极作用(Mazziotta et al. ,2011)。自我效能感是个体对自己是否有能力完成某一行为所进行的推测与判断。一个人的自我效能信念力量在很大程度上决定了他如何解释和应付需求的能力,高级的自我效能感更想要参与和外群体的交流活动。替代接触给予了个体学习和模仿的机会,更重要的是让个体学习到了如何与外群体进行交往。基于社会认知理论的观点,观察群际互动是一种社会学习方式,可以增强个体的自我效能感,获得行为知识。尤其是面对一些陌生群体或者特殊群体的时候,个体会因为不知道如何与外群体进行互动而不知所措,产生无助感和焦虑感,而替代性接触可以使个体获得这样的交往技能,减轻对外群体的陌生感和隔离感,提升个体与外群体交往的自信,高水平的自我效能期望又减少了观察者与外群体交往的不确定感,从而促进对外群体的积极态度,进一步提高了直接接触的可能性。

第三节
低人化偏见的情感建构与思考

为什么"我们"总喜欢往自己人脸上"贴金",觉得和那些"外人"相比更加与众不同? 这是一个非常有意思的群体现象。其中涉及的核心问题便是:群际比较。社会群体间的比较是很常见的。"我们"与"他们"进行比较的地方包括语言、道德、智慧等,通过这些方面的差异性来解释彼此存在的不同。而智慧、道德、语言以及情感等可以看作是人性的本质特征,借此为标准来进一步区分内群体和外群体,来彰显自己与他人的与众不同。

更为重要的是,群体间凭借这些人性特征来认知和强化彼此的差异性,也会形成对外群体固化的偏见(Leyens,et al.,2000)。低人化(Infra-humanization)就是聚焦人性中情感特征比较而形成的一种偏见。

特殊群体很容易成为低人化偏见的对象,虽然多数基于间接群际接触的研究都选择以社会距离、交往意愿等作为群际偏见减少或者群体态度改善的重要指标,但是,低人化偏见作为内隐偏见的重要类型却并未受到广泛的关注。基于此,以低人化偏见为核心的探讨也应该得到重视,并需要积极探索间接群际接触对于减少低人化偏见的有效性。

一、低人化偏见的社会情感维度

群际之间是如何感知彼此人性中的情感特征并以此进行比较的呢?对于这个问题的解答首先要来关注人类情感的特征与水平。人类具有两种情感水平,初级情感是一种低水平的、人类与其他灵长类动物共享的情感,比如恐惧、愤怒、快乐等;二级情感是高水平的、适用于社会性关系的一种情感体验,专属于人类所有,它的存在内隐且稳定,是人类在后天成长的过程与社会环境中形成的,比如羞愧、崇高、内疚等。相比初级情感而言,二级情感特征的拥有和体验能力更能够反映出人类群体的独特性和典型性(Demoulin et al.,2004)。

关键在于,群体成员对内外群体情感特征的知觉存在一定的偏见。其一,从情感的认知倾向来看,群体成员认为内外群体拥有的初级情感特征没有明显区别,但是二者拥有的二级情感数量和性质却存在不同,内群体具有更多、更积极的二级情感特征(Delgado et al.,2009)。内隐联想测验发现,内群体成员更容易建立起内群体与二级情感、外群体与初级情感之间的对应关系(Boccato,Cortes,Demoulin,& Leyens,2007),个体存在内群体与二级情感、外群体与初级情感间明显的优势联结效应(Paladino,Leyens,Rodriguez,Rodriguez,& Stéphanie Demoulin,2002),已经将内群体与二级情感的联结内化为一种信念(Gaunt,Leyens,& Demoulin,2002)。其二,从情感归属的行为倾向来看,群体成员倾向于把更多的二级情感特征赋予内群体而非外群体,会选择更多的二级情感特征来描述内群体,但赋予内外群体的初级情感特征数量则不存在明显的差异,体现出二级情感归属的行为偏向性(Leyens,Stéphanie Demoulin,Vaes,Gaunt,& Paladino,2007)。

简言之,群际间以情感特征为核心的知觉偏见和行为倾向即为低人化偏见(Leyens,Rodriguez,Rodriguez,Gaunt,& Stéphanie,2001),二级情感的感知与归属差异性是低人化的关键特征。其实,低人化偏见是较为普遍的一种群际现象,种族、国家、组织、群体之间都存在着一定程度的低人化偏见(Capozza et al.,2014),即使年幼儿童在不同类型的情感认识与归属方面也存在着群体偏见,能够将高级情感更多地归属于内群体(Martin,Bennett,& Murray,2010)。低人化偏见也是一种内隐性的偏见,在日常生活中不易被个体所觉察(Capozza et al.,2012),这种偏见也能够在无意识层面上得到强化,高群体认同的情境更容易提高这种偏见水平(Demoulin et al.,2004)。

在此需要特别说明的是,以人性中的情感特征角度来解释群际偏见还需要区分使用低人化与非人化(dehumanization)。非人化是围绕"为人的资格"而展开的(Haslam & Nick,2006)。首先是"人之独特性",指的是人类区别于其他动物群体的属性,比如文明、道德以及较高的认知能力。其次是"人之本质特征",指的是人类与非生命物体区别开来的基本特征,比如情感反应、温情以及灵活变通性。否定了人之独特性,就意味着人类群体如同动物一样低级,不成熟,非理性,落后愚昧。否定人之本质,则意味着人类如同器物一样的冷漠,死板,缺少情感反应(Bastian & Haslam,2010)。独特性将人类与动物区分开,本质性则将人类与器物区分开,前者聚焦于通过文化和教育而获得的特征,比如责任、道德等,后者则关注人之内在特征,比如温情、灵活性等(Gwinn,Judd,& Park,2013)。目前来看,非人化与低人化两个术语有明显的混用迹象,将低人化看作是非人化的一种特殊形式,即那些程度较低的人之属性否定可以看作是一种低人化偏见(Delgado et al.,2009)。或者认为,低人化与非人化就是一回事,既包括对人类本质的探讨,也包括对高级情感归属的认识,都体现出群体将独特人性特征归属于自身的偏向性(Buckels & Trapnell,2013)。但我们认为,低人化与非人化是存在区别的。其一,适用条件不同。非人化偏见一般适用于极端严重的暴力群体间,低人化偏见则不一定发生在冲突群体间,社会不同类型的群体间都可能存在这种偏见。其二,强度不同。低人化偏见通常是群体比较时产生的,并没有否认外群体的人之本质,而是更加强调内群体在高级情感方面突出群体间的与众不同。其三,本质不同。非人化偏见是对人类本质与独特性双方面的探讨,低人化偏见则聚焦群体间情感特征的比较。在中国语境中,非人化很少用来形容社会性群体,如果采用非人化来形容人类,则意味着否定了该群体为人的资格、本质与特征,即所谓的"惨无人道""灭绝人性"。

二、低人化偏见的群际建构特点

低人化偏见作为群体偏见的一种形式,我们的视角所聚焦的是群体双方对低人化偏见的心理建构特点。这种建构过程围绕着"情感特征"的核心主题而展开,重点探讨哪些因素会影响低人化偏见的倾向和强度? 建构低人化偏见的群体动机何在? 哪种情境更容易引发低人化偏见? 哪些群体更容易被低人化? 关于这些问题的解答具有非常重要的学理价值。

1. 外在于群体的情境因素

群体地位对低人化偏见水平的影响存在两种观点。一种观点认为,低人化偏见并不因为群体间的地位存在差异就不会出现,恰恰相反,低人化偏见是群体间普遍存在的,无论群体地位有何不同,群体都会将更多的二级情感赋予自身,将更多的初级情感赋予外群体,但群体地位对低人化偏见的影响关键在于群体地位的高低会影响群体成员将哪些人类特征归属于内群体。比如,地位高的群体对内群体的知觉是成就取向的,认为内群体更具有才能;地位低的群体对内群体的知觉则是社会情感和人际取向的,认为自己更加温和善良(Leyens,2009)。另一种观点则认为,群体地位不同在一定程度上可以影响群体成员对人性特征的知觉。地位高的群体成员认为自身比外群体更具独特性,而地位低的群体成员却没有将更多的优势性特征归属于自己,低人化偏见并不明显。原因在于群体成员对人性的知觉会受到群体刻板印象的影响(Capozza et al. ,2012)。也就是说,大家普遍认为,地位低的群体拥有着一些较为普遍的不良特质,这种以群体地位来推测群体成员人性特征的固定认知模式或者说对群体的刻板认知影响了内群成员对自身情感特征的知觉和归属,因此,他们并没有明显地表现出将更多的优势情感赋予内群体。应该说,群体地位与低人化偏见的关系是复杂的,对以上的研究结论也是存在争议的。目前的研究并没有严格区分群体地位的类型对低人化偏见的影响作用,没有考虑到不同经济地位、政治地位、社会地位对低人化偏见的具体影响。由于长期处于不同地位而产生的群体刻板印象是否影响群体对自身情感特征的知觉和归属呢? 这一现象还会受到群体认同、群体实体性等其他特征的影响吗? 这些问题并无深入的探讨。

对群体冲突的感知是引发群体成员低人化偏见的重要因素。相比没有发生或者不存在冲突的群体双方而言,直接的群体冲突会对群体间的低人化偏见起到重要的启动作用,即使很小的群体冲突也能够引发内群体对外群体产生明显的低人化偏见(Leyens et al.,2007)。更有意思的是,研究发现,接触非直接的、无关群体自身的群体冲突情境也可以引发个体对涉事外群体的低人化偏见。比如,仅仅让群体成员观看一些普通的、暴力性的群体冲突图片就可以激发内群体成员对涉事外群体的低人化偏见(Delgado et al.,2009)。为什么让群体成员接触暴力冲突情境就可以引发他们的低人化偏见呢? 其中的原因在于,暴力冲突行为和暴力情境本身容易激发内群体成员对外群体的负面知觉,改变了内群体成员对涉事外群体成员的人性特征知觉,进一步引发了群体成员对外群体的消极性与威胁性知觉,认为外群体成员更具有威胁性,内群体更倾向于从人性的角度上去评判外群体,以示与自己存在明显的区别。

接下来的问题是,具有同等社会地位但不存在冲突经历的群体间是否存在低人化偏见呢? 研究发现,在同等社会地位条件下,内群体成员的认同水平较低且没有群际比较的情况下不会产生明显的低人化偏见;但当内群体成员进行群体比较且群体认同水平比较高的情况下,则会出现明显的低人化偏见(Rohmann,Niedenthal,Brauer,Castano,& Leyens,2009)。由此可见,低人化偏见在一定程度上是存在情境依赖性的,当群体进行比较时则会激发低人化偏见,尤其是希望通过群体比较获得更积极的内群体形象时,低人化偏见才更加明显。同时,这也引发了对低人化偏见研究更深入的思考,即除了群体地位差异以及是否存在群际冲突等情境因素之外,还有哪些群体心理因素促使个体认为建构低人化偏见是必要且必需的呢?

2. 内在于群体的心理因素

群体如何感知自己在群际冲突中的责任也影响其低人化偏见的强度。如果内群体认为自己对外群体的境遇不负责任时,对外群体的低人化偏见不明显;如果群体间不存在任何威胁性或控制性的关系时,彼此间的低人化偏见也不明显(Branscombe & Doosje,2004)。但当群体意识到自身曾经对外群体实施过一定的"侵犯行为"时,其对外群体的低人化偏见水平会受到怎样的影响呢?结果发现,如果让内群体成员意识到自己对外群体的侵犯行为,内群体成员对外群体的低人化偏见水平会提高(Castano & Giner-Sorolla,2006)。也就是说,对侵犯事件与群体责任的知觉使群体处于一种威胁性的情境中,如若内群体感知到自身成为冲突行为的责任者会威胁到自群体的形象、自尊等,此时,低人化偏见可以成为一种重建心理平衡的策略,成为一种群体防御方式。其中包含着这样一种内在逻辑,即如果外群体具有较少的、较低的情感特征,那么,内群体成员对外群体的共情水平便会降低,内群体对外群体的侵犯行为就具有了看似"合理的依据"(Cehajic,Brown,& Gonzalez,2009),对内群体来讲,冲突本身正是外群体"自作自受"以及"可怜之人必有可恨之处"的结果。

群际相关性感知对低人化偏见也具有一定的影响。所谓群体间的相关性主要是指外群体对内群体的重要程度,对内群体的生活等方面的重要影响。外群体与内群体的相关性越强,群体成员归属于外群体的二级情感越少,低人化偏见越明显(Cortes,2005)。当然,对此结论有研究者提出过异议。争论者认为,个体对内外群体的二级情感特征的感知方面存在明显的差异,是因为内群体成员之间更加熟悉彼此,却不了解外群体成员所导致的(Demoulin et al.,2004)。一般来讲,以喜怒哀乐等情绪为主要表现形式的初级情感要比二级情感更容易被观察到,而二级情感则难以外显和观察,表现强度略逊一筹。另外,因为个体不熟悉外群体成员,所以对其内在的二级情感特点不了解。但支持者却认为,并不是因为二级情感特征不容易被外界知觉才导致低人化偏见,而内群体与外群体的相关程度才是解释这种现象的关键。为什么相关性会对情感偏见产生重要的影响呢?群际关系密切很可能会被群体内成员感知成一种来自外群体的威胁。内群体成员对物质资源、才华能力等现实性威胁的感知以及对价值观、风俗习惯、身份以及文化独特性等涉及群体象征性威胁的感知才是引发低人化偏见的重要条件。

内群体认同是引发低人化偏见产生的重要条件。如果个体与内群体的情感联结较弱,认为自己的群体身份不重要,群体认同的水平就会非常低,对外群体的低人化偏见就不明显,只有当群体身份成为自我认同的重要组成部分时,低人化偏见才更加明显,高认同者比低认同者对外群体的低人化偏见更多(De-moulin et al.,2004;Paladino,Vaes,Castano,Stéphanie Demoulin,& Leyens,2004)。但问题接踵而来,对个体来讲,什么时候才会认为群体身份重要呢?研究指出,对群体成员而言,只有群体分类和由此产生的群体身份对其具有一定的社会心理意义时,即群体分类涉及价值观、自尊等深层心理本质时,群体认同才具有意义性,群体认同的水平才可能提升。如果群体是随机的或者临时组成的,则这种群体分类就没有什么实际意义,是否具有这种群体身份对个体来讲并不重要,他们甚至会思考和质疑自己为什么会处在这样的群体中,自然不会对外群体产生低人化偏见(Demoulin et al.,2009)。不同的群体认同形式(比如民族感或爱国感)可能会引发不同水平的低人化偏见。民族主义程度越高,低人化偏见水平越高,而爱国主义程度越高,低人化偏见水平越低。对于同一国家内的不同民族来讲,如果彼此关系不和谐,会引发强烈的民族感,更可能产生低人化偏见,如果各民族之间关系和谐,体会到的爱国感会相对高一些,低人化偏见就可能减少或消失(Viki & Calitri,2008)。这是一个非常有意义的问题,尤其是针对国家与群体的和谐关系建设而言,对于这个问题的进一步探讨则显得尤为重要。

不难发现,群体成员对群体责任、群际相关性以及群体认同的感知是来自心理意识层面上的因素,这些因素不但调节着内群体成员的低人化偏见水平,也体现出低人化偏见建构过程中开脱责任、减少威胁、提升自尊、维护群体形象等内在的心理动因,进一步解释了"我们"为什么要声称并认为自己就比"他们"在情感特征方面更高级和优越。

三、低人化偏见的现实启示与建议

低人化偏见具有一定的现实性后果。低人化偏见从本质上反映出了群体双方普遍具有且又隐蔽的情感偏见,群体双方力图更加清楚地区分内外群体及其不同的特点。低人化偏见可以满足内群体彰显自身独特性和典型性特征的需要,可以为群体的侵犯行为和责任提供"合理依据",重建心理平衡,维护群体形象。但是,低人化偏见也会影响群体行为,尤其会影响群体的亲社会行为。个体更愿意帮助、亲近具有二级情感的内群体成员,相比来讲,即使外群体成员表现出一定的二级情感特征,内群体也不愿意表现出对他们更多的助人行为(Vaes et al.,2003)。低人化偏见可以导致群体歧视,被低人化的群体受到更多的歧视(Cícero Pereira,Vala,& Leyens,2009)。尤其是群体冲突发生后,这种偏见可以破坏群体的信任感,降低群体的相互宽恕水平,甚至可以成为内群体攻击外群体的"合理化"依据,低人化偏见水平越高,群际关系越难和解(Tam,Hewstone,Kenworthy,Cairns,& Parkinson,2008)。

因此,基于低人化偏见的消极性后果,从群际关系维护的现实角度来讲,探讨如何进行现实干预能够有效降低这种偏见水平、增进群际关系和谐才是最重要的问题。在我国社会情境中存在着不同民族、地域、宗教、阶层、职业等形式的群体,其中某些群体间的关系摩擦不断,展露出一定程度的群际关系危机。比如,医患冲突就是表现最直接、最明显的一种社会群体摩擦。目前来看,现有研究多从制度层面上来探讨宏观因素对医患关系不和谐的影响,却较少关注和探讨以情感特征为核心的低人化偏见状况,而这有可能是目前医患冲突不断发生甚至升级的内在心理原因之一。患者往往认为,医生群体是缺少情感共鸣的,他们对病人的痛苦有时候表现的不够关心,对病人的求治急切表现的不够紧张,甚至缺少相应的温情,为人冷漠,患者以及更广大的社会成员都很少将积极的、更多的二级情感特征归属于医生群体,由此体现出对医生群体情感特征认知的偏见。这种偏见一旦形成就很容易得到无意识的强化,当新闻媒体报道医患冲突的时候,这种认知偏见便会激活,相应地便会引发对医生及其所属情感特征更消极的评价。更甚至,低人化偏见可能会导致医患冲突的恶性循环,尤其可能成为医闹事件的"合理性理由",对医患冲突关系的缓解并无益处。

对于减少群际低人化偏见提出两种可参考的建议。其一,可以通过调节群体认同的水平来减少低人化偏见。群体成员如果能在更高的水平或更宽泛的群体基础上将外群体纳入认同分类范畴,即群体能在共同的、更大的群体水平上产生认同感的时候,彼此之间的情感偏见就会越少,而且这种影响作用不会受到其他群体情境的影响,比如群体地位的高低,不同的语言与文化等(Gaunt,2009)。因此,可以通过干预群体分类和认同过程来调节低人化偏见,引导群体成员重新进行群体分类,将外群体感知成与内群体更加紧密的"我们",内群体将会更加平等地看待曾经的"外群体",并将更多的二级情感赋予"外群体",低人化偏见的水平就会降低。之所以能够通过调节群体认同能够达到减少低人化偏见,其本质原因在于群体边界的打破和重新规范使得原来内群体的边界模糊,内群体和外群体之间本质性的比较失去了意义。其二,增多群体接触行为会减少低人化偏见。简言之,群际接触的本质就是增加群体间认知和社会联系。因为社会联系的减少会降低群体接触外群体的动机,加大群体间的距离感,让亲密的人更亲近,让陌生的人更遥远,从而进一步增强了对外群体的低人化偏见,甚至可能会对外群体采取一些不当行为(Adam,Waytz,Nicholas,& Epley,2012)。因此,直接、频繁且深入的群体接触可以降低群体间的低人化偏见水平(Tam,et al.,2008),间接的群体接触同样可以降低偏见水平。比如想象群体接触(想象一个与外群体积极接触的情境)可以提高对外群体的信任从而减少对外群体的低人化偏见,激发内群体对外群体的积极行为期望(Vezzali et al.,2011);再比如扩展性群体接触通过内群体中熟悉的人与外群体成员建立友谊关系,促进群体内其他成员对外群体产生积极的认同,减少人性感知方面所导致的心理距离感,从而减少低人化偏见(Capozza et al.,2014)。

应该说,因为学界缺少对不同类型群体间低人化偏见的深入研究,导致了在现实社会中无法有效地从人性的情感特征入手去认识和干预群际偏见、增进群际关系。国内对于群际低人化偏见的研究尚处于空白阶段,相关的研究并未出现。我们在此的理论介绍和现实分析,希望能让学界认识到,低人化偏见是一个兼具学术价值和实践意义的重要课题,能够对社会预警和群体和谐等产生重要的现实价值,能够对增进我国多民族、多地区、多类型的群际关系起到积极的指导作用。

在充分了解到低人化偏见的含义、特点及其对群际关系产生的重要影响之后,需要进一步探讨如何通过有效的干预来减少群体低人化偏见,这显然更具有现实意义。接下来将以自闭症群体为目标,通过研究进一步明晰,社会对自闭症群体存在低人化偏见吗? 如果存在的话,替代性接触可以改善这种偏见吗?这是一个尝试性的探索,也是一个创新性的探索,可以丰富间接群际接触的理论与实践。

第四节
替代性接触改善低人化偏见

低人性化偏见是社会心理学领域的一个重要的新课题。长期以来,人们习惯于探讨低人性化偏见的形成过程、不同类型及有害后果,但很少注意到一个问题:如何减少低人性化偏见。本节内容主要通过实验来探讨替代性接触能否改善对自闭症群体的低人化偏见。

一、问题提出

研究认为,直接接触可以减少低人性化偏见,有利于外群体的人性化认知。Browen 等(2007)首先研究了群体接触与减少外群体低人性化之间的关系。他们以英国国立第二中学的学生为被试,外群体是同一个小镇的私立学校学生。结果发现,学生们普遍存在着对外群体的低人化偏见,直接接触数量对人性化效应具有重要的影响,接触数量会减少对外群体的低人性化归因,说明群体之间的接触可以减少低人性化偏见。塔姆等(2008,2007)也发现,群际接触的数量和质量影响不同宗教群体之间的人性化归因。

为什么直接接触可以增强对外群体的人性化认知呢? 直接接触(接触质量)和外群体人性化认知之间的关系是怎样的呢?结果发现,直接接触在一定程度上模糊了群体边界,弱化了不同群体身份的显著性,同时将认同提升并泛化到一个更广泛的群体层面上,并使得这种更具包含性的群体认同身份得以凸显出来（Gaertner & Dovidio，2000，2012）。通俗一点讲，直接接触与外群体人性化关系的关键调节变量是对共同身份的感知，直接接触将原来的"我们"和"他们"升华到了更高层面上的"我们"，进而减少了焦虑和增加了对外群体的同情，改善了低人化偏见效应。另外，卡波扎和同事也进一步发现，直接接触减少了群体双方彼此之间的威胁知觉，进而产生了较低的低人性化偏见（Capozza et al.，2014）。

再者，扩展接触也能够减少低人性化归因偏见。安德里格托等（2012）的研究将扩展接触与群体低人性化偏见联系起来。他们选取的背景是科索沃地区。在科索沃，阿尔巴尼亚族和塞尔维亚族这两个群体目前处于隔离状态。实验的参加者为科索沃—阿尔巴尼亚族高中生，首先测量了他们的扩展接触状况，比如扩展接触的数量（您的家庭中有多少成员知道塞尔维亚族人）、间接关系的质量（在您看来，您的家庭成员与塞尔维亚族人愉快或不愉快的关系性质进行评价）等。结果发现，间接的跨群体关系与低人性化偏见的减少有密切的关系，间接群际接触的数量和质量越高，对外群体的低人化偏见越少，同时，这种间接的群际关系质量还降低了群体对谁是最大受害者的心理竞争水平（Noor et al.，2012）。

最近的研究发现，想象接触有利于人性化偏见的减少。想象接触可以改善对无家可归者和智障人士等污名群体的低人性化偏见，想象中的接触增加了对无家可归者这类人的积极特质归因（Capozza et al.，2014），并且减少了残疾人被认为是普通人类的特征，而不是独特的人类情感的程度（Falvo，2014），群体信任在想象接触改善外群体人性化偏见的过程中具有重要的作用（Vezzali et al.，2012）。

如前所述,直接接触、扩展接触、想象接触都能够在一定程度上对改善外群体低人化偏见发挥积极作用,那么,同样作为间接接触的一种方式,替代性接触能否改善对外群体的低人化偏见呢? 目前来看,很少有人从这个视角来探讨。鉴于此,本研究将探讨替代性接触能否改善对自闭症群体的低人化偏见。这不但是一种学术上的创新和尝试,在现实中,通过替代性接触改善社会对自闭症群体的低人化偏见具有深刻社会意义,为增进社会民众接纳自闭症提供了重要的参考和可能的行为路径。

二、研究对象与方法

随机选取大学生 93 人,年龄分布在 18 岁至 23 岁之间,平均年龄 19.34 岁($SD=1.19$ 岁)。其中,男生 13 人,占总人数的14%,女生 80 人,占总人数的86%。其中来自城镇的有 45 人,占总人数的48.4%,来自农村的有 48 人,占总人数的51.6%。所有参加实验的被试视力或矫正视力、听力正常,理解能力正常,家中无自闭症儿童,近一年未与自闭症儿童产生任何形式的接触。

采用单因素三水平被试间实验设计(替代性接触:对照组/视频组/文字组),将所参加实验的被试随机分配到对照组、视频形式的替代性接触组和文字形式的替代性接触组。其中,对照组 32 人,视频形式的替代性接触组 30 人,文字形式的替代性接触组 31 人。假设认为:大学生对自闭症儿童存在低人化偏见;相比无替代性接触而言,视频形式与文字形式的替代性接触干预效果显著突出;视频形式的替代性接触要比文字形式的替代性接触在改善自闭症儿童的低人化偏见、增加交往信心、增加志愿参与倾向三个方面的效果更好。

1. 实验材料

低人化偏见量表：本量表共选取 12 个情感词汇来测量对于自闭症儿童的低人化偏见,分别是三个初级积极情感词汇(高兴、兴奋、惊讶)和三个初级消极情感词汇(暴躁、愤怒、恐惧),三个二级积极情感词汇(温和、友好、幸福)和三个二级消极情感词汇(忧郁、害羞、内疚),七点评分量表,从 1 非常不符合至 7 非常符合。

鉴于国内对低人化偏见的研究较少,而以自闭症群体为对象的低人化偏见研究几乎没有,所以本研究中采用何种低人化偏见词汇测量就成了一个重要的问题。在此有必要详细介绍一下,自闭症群体的低人化偏见测量材料的选择与评定过程。低人化偏见量表的词汇选择过程是基于以下几个方面选择与确定的,综合相关研究中大多运用各种初级情感和二级情感词来标识低人化偏见,因此,通过搜集和整理相关文献研究资料,进行综合分析。

第一类研究集中使用了较为简单的低人化偏见指标。针对不同的群体类型,有的研究认为,外群体成员表达初级情感(如恐惧、喜悦)比次级情感(如爱、羞耻)更容易说明存在低人化偏见(Cícero Pereira, Vala, & Leyens, 2009)。有的研究则在人性归因中使用了两个积极的(希望、骄傲)和两个消极的(悔恨、羞耻)独特的人类情感,两个积极的(快乐、兴奋)和两个消极的(愤怒、恐惧)非独特的人类情绪(Vezzali et al. ,2011),还有的研究则在人性归因中主要运用是否友好这个二级情感词汇(Capozza et al. ,2014)。

第二类研究使用了分类清晰的、内容更丰富的情感词汇来作为低人化偏见指标。比如,有的研究采用了 5 个积极的人类独特性特征(宽宏大量、认真、谦逊、礼貌、周到)、5 个消极的人类独特性特征(无组织、冷酷、无知、粗鲁、吝啬)、5 个积极的人性特征(积极、好奇、友好、乐于助人、喜欢玩乐)和 5 个消极的人性特征(不耐烦、冲动、嫉妒、紧张、害羞)来研究社会排斥的低人化偏见效应(Bastian & Haslam,2010)。有的研究则挑选出 64 个情绪词,包括 16 种积极的次级情感(如希望、赞美、同情和激情)、16 种消极的次级情感(如羞辱、尴尬、内疚和悔改)、16 种积极的初级情感(如惊讶、愉悦、情感和吸引力)和 16 种消极的初级情感(如恐慌、愤怒和恐惧),以此来探讨人们对于内外群体的人性归因,最终得出结论:人们认为他们的内部群体成员比外部群体成员经历更多独特的人类情感(Gaunt et al.,2002)。还有的研究者运用三种积极初级情绪词(快乐、高兴、激情),三种积极二级情绪词(幸福、知足、享受),三种消极初级情绪词(厌恶、愤怒、刺激)和三种消极二级情绪词(忧郁、放弃、混乱)来探究外群体的低人化偏见(Cortes,2005)。

简言之,情感指标是作为低人化偏见的常用指标。鉴于此,进一步结合本研究的自闭症群体这一特点,探究了社会通常对这一群体情感存在认知特点。搜集资料发现,社会大众通常认为自闭症儿童理解能力差、过于安静以及沟通困难,并且有刻板行为和暴力倾向等(金碧华,杨佳楠,2018;赵新宇,2018),综合根据以往自闭症和低人化研究以及调查结果,本研究所使用的低人化量表共选取 12 个初级/二级情感词汇,其中包括三个初级积极情感词汇(高兴、兴奋、惊讶)和三个初级消极情感词汇(暴躁、愤怒、恐惧),三个二级积极情感词汇(温和、友好、幸福)和三个二级消极情感词汇(忧郁、害羞、内疚)。

交往效能量表:包括题目如"我自信我有能力与他们进行积极的交往""即使在遇到困难的情况下,我也相信自己有能力与他们进行积极的交往",本研究中此量表的内部一致性系数良好,为0.82。

志愿服务参与倾向量表:本量表包括四道题目,比如"我希望有机会让我接触自闭症患者"等,本研究中此量表的内部一致性系数良好,为0.80。

2. 实验程序

提供一个相对安静、隔音较好的环境,便于被试能够集中注意,不被外界干扰。在正式填写开始前,向被试简单介绍实验,确保每位被试理解问卷填写要求,理解每一个词汇的意义,只要按照指导语操作就可以。并保证实验结果将会严格保密,不会用作其他用途,被试同意后开始填写问卷。

对照组被试不进行任何实验处理,直接填写问卷;视频组被试先看一段视频然后填写问卷;文字组被试先看一段文字材料然后填写问卷。问卷填写完毕后向被试表示感谢并对其解释实验目的和实验意义,最后送给每位被试一份小礼物表示感谢。

3 数据处理

实验结束之后,首先对数据进行初步的检查与处理,删除问卷填写不完整的被试3人,最终得到有效被试90人(对照组30人,视频组30人,文字组30人)。采用SPSS23.0对数据进行分析,统计学显著水平判断标准为双侧 $P < 0.05$。

三、结果呈现

1. 是否对自闭症儿童存在低人化偏见的检验

为了检验被试群体是否对自闭症儿童存在低人化偏见,分别对对照组被试的初级积极情感和初级消极情感、二级积极情感和二级消极情感、初级情感和二级情感的评分进行配对样本 t 检验。详见表 5 − 3。

表 5 − 3　对照组被试对自闭症儿童的情感评分报告

情感类型	积极情感		消极情感		t
	M	SD	M	SD	
初级情感	10.17	4.268	15.90	1.709	− 6.717***
二级情感	8.10	2.280	11.77	2.849	− 5.602***

注:***$p < 0.001$。

结果表明,对照组被试对于自闭症儿童的初级消极情感评分显著高于初级积极情感评分;二级消极情感评分显著高于二级积极情感评分,且初级情感评分显著高于二级情感评分。以上结果均说明,大学生群体对自闭症儿童存在较为明显的低人化偏见。

2. 替代性接触对减少低人化偏见的有效性

为了进一步说明替代性接触方法能否有效减少在校大学生对自闭症儿童的低人化偏见,本实验分别对视频组和文字组被试的初级积极情感和初级消极情感,二级积极情感和二级消极情感,初级情感和二级情感的评分进行配对样本 t 检验。

表5-4　视频组被试对自闭症儿童的情感评分报告

情感类型	积极情感		消极情感		
	M	SD	M	SD	t
初级情感	14.20	1.937	8.00	2.100	11.238***
二级情感	16.83	2.151	12.47	2.980	6.856***

注：***$p<0.001$。

表5-4结果表明,视频组被试对自闭症儿童的初级积极情感评分显著高于初级消极情感评分;二级积极情感评分显著高于二级消极情感评分,且二级情感评分显著高于初级情感评分,说明视频形式的替代性接触可以有效改善在校大学生对自闭症儿童的低人化偏见。

表5-5　文字组被试对自闭症儿童的情感评分报告

情感类型	积极情感		消极情感		
	M	SD	M	SD	t
初级情感	12.90	2.218	6.80	2.156	10.976***
二级情感	14.20	2.427	11.27	3.342	4.222***

注：***$p<0.001$。

表5-5结果表明,文字组被试对自闭症儿童的初级积极情感评分显著高于初级消极情感评分;二级积极情感评分显著高于二级消极情感评分,且二级情感评分显著高于初级情感评分。说明,文字形式的替代性接触可以有效改善在校大学生对自闭症儿童的低人化偏见。

3.替代性接触方法能否有效增加交往效能和志愿服务参与倾向

以替代性接触方式为自变量,交往自信和志愿参与倾向为因变量进行单因素方差分析,来检验不同替代接触方式对交往效能和志愿服务参与倾向的影响,详见表5-6。方差分析结果表明,不同替代接触组在交往效能($F = 4.758, p < 0.01$)和志愿服务参与倾向($F = 5.310, p < 0.05$)上的差异显著。多重比较发现,视频组被试的交往效能显著高于对照组,$p < 0.05$,文字组和对照组被试之间的交往效能无显著差异,$p = 0.211 > 0.05$,视频组与文字组被试之间的交往效能无显著差异,$p = 0.074 > 0.05$。视频组被试的志愿服务参与倾向显著高于对照组,$p < 0.05$,文字组的志愿服务参与倾向显著高于对照组,$p < 0.01$。

表5-6 不同替代接触组在交往自信和志愿参与倾向上的差异

	对照组		视频组		文字组		
	M	SD	M	SD	M	SD	F
交往效能	13.40	3.838	15.83	2.768	14.40	2.430	4.758 **
志愿参与倾向	21.70	3.250	24.10	2.733	23.63	3.068	5.310 **

四、讨论

本研究目的是探讨大学生对自闭症儿童是否有低人化偏见,替代性接触干预能否有效改善对于自闭症儿童的低人化偏见,同时检验,这种干预方式是否能够提升大学生与自闭症儿童的交往效能水平和志愿服务参与倾向。结果发现,大学生对于自闭症儿童普遍存在一定的低人化偏见,大学生对自闭症群体初级情感的评价中,消极情感特征的认知明显多于积极情感的评价,对自闭症群体二级情感的评价中,仍然是消极情感特征占据主体,按照低人化偏见存在标准进行判断,这充分说明,大学生倾向于将二级情感的特征归于内群体。

其次,研究发现,在对大学生进行替代性接触的干预之后,他们对于自闭症儿童的低人化偏见得到明显的改善,对二级情感的群体归属并不存在显著的差异,这进一步说明替代性接触是可以改善低人化偏见的。同时,替代性接触还可以增加大学生与自闭症儿童的交往效能感和志愿服务参与倾向,这与以往的研究结论相符合,例如有的研究认为,替代性接触可以显著增加白人群体与黑人群体的交往意愿和信心(Schiappa et al.,2005)。

视频与文字两种替代性接触方法对改善对于自闭症儿童的低人化偏见的效果上并不存在显著的差异。这可能是因为本实验选择的视频时间过短,视频材料和文字材料的同质性过高。而且文字材料组在增加交往自信方面的效果并不是很显著,但是视频组在增加交往自信方面的效果很显著,这说明视频相比于文字形式的替代接触在增加交往自信方面效果更好。

五、现实建议

替代性接触的积极效应在很多群体中得到了普遍验证,可以探索其在改善社会对其自闭症群体态度方面的可能性建议。在改善对于自闭症群体的偏见和态度上,除了应用现在最流行的融合教育理念增加自闭症儿童的社会融入,提高社会接纳程度以外,还应当注重改善微妙的偏见,比如低人化偏见。在直接接触自闭症群体的机会较少或者不是那么合适的时候,替代性接触的方法可以很好地补充,通过大众传媒,比如电视、网络、期刊、报纸、电台等媒体渠道向社会大众传播正确的关于自闭症儿童的信息,宣传更多的积极接触自闭症群体的事迹和活动,有利于增加人们对于自闭症群体的了解和与他们交往的自信心,同时也可以鼓励更多的人参与到帮助自闭症群体的活动当中,形成一种持久的良性循环。

在此,我们以替代性接触理论及其研究为基础,并结合社会现实情况,提出几个能够有效改善社会普通群体对自闭症患者态度的建议,以期引发关注,并得到实践应用。

1. 利用媒体提高社会对自闭症群体的关注度和认知度

调查发现,57%的社会大众通过大众传媒宣传了解自闭症(游诗然,王中华,2015),说明大众媒体在改善群体认知方面的作用很大。但媒体对自闭症群体的关注缺乏时间上的连续性,多数宣传过度集中在"世界自闭症日"期间,其他时间却鲜见相关报到,而且媒体宣传多以电视媒体为主,广播、报纸、杂志、自媒体等参与度较小。由于多数替代性接触都借助于一定的媒介形式展开,个体对替代性材料的观看程度、卷入加工程度等也可能会影响到替代性接触的实际效应观看频率,影响态度改善的效果,重复播放电视节目可以增加个体对准社会交往的卷入程度,降低偏见水平(Schiappa et al.,2005)。基于此,媒体宣传应保持连续性,做到分散与集中宣传相结合,让人们能够持续关注到这一群体,增加报道的频率和强度本身就可以增强熟悉感;同时调动各类媒体积极参与,形成全方面的媒体宣传网络,通过视频、声音和文字等不同的形式展现与自闭症群体的替代性接触过程,真正发挥媒体在改善自闭症态度中的积极作用。

2.提供群际互动的行为范本

群际交往行为的获得主要是通过加强群际互动内容的展示和丰富性来实现的。调查发现,就大众媒体的宣传内容而言,71%的民众不能说出有关自闭症题材的电影或者电视节目(游诗然等,2015),电影、电视剧、纪录片、教育片等涉及与自闭症良好互动的专题性节目非常少见。内容的丰富性不仅体现在自闭症知识的科普和宣传,还应该体现在对群际互动情境的强调和演示。我们曾经做过一个简单的调查,询问高年级心理学专业的学生"是否愿意参与关爱自闭症群体的志愿活动"。结果发现,虽然心理学专业的大学生都已经深入学习了自闭症的有关知识,但是如果让他们参加与自闭症群体进行互动的公益志愿活动,大多数同学仍旧表现出明显的焦虑感和恐慌感,表示自己不知道该如何与这个群体交往,缺乏行为范本。替代性接触强调的是展现群际互动场景,通过这种行为展演,让人们习得与特殊群体交往的行为模式,减少交往焦虑,增加交往的自信。因此,社会需要通过知识宣传提高大众对自闭症群体的认知度,同时,更应该提供或者展示与他们进行有效沟通交流的行为范本。

3.积极发挥公众人物的引领作用

如果公众人物能够参与和自闭症群体的积极互动,社会效应会更明显。研究发现,替代性接触中有无权威人物会影响态度改善的实际效果。利用知名度、信任度、权威性较高的群体成员作为代表而展现出来的替代性接触情境和行为更具有引导性(Herek & Capitanio,1997)。这是因为,观察一个人的行为,特别是当被观察对象是自己认同的个体时,可以进一步加深观察者关于外群体的原有认识,学会与外群体的交往行为(Eyal & Rubin,2003）。即使公众人物没有亲自参与互动情境,只要对某种积极的替代性接触行为进行明确地肯定和支持,也能够促进和强化内群体对外群体产生积极的认知评价,增强替代性接触的积极效应。现实生活中,我们应该借助媒体,邀请公众人物、权威人物积极关注自闭症群体,这种关注不仅局限在向社会发出关爱自闭症的呼吁,更是要真正地参与到和自闭症个体的互动过程中,并将这种互动展现给社会,给更广大的普通民众做出行为示范。

4. 加强积极替代性经验提高对自闭症群体的积极情感

这项工作尤其要以儿童、青少年为教育重点。研究发现,通过观察学习,个体可以学习到相关的行为知识,并能够将这些积极替代性经验内化,一旦遇到相似的情境便会应用(Pagotto et al.,2013)。最重要的是,替代性接触的积极效应主要发生在内外群体间并无接触经历以及较少具有接触机会的群体中,这样由于直接接触而产生的对外群体的消极态度就对替代性接触效应起到较少的影响作用(Mereish et al.,2015)。随着儿童、青少年群体进入社会生活的时间逐渐增多,不良的社会认知和经验也会随之增多,进而形成对自闭症群体的偏见,这种偏见会随着年龄的增加继续稳定。所以,在儿童青少年期及时进行偏见干预,在其不良社会经验尚未稳定之际,增加其对自闭症群体的良好替代性经验是非常重要的。学校应该肩负起教育责任,将如何认识及与自闭症儿童交往等主题纳入教育内容,通过文字故事、情境模拟、媒体展演、参观交流等形式积极向青少年群体提供与自闭症群体积极互动的经验,以帮助他们建立起对特殊群体的良好认知,激发他们对自闭症群体的积极情感,获得良好的群际行为模式。

替代性接触改善社会对自闭症群体的态度,是目前学界较为独特、新颖的一种尝试。现实中,通过替代性接触改善社会对自闭症群体的态度具有深刻社会意义,为增进社会民众接纳自闭症群体提供了重要的参考和可能的行为路径。自闭症群体真正融入社会还需要更多力量的参与,需要社会政策等较大层面上的不断完善,需要全社会整体责任水平的提高,这是一项长期且艰难的工作。

第五节
不同群际接触改善群体态度的效果比较

想象接触强调通过内群体成员与外群体成员进行社会互动的心理模拟过程(Crisp et al.,2009),替代性接触强调通过一定的媒介观察内群体成员与外群体成员成功互动的过程(Joyce et al.,2014),不同的干预都能够促使个体达到减少对外群体的偏见、改善对外群体态度的目的。但是,以往研究多注重探讨单一干预方式产生的效果,很少将不同的间接接触效果进行比较,因而无法有效指出哪种间接接触干预的效果更加积极。本研究将以中学生为间接群际接触的干预对象,以自闭症儿童为目标外群体,采用实验方式探讨想象接触、替代性接触在改善中学生对自闭症儿童态度方面的效果差异。

一、研究方法

1.研究对象

选取广西壮族自治区百色市田林县某中学学生作为被试,按照班级编号随机选择两个初二班的学生共70名,其中女生35名,男生35名,再按照学号顺序随机将两个班的学生分成三组,随机分配到三种实验处理中。所有被试标准视力或矫正视力正常,此前均未参加过类似实验,没有与自闭症儿童接触的经验和经历。

2.研究方法

采用被试间实验设计,以自闭症儿童为目标外群体,以中学生为干预被试,进行单因素三水平的实验处理,即无材料干预的对照组、想象接触组和替代性接触组。其中,对照组没有任何干预;想象接触组是引导被试想象自己作为一名志愿者帮助一名自闭症儿童一起顺利完成一项手工制作的过程;替代性接触组是让被试观看《自闭症儿童》视频,视频讲述的是一名青年志愿者去一所特殊学校陪自闭症儿童顺利互动的过程。

每组被试接受不同的实验干预后,均需要填写群际焦虑量表(Stephen et al. ,1985)和行为意向量表(Husnu et al. ,2010)。群际焦虑量表包括四个题目,七点评分,得分越高表示焦虑程度越低,在本研究中量表的内部一致性系数为0.75。行为意向量表包括两个题目,采用七点评分,得分越高表示接触意愿越强,在本研究中该量表内部一致性系数为0.70。本研究共回收数据70份,剔除无效数据5份,最后得到有效数据65份。

二、结果呈现

1. 不同干预组在焦虑水平和行为意向方面的具体情况

以焦虑水平和行为意向作为态度改善的两个重要指标。结果发现,不同干预组的中学生对自闭症儿童的交往焦虑水平和行为意向存在明显的不同。在焦虑表现的各方面,想象接触组的中学生得分更高,其次是替代性接触组,无接触干预的对照组得分最低。从行为意向方面来看,想象接触组的中学生接触意愿和主动交谈的得分更高,其次是替代接触组,无接触干预的对照组得分最低。结合焦虑水平和行为意向的综合得分情况,说明不同干预组中学生对自闭症儿童的态度有明显不同,见表5-7。

表5-7 不同干预组在焦虑水平和行为意向的具体得分($M \pm SD$)

	紧张—舒适	焦虑—高兴	害怕—不害怕	不自信—自信	接触意愿	主动交谈
想象接触	4.59±1.817	5.36±1.497	5.14±1.167	5.05±1.290	6.27±0.827	6.41±0.990
替代接触	3.38±1.193	4.71±1.189	4.00±1.140	4.05±1.322	5.62±1.162	4.90±1.640
对照组	2.32±1.086	2.82±1.296	2.91±1.411	2.08±1.457	2.41±1.098	2.23±1.066

2. 不同干预改善中学生对自闭症儿童态度的差异性比较

将不同干预组的青少年对自闭症儿童的交往焦虑水平和行为意向得分进行比较,结果如表5-8所示。接受不同接触干预的中学生对自闭症儿童的交往焦虑水平存在显著差异($F = 31.554, p < 0.001$)。事后分析发现:想象接触组的中学生对于自闭症儿童的焦虑水平要显著低于替代性接触组和对照组,替

代性接触组中学生的焦虑水平要显著低于对照组。接受不同群际接触干预的中学生对自闭症儿童的行为意向水平存在显著差异（$F = 71.647, p < 0.001$）。事后分析结果显示:想象接触组中学生的行为意向显著高于对照组和替代性接触组,替代性接触组被试的行为意向水平显著高于对照组,见表5-8。

表5-8　不同干预处理对焦虑水平和行为意向的影响

	想象接触 （$N = 22$）	替代接触 （$N = 21$）	对照组 （$N = 22$）	F
焦虑水平	20.14 ± 4.063	16.14 ± 3.135	10.913 ± 0.866	31.554^{***}
行为意向	12.41 ± 1.623	10.52 ± 2.159	4.64 ± 1.364	71.647^{***}

三、讨论

本研究发现,接受不同的间接接触干预后,相比对照组,中学生对自闭症儿童的紧张感、焦虑感、害怕感、不自信感等水平得分都有了明显的降低,而舒适感、快乐情绪、不害怕以及自信水平得到了提升,在接触的意愿和行为交往的主动性方面有明显的改善。这与以往研究结论是一致的,即间接接触可以有效减少社会对精神分裂患者（Giacobbe et al.,2013）以及性少数群体（Schiappa et al.,2005）的偏见。我们的研究进一步验证了间接接触的积极效应是存在的,间接接触同样可以改善中学生对自闭症儿童的态度。但目前来看,面对社会对自闭症群体的偏见,我们并没有较好地将想象接触与替代性接触的相关研究成果运用到社会实践中去,没有充分发挥其在改善社会偏见、有效指导社会生活中的积极作用。尤其是没有将如何改善中学生对特殊群体的态度作为学校课程的重要内容,鲜见相关的主题教育活动开展,因此,通过间接群际接触改善学生对自闭症儿童的态度还需要继续开展相应的宣传和教育工作,真正将间接接触干预融入学校生活乃至社会生活的各方面,才能普遍加强积极群际经验的获得,减少交往焦虑和恐惧等不良情绪,提高社会对自闭症群体的积极情感。

首先,想象接触组与替代性接触组的被试对自闭症儿童的态度改善效果均显著好于对照组,焦虑水平明显降低。想象接触要求个体必须在心理上想象与一个外群体成员进行积极互动的情景(于海涛等,2013),且这种互动的基调必须是积极的、正向的、顺利的(Stathi et al.,2008),就能够对群体态度改善产生积极的效果。另外,想象接触和替代性接触的干预效果相比较,前者更佳。从这一点来讲,想象接触更能够使得个体对可能发生的互动交往提前做好心理准备,降低对互动和交往对象的消极预期,降低交往焦虑感,这有助于偏见的降低。其次,相比对照组,间接接触可以有效提高中学生对自闭症儿童的行为意向水平。但从两种干预的效果来看,想象接触显著好于替代性接触。虽然替代性接触的视频材料能给中学生一个行为学习的模仿,当视频中的材料能反映出积极且顺利的接触过程与结果时,中学生也能获得积极的情绪体验,但替代性接触的间接性特点更明显,即这种与自闭症儿童的交往过程是他人代替自己完成的,而个体本身并未参与其中。比较而言,想象交往情境是发生在个体心理内部的一种想象,个体已经在意识中参与了与自闭症儿童的交往过程,更能够增加个体对真实交往的熟悉性,导致个体在未来的实际接触时更加放松,更加自信,使个体对某个群体产生更积极的动机或期待,交往行为意向会得到提升。

在实际生活中,间接接触对于改善未成年人的外群体偏见尤为重要。因为相对于成年人,中学生的心理可塑性较大,他们早期的群体态度可以通过与外群体成员的积极接触得到有效的改善。而间接群际接触的积极效应也主要是发生在内外群体间并无接触经历以及较少具有接触机会的群体中,这样由于直接接触而产生的对外群体的先前的消极认知,就会对替代性接触效应起到较少的阻碍作用(Mereish et al.,2015),这一点正好符合中学生涉世未深、不良社会经验尚未成型的特点。随着中学生群体进入社会生活的时间逐渐增多,不良的社会认知和经验也会随之增多,进而会形成对于自闭症群体的偏见,这种偏见会随着年龄的增加继续稳定。所以,在中学生时期就应该及时进行偏见干预,学校、家庭和社会应该肩负起这种教育责任,将如何认识自闭症儿童、如何与自闭症儿童交往等主题纳入教育内容,通过想象接触和替代性接触的形式积极向青少年群体提供与自闭症群体积极互动的经验,以帮助他们建立起对特殊群体的良好认知,获得良好的群际行为模式。

结　语

本章内容主要围绕"替代性接触"主题进行了理论整理和实验探讨。正如本章一开始就提及的,替代性接触本身并不是一个新术语,但是从个体层面的替代性互动上升到群体层面上的替代性接触,并分析其产生的群际态度改善效果却是一个新的尝试,具有重要的理论意义与现实价值。因此,在间接群际接触的视域中,相比较扩展群际接触与想象群际接触,需要更加详细地梳理替代性接触的理论与相关研究。

通过全面的理论分析发现,替代性接触主要来源于社会学习理论与自我觉知理论,这两种理论基础为后续探讨替代性接触的心理机制研究提供了思路。相关研究的主要结论认为,对群体身份的感知与认同、焦虑与信心等群际情绪的变化、替代性经验的获得、自我效能感的提升等均可以在一定程度上解释替代性接触效应的过程;而且,过去的群际交往经验、替代性接触中有无权威等会影响到替代性接触的实际效果。

在实验研究中,我们充分考虑到,替代性接触作为一种行为模范或者榜样,最有可能对青少年群体产生积极的作用,尤其是在国内文化环境中榜样可能具有与众不同的作用。因此,本章的主要考察对象就是以初中生和大学生为干预群体,外群体主要选择了在交往互动中最可能引发焦虑与恐惧的自闭症群体。结果发现,替代性接触的积极效应是存在的,替代性接触在改善社会对自闭症群体的社会距离、低人化偏见中具有积极作用。相比文字类的替代性接触干预方式,视频类的替代性接触干预对群际态度不同方面的改善更为直接和有效。

本章内容还对不同间接群际接触方式的积极效果进行了比较,结果发现,当面对外群体时,虽然想象接触与替代性接触都能够减少交往焦虑,提高行为意向,但是二者之间在改善效果方面却也不同。一般来讲,想象接触的积极效果更优一些。这也充分说明,想象接触作为与陌生群体进行接触的前期心理预备具有更好的效果,而替代性接触则可能因为直接面对交往行为,直观特殊群体作为交往对象出现带给他们的焦虑感更多一些。但是,可以继续开展相关研究,进一步比较,想象接触的个体其与外群体真实直接的接触效果,以及替代性接触的个体在与外群体直接接触时的效果,二者是否存在不同。

总之,本章以自闭症群体为主要的目标外群体,通过探讨替代性接触的积极效应,肯定了它作为一种间接群际接触方式在改善群体态度方面的有效性,以及它作为一种群体偏见干预策略的现实可能性与可行性,希望替代性接触能够在今后广泛运用在家庭、学校和社会情境中,为减少群际偏见提供一种有价值的思路。

第六章
实践价值与未来取向

　　前面五章全面且详细地梳理了从直接接触到间接接触的发展脉络,突出对扩展接触、想象接触以及替代性接触三种间接接触类型进行了全面的理论梳理与实证方面的研究,希望通过大量的调查和实验进一步完善扩展接触、想象接触以及替代性接触的积极效应及其内在机制,这对国内间接群际接触领域的研究来讲,是一项重要的、创新性的工作,一方面较为完整地建构起了到目前为止,国内外间接群际接触的理论框架,同时也为国内有效干预不同群体间的偏见、改善群际态度提供了有价值的建议和参考。

　　基于前期的研究发现,虽然当前社会中普遍存在着对于精神特殊群体的偏见,但同时令人欣慰的是,间接群际接触的大量研究也证实,群体偏见可以在某种程度上得到有效地减少,群际态度能够得到改善。从更广泛的层面上来看,对改善其他少数群体或者处于弱势地位的群体态度来讲,更让人有所启发和思考,因为以群体之名的偏见减少也预示着自身社会生存环境的改善,让这些群体能够与其他多数群体一起融入更让人期待的社会生活中去。

接下来的内容主要是从两个方面来进行总结和展望:其一,从学术研究方面继续开创和探讨间接群际接触领域的新颖主题,在研究思路、研究方法与技术、研究对象、效果测量与比较等方面进一步创新和突破,继续丰富和完善间接群际接触的理论与实证方面的研究成果;其二,从现实应用方面入手,需要敏锐地意识到社会不同群体之间可能存在的消极偏见,并能够真正将间接群际接触的干预策略应用到群际关系的改善实践中去,通过学校、社会、媒体等项目的建立与改革,真正推动社会不同群体间态度的改善与关系的增进。

当然,充分将间接群际接触策略运用于社会生活中,还存在着困难和创新的空间。即便我们做了大量的研究来验证间接群际接触三种不同方式在改善消极群体态度方面的效果是广泛存在的,同时也扩展研究了其他群际因素,比如内群压力、伪善、观点采择、关系卷入程度等对间接群际接触效应的重要影响作用,但不能否认的是整体研究内容仍存在缺憾。

第一,研究发现在推广性上可能稍显薄弱。因为研究中的群体以青少年和年轻人为主,整体上讲,这一年龄范围比较狭窄,基于这一被试群体所得到的研究发现可能很难推广到更大的社会公众群体上。使用的间接群际接触策略是否也能明显改善中年人或者老年人对精神特殊群体的偏见?是否也能促使更广大的社会公众群体改善对精神特殊群体的偏见?这也进一步提醒后续的研究需要扩大社会公众的取样范围,增加研究的多样性。

第二,目前整体研究内容更加侧重于间接接触的心理机制和影响变量,对于间接接触改善不同类型的群际态度与群际关系问题的论证稍显不足。具体而言,研究主要聚焦了社会公众(确切说是以中、大学生等青年为主)对精神特殊群体的态度改善,而缺少对更广泛群体类型之间关系改善的间接接触干预效果探查,后期研究应该更加侧重对民族问题、跨国接触等当前我国面临的现实问题展开实证性研究,完善间接接触对于群际态度的改善问题。

第三,本研究在理论方面多数是基于国外特别是西方心理学界关于群际接触的理论分析展开相关的文献综述和实验操作化,即便我们在研究中重视选择在本土文化环境中的一些相对重要的变量因素,试图提高群体态度评价中的文化观念影响,但是在具体的研究中仍然局限在西方心理学的理论体系中,在一定程度上没有充分彰显本土文化特色与群体思维模式,因此在创新性地建构基于本土文化特点的间接群际接触理论与实践体系方面还是有所欠缺的。

第四,在研究中没有深刻回应"偏见"的具体内涵,有可能存在的是,社会公众对于所谓精神特殊群体的偏见在哪些领域实际上可能并不是真正意义上的偏见,而是一种必要的自我保护与社会适应方式,这是需要在以后的研究中进行实质性区别的。如此,关于精神特殊群体的社会融入哪种程度上是安全的且有利于社会和谐发展的这一问题需要更加系统全面的探究,而不能把社会对于精神特殊群体的朴素观念简单且统一地使用"偏见"的说法概括。

第五,关于精神特殊群体的讨论从群际偏见和内群体与外群体概念来立论,在一定程度上也存在着将问题泛化的倾向性。实际上,本研究主要聚焦的是社会普通人群对精神特殊群体态度的形成、特点与倾向、其所造成的精神特殊群体适应压力增加,以及如何从间接群际接触的路径重构普通人群对他们形成良性的群体态度,从而促使精神特殊群体改善与维持正常的生活环境,得到更多的社会支持。从这一层面上讲,基于内外群体分界去探讨间接群体接触的三种方式是否适用于改变和重构公众对于精神特殊群体的态度,难免有些过度分离群体的嫌疑,相反,要开展更加体系化的本土性研究。

第一节
学术研究的发展空间与趋势

以群际接触为主题的研究始于 20 世纪 50 年代,半个多世纪以来,群际接触中的直接接触都是备受关注的焦点,相比之下,以间接群际接触为主题的研究起步于 2000 年左右,迄今为止,间接群际接触领域的发展不过短短二十年的历程。虽然,这一领域也有不少的研究成果相继出现,但是,从理论自身完善的视角来看,间接群际接触仍然存在诸多值得探索的空间,还需要更加丰富的成果才能完整构建间接群际接触的理论框架和内容体系。我们对此充满兴趣和信心,也期望今后的学界能够去发现、去挖掘这一领域内更多值得研究的主题,并积极展开实质性的研究。总体来看,未来的研究主要包括以下几个主题。

一、将直接接触与间接群际接触有效结合

间接群际接触提出之时,其长期性效果曾备受质疑,比如特纳等人(2007)指出,直接接触具有更大的后果范围,个人体验比

间接体验产生更强大和更稳定的态度。间接接触更多的是在群际间接触机会不足的情况下适用,尤其是人们基于间接接触的态度主要是当他们缺乏足够的个人经验时(Vezzali et al.,2012)。然而,我们认为,可以充分去探索和尝试将二者结合起来,最大化发挥群际接触的积极效果。

虽然有的研究发现,间接群际接触效应在人们没有直接接触的情况下才会更明显,只有当直接接触经验有限时,间接群际接触的影响才可能会更强。但事实上,两种接触并不是相互孤立或者相互排斥的,一些研究表明,直接和间接群际接触是互补的策略,二者对外群体态度有不同的影响(Sharp,2011)。基于直接接触的干预可能是费时费力且难以应用的,不同类型的接触可以同时使用。例如,属于不同群体的孩子们既可以一起合作(实际接触),也可以阅读一个合作故事知晓群体间的友谊(扩展接触故事)。间接群际接触的主要优点之一就是它们非常灵活,因此可以适应更为广泛的群体状况。它们可以单独使用,可以作为未来群际接触的准备工具,也可以与其他策略结合使用,产生更加积极的叠加效应,从而更有可能发展和谐的群际关系。

二、关注群际接触效应的动态变化特点

跨群体亲密关系对群际关系产生的积极影响,目前还缺乏长期的追踪研究,用以比较接触前后群际态度的变化过程,虽然直接和间接接触形式对群体关系的影响已有大量文献记载,但对它们的纵向协同发展知之甚少。少有的研究发现,间接接触通过降低群际焦虑,并能够预测未来直接的群际接触。研究者通过五项纵向研究,研究对象既包括了德国成年人,也包括了德

国、荷兰和瑞典的在校学生,以及北爱尔兰的儿童和成年人群体等不同年龄层次的、不同种族、民族等类型的群体,系统研究了群际焦虑在间接接触效应中的中介作用,以及间接群际接触对直接接触的积极效果。通过交叉滞后模型,进一步证明了间接接触对群际焦虑减少的有益性,并为间接接触对未来直接接触的积极影响提供了一致的证据,可以推断,随着时间的推移,间接接触能够增加直接接触,从而促进不同背景下群体的凝聚力(Wölfer, Christ, Schmid, Tausch, Buchallik, Vertovec, & Hewstone, 2019)。间接群际接触的纵向研究具有重要的学术意义与社会现实价值,它再一次为社会采用间接接触策略改善群际态度提供了科学基础和信心,以此实现将间接群际接触策略作为社会群体治理的重要内容之一。

三、探讨间接接触效应的更多影响因素

随着研究的不断深入,逐渐发现,每一种间接群际接触效应的影响因素都无法穷尽。具体以扩展接触为例,比如,扩展接触的很多影响因素都是基于两种关系展开的:第一种关系是个体与内群成员之间的关系;第二个是内群体成员和外群体成员之间的关系。令人惊讶的是,到目前为止,并未针对这两种类型关系的更具体细节展开全面且更加深入的讨论。比如,目前大多数扩展接触研究都关注于部分内群体成员与部分外群体成员建立的朋友关系,但内部群体成员之间关系类型多样化似乎更需要关注(Vezzali et al., 2012)。例如家庭成员关系、工作同事关系,以及其他更多类型的内群体关系对扩展接触效应产生的影响作用都是一样的吗? 另外,从外群体的视角来看,外群体成员的背景也存在多样性,比如外群体成员虽然都是某一种特殊群

体,但他们还存在着种族、职业、宗教等不同的社会身份背景,至今并没有直接的证据表明,与不同背景的外群体成员建立亲密关系,会对扩展接触效果产生差异性变化,相对普适性的结论推断还缺乏大量的证据来支持。最后,还应该考虑到不同年龄群体可能在获知内群体与外群体存在友谊关系时,也可能会产生不一样的认知、情感以及行为反应,比如对比老年人群体,年幼儿童对其他群体的态度可能更倾向于受到家庭内部成员的影响,而年轻人则可能更容易受到来自同龄群体的影响。不同年龄的群体接收到不一样的群体信息后的加工方式也不一样,进而产生的扩展接触积极效应也会存在差异。最后还要指出的是,截至目前虽然已经探讨了很多影响间接接触效应的因素,但是这些因素之间复杂的关系并未得到有效的整合,使得我们无法有效获知不同因素在间接接触效应中的作用过程。

四、构建间接群际接触效应的复杂机制

继续探讨不同间接群际接触类型的心理机制,并将间接群际接触效应影响因素之间的复杂关系更加体系化和模型化,这可以说是未来的一项重要学术研究工作。虽然,针对每一种间接群际接触类型都探讨了一些影响因素,相对明晰了这些因素在接触效应中的中介和调节作用,但这些研究成果仍然是相对零散的、不系统的,现有的研究还不够完善,还不能够完整构建出间接接触效应的完整体系,不能勾勒出因素之间的复杂机制路径。未来开展相关的群际接触研究,需要更加全面的理清影响群体双方偏见的主观和客观因素,不能忽视作为研究改善的对象即"偏见"本身的特点,比如,当内群体面对不同类型的外群体成员时,可能存在不同的、具体针对外群体的偏见内容、偏

见强度,与外群体的接触所产生的规范认知、压力感知、情感体验等可能也是不同的。同时也不能忽视主观方面的诸多因素,比如近期的一项纵向研究发现,群际接触与人格特质密切相关。通过对多数族裔(意大利人)和少数族裔(移民)的高中一年级学生进行调查,结果发现,群际接触与人格之间存在双向影响关系:接触质量与更高水平的宜人性和对经验的开放性相关,宜人性和对经验的开放性是群际接触质量的预测因子(Vezzali et al.,2018)。这进一步提示我们,虽然群际身份和归属认同对群际接触具有重要的作用,但个体的人格特质也能够影响到群际接触的质量,而间接群际接触的三种效应研究中,至今仍然非常缺乏对个体人格等相关特质因素的探讨,还不能充分揭示个体内部诸如人格、动机等重要特点对间接接触效应具有怎样的具体影响作用。

总体来讲,这一类研究确实需要花费更多的时间和精力,因为从社会心理学的视角来看,目前关于群体偏见、群体态度的研究更多的是群体偏见存在与否以及如何改善这些偏见,但针对不同外群体的偏见具体的内涵、偏见强度以及个体内部心理动机等方面缺乏必要的关注,并未得到足够的重视,今后这一类研究对构建间接接触效应的复杂模型却是非常必要的。

五、期待间接群际接触研究方法的创新

以往研究多集中使用自我报告的形式来探讨间接接触效应,比如主要是让干预对象报告对外群体的态度、社会距离、交往意愿、群际焦虑等,但是最近的研究发现,社会网络分析方法也可以运用于对接触效果的测量评估方面。社交网络在接触研究领域的是一种新的方法。首先,它考虑到了个体所处的环境

多样性和相应的接触机会,为进一步加深对间接接触的理解提供了可能。其次,社交网络提高了评估群际的准确性,可以通过这种方法获知个体整个网络内部复杂的相互关系模式,有助于我们进一步精确地识别群际关系。最后,增加社会网络多样性是社会心理学家们积极关注的话题,让群际接触回归到真实的社交网络中去探讨是必然的趋势,也可能是未来研究着重需要考虑的。

六、尝试解释偏见干预的认知神经机制

虽然偏见改善一直是备受关注的一个社会性的研究主题,即便社会行为科学的研究在外显干预方面取得了一系列的成效,比如与偏见减少密切相关的社会疏离、行为意向、情绪情感等改善,长期以来,社会行为科学家们的研究也一直是主流声音,但是这并不意味着偏见改善只能聚焦于此。显然,社会神经学家们并不满足这些成果,而是更希望去探索偏见改善背后的认知神经机制,尝试着去解释:大脑中是否存在着与偏见密切相关的特定区域? 这些区域的功能是与生俱来的还是后天形成的呢? 如果是后天形成的话,是在个体发展的哪个时期逐渐在脑区中定型的呢? 有哪些因素会影响到偏见在脑区的形成与定型呢? 当致力于进行偏见改善的时候,脑区的活动又是怎样的呢? 偏见改善的有效性是否能够在脑区功能中稳固下来,从而达到长期的偏见改善效果呢? 这些问题是社会心理学家、社会神经学家们的疑问,也是这一领域未来开展精细化探索的目标,更是以后偏见改善研究的新方向和趋势。

目前来看,既有的关于偏见干预的认知神经机制研究并不丰富,甚至还存在着诸多研究争议。首先,偏见的认知神经机制

研究主要集中在某些有限的群体中。偏见被认为是对外群体一个成员或者一些成员存在的消极态度或者情感,在众多的分类维度中,学界最为关注的便是种族、性别和年龄,可能是源于这三个特征可以在知觉上尤其是视觉上更容易感知和区分,也更容易让人们对其所属的群体做出判断,付出很少的认知努力便可以实现。一旦这些分类标签被赋予某些个体或者某个群体,便很容易以此指导人们去认知这些群体,有些信息如果与这些个体不符合的时候,便很容易被忽视,偏见由此形成。

其次,要明确区分与偏见表现、偏见干预等相关的诸多概念与变量之间的关系也是一个比较棘手的问题,比如,种族感知(如何识别另一个人的种族)、种族态度(对一个种族群体的评价)和偏见表达(或偏见行为),其实是可分离的过程。也就是说,个人可以在视觉上感知种族,但种族识别的行为不一定会导致偏见的表达。但是,这些过程又成为彼此活动的重要指标和印证,种族感知就可以激活一系列基于群体成员的评估判断,而这些对外群体成员的区分认知和评价判断又可以影响行为。

再次,为了阐明群体关系的生物学过程,目前的研究多是基于美国的黑人偏见,尤其是内隐偏见,试图采用功能性磁共振成像(fMRI)的方法来探讨偏见的内在机制。神经科学家将这些系统内的神经激活与测量的行为联系起来,例如刻板印象、偏见和歧视行为,以更好地理解这些脑区在群体关系中的功能。磁共振成像是通过评估神经组织的局部氧合来测量大脑活动,这种类型的测量很适合量化内隐偏见及其活动的深层机制,提供对导致偏见的心理变量的洞察,可以在个体不用报告其内部脑活动或者隐秘心理过程的基础上来预测态度和行为。基思与珍尼弗(2016)在既有研究的基础上进行综述发现,融合fMRI的证据表明,采用不同干预方式(比如反刻板印象想象、群际接触、观点采择、个体化等)改善偏见时,种族感知和偏见唤起了个体的感知和情绪处理区域的活动网络,包括杏仁核、梭形面部区域、内侧前额叶皮层,以及参与调节的区域(背外侧前额叶皮层、前扣带回皮质和眶额皮质)。格利尔等(2012)的研究发现,基于种族的杏仁核差异是由于种族文化而习得的,而且可能随着时间的推移而出现,基于种族的杏仁核差异是在青春期(16岁左右)出现,而在低幼年龄的儿童身上并不存在,所以,在青春期给予更多的种族之间的接触互动会减弱杏仁核对黑人和白人面孔的反应。通过这些初步的研究可以推断,偏见表达过程中的神经反应是可塑性的,并为如何更好地改善群体偏见提供了非常重要的社会启示。

总体而言,不是因为不存在其他类型的偏见,而主要是由于缺乏涉及其他类型群体偏见改善的研究和数据,以帮助理解这些现象的机制。由此可见,偏见干预的内部神经机制还存在诸多发展的空间。现在的研究主要集中于种族偏见改善方面,且主要集中在某些偏见干预的策略方面,这就意味着,可以针对更多其他类型的偏见以及更多样化的偏见干预过程展开探讨,深入解释不同干预策略在改善偏见时的生物学过程与神经机制。同样,间接群际接触的偏见干预过程也需要这样更为细致的神经机制过程研究。

七、探索涉及负面主题的间接接触效果

到目前为止,绝大多数群际接触研究都集中探讨积极内容的间接接触效应,这种情况的出现很大程度上源于社会心理学研究伦理和研究目的的制约。众所周知,群际接触的主要目的

就是促进群际关系的质量提升,改善群体消极态度,减少群际消极偏见,所以,群际接触干预必须要秉承这样的原则,相反,如果我们在干预中为了探究负面接触带来的恶劣后果,并借以与积极接触作对比,这种研究显然就违背了心理学的伦理规范性。但这种研究伦理的限制也导致了这一领域的研究重点出现偏向,即消极接触效应的研究屈指可数。巴洛等人(2012)曾研究认为,负面直接接触的影响强于正面直接接触的影响,那间接群际接触效果是否也会如此呢? 比如,扩展接触是在了解或观察跨群体友谊的情况下发生的,但是当个体看到跨群体友谊的解散和结束时会出现怎样的后果呢? 替代性接触是在观察和模仿群际顺利互动的情况下会产生积极效应,但当个体看到群际间的不良与冲突行为时会具有怎样的替代性后果呢? 必须承认,这种情况在很多时候是存在的,因此是一个非常有意思的、值得探讨的问题。

简言之,间接群际接触并不是一种单一的接触模式,间接群际接触因"间接"性特点而聚集在一起,主要包含三种甚至是更多类型的"间接"接触类型,这种复杂且多样的接触类型统称为间接群际接触。实际上,不同的间接接触假设在兴起的背景、相关研究范式、心理机制以及社会效果等方面都各有特点,各具特色。我们不能期望三种间接群际接触类型能够与直接接触一样有效融合成一个完整的理论体系,但我们期望的是,对于研究者来讲,能够在间接群际接触的阵营中更加丰富研究主题和研究视野,都能够更加精细、全面、深入且创新性地展开探讨,为完善间接群际接触理论、推动其在社会中的实践应用贡献力量。

第二节
社会现实中的干预应用与创新

随着社会的不断发展与融合,各种类型群体间的接触会越来越多,因此,研究如何改善群际偏见,增进群际关系必然会有重要的意义,尤其是如何增进多数群体与少数群体之间关系,对社会整体和谐发展更有价值。大量的研究表明,间接群际接触可以减少社会对精神特殊群体的偏见和歧视,这对于如何解决与之相关的社会问题和社会公共卫生问题是非常重要的、有价值的。但从更加广泛的意义上来讲,需要继续增强和扩大间接群际接触对改善更多不同类型群体偏见的有效性和应用性,以期望获取更大的社会治理成效。

一、从学校教育走向更广泛的社会应用

目前群际接触的大部分应用主要是在教育背景中展开,只有少数研究尝试将间接群际接触的策略应用于自然社会背景中。进一步来看,基于学校情景中展开的很多研究,内群体成员多为初中生、高中生以及大学生群体,而外群体多为自闭症、抑郁症等特殊群体。这对在学校领域内改善青少年群体对社会少数群体的态度有着更为建设性的参考价值,也能够为社会更大范围、更多不同类型的群体间态度改善提供重要的参考。国外研究也发现,间接群际接触在学校中更容易得到积极地落实,比如可以开设相关的教育课程或者教育活动,在积极介绍特殊群体相关知识和信息的情况下,进一步增加相应的间接接触干预

的不同教育项目,以此开展相应的教育活动,达到改善群际偏见和态度、增强群际关系的积极效果。

除了教育领域之外,未来研究可以充分利用媒体,特别是通过网络平台为载体的新媒体提供相应的间接群际接触干预,借助大量群体事迹材料进行宣传,从而达到改善群际偏见的目的。大多数现有的干预都基于替代性接触或者扩展接触的原理,例如通过阅读内部群体和外部群体角色之间的友谊故事来达到宣传影响的目的。针对其他群体、采用其他间接群际接触形式的媒体干预策略还较为少见。间接接触可以应用在更广泛的社会情境中,而不仅仅局限在学校教育和媒体宣传中,以此减少社会环境中更多群体间的偏见。

我们的整个研究都是基于精神特殊的群体而展开的,但我们不希望间接接触的干预策略仅仅适用于去改善社会公众对心理特殊群体的偏见,而是希望对更加多样的群体态度改善和群际关系质量提升带来深刻的启示。虽然国内没有诸如西方社会中错综复杂、甚至带有矛盾的宗教群体、移民群体、种族群体等,但是我们依然也存在民族的多样性、地域的多样性,存在诸多的特殊"弱势"群体,比如残障、贫穷、疾病等群体,甚至还有一些职业群体也值得关注,比如医患群体、警民群体等。从这个角度来讲,如何结合国内群体的多样性,通过间接群际接触来重构和改善群际态度,还存在巨大的实践空间。

再者,我们不希望间接群际接触干预效果只在单一目标群体中有效,而是希望通过对某一目标群体的干预进而能够带来对其他群体的态度改善效果。换句话说,通过不同的间接群际接触方式可以产生更为积极的"二级传递效应"。有的研究已经发现,想象与非法移民发生积极接触的参与者对非法移民的态度更为积极,这种态度的积极改变也会对其他群体感受产生积极的后续影响,比如可能会对其他移民群体的态度有所改善,即能够产生二级传递效应(Secondary Transfer Effects)。当然,这种二级传递效应只能对其他类似于非法移民的群体而言,而不是对所有不同的群体产生积极的态度改善(Harwood et al.,2011)。另一项研究也发现,群体间焦虑和观点采择具有明显的二级传递效应,即通过间接接触改善对移民群体的态度,这种积极效应可以泛化到对残疾群体和性少数群体的态度改善中去(Vezzali et al.,2012)。由此可见,间接群际接触积极效应的可推广性和可泛化性特点,值得继续关注和研究。

虽然面对不同群体身份的成员可能会产生不一样的感觉和体验,阻碍群际交流的因素可能不尽相同,但我们仍然希望,通过间接群际群体接触干预能够提升参与者自身群际接触思维方式的积极转变,获得一种可以普遍应用的群际交往策略,并内化为稳定的群际交往应对技能。也就是说,接受过想象接触干预训练的个体可以在接触其他不同的群体之前,能够学会自发、自主、自动地进行积极的想象接触演练,减少交往焦虑,提升交往效能。这种积极的群际交往意识、交往技能的形成需要依靠各方面的力量,需要依靠学校教育、社会宣传、家庭教育以及同伴支持,进而能够促使个体的群际交往信念与素养获得更积极的改善。

二、创新间接群际接触的方式与效果

直接群际接触与间接群际接触主要是将研究视角聚焦在现实情境中,充分去考虑实现群体接触的现实可能性与可行性,但是随着互联网的发展,人们的社会生活交往方式发生了极大的改变,互联网为社交生活提供了新的群体活动场所,并对社会关系的形成和维持、群体成员身份和社会认同等都产生了重要的、深刻的影响(Bargh & Mckenna,2004)。显然,再一味执着于现实生活中的群际接触研究已经不能够全面窥探当下群体接触的多种形式、丰富内容以及可能产生的社会影响。基于网络的线上接触的理论化研究和实践探索开始广受关注,聚焦线上群际接触(Online Inter-group Contact,OLC)就成为社会发展带动学术创新和实践探索的必然趋势和应有之义。从某种意义上讲,借助网络展开的群体互动也体现出了“间接”接触的特点,也可以为直接接触提供一定的经验基础。对于“间接群际接触”的理解,也随着网络的发展而具有了新的内容和主题,间接群际接触的方式也变得更加多样化。

线上群际接触主要指的是依靠互联网络,借助计算机、手机等社会媒介,通过不同社交平台而参与实现的一种自我卷入性的群际接触。线上群际接触的群体成员通过可视图像共享网站、社交网站、贴吧论坛等,借助聊天、视频、图片或文字展现、发表评论等多样化方式进行接触。近年来,线上群际接触逐渐成为社会生活的重要组成部分,在社交生活中占据的比重越来越大,不断变革与重塑着人们的社交方式和思维,深刻影响着社会现实生活。

线上群际接触的与众不同体现在七个方面,即匿名性、对物理信息(比如身份、所处环境等)暴露程度的控制、对接触过程的控制、容易找到相似的人、互联网的普遍性和持续可用性、平等性和趣味性,这些特征共同创造了一个独特的社交保护和有利的社交心理环境,在提高线上群际接触的有效性方面起着关键作用(Amichai-Hamburger,2013)。

首先,线上群际接触具有匿名性。互联网的使用让那些本来没有机会见面的人们之间能够进行接触,创造了一个受保护和受控的环境,使很多群体分类或群体身份线索得以模糊、隐匿甚至消失,在一定程度上通过消除视觉相关的信息线索来最小化群体之间的地位差异,从而帮助少数民族和地位较低群体成员获得更加平等的交往权利(Hasler & Amichai-hamburger,2013),并建立交往信心,更自由地表达自己的观点。

其次,线上群际接触具有自控性。事实上,匿名性不但使互联网成为一个保护性的社交环境,更重要的是,在这种环境中,双方对接触过程增加了一定的自主控制性。比如,他们可以选择自己身份的披露程度,可以选择在网上公布的自身特征和所处的环境信息,这在一定程度上降低了自我披露的风险,特别是对于一些受到污名化和边缘化的群体而言,这种社交自主控制权显得更为重要(Amichai-Hamburger,Adrian,& Furnham,2007)。相比传统群际接触模式,线上群际接触消除了更多的交流障碍,双方可以更好地控制接触过程,甚至有助于敌对群体间建立积极联系(Yair & Mckenna,2010)。

再次,线上群际接触具有多样性。通过文本同步聊天或其他形式接触平台(社交网站或个人朋友圈),群体双方也可以很容易接触到彼此的图像、视频、兴趣爱好以及关系网络等等相关信息。关键是,随着群际交往双方创造性地在网上管理和表达这些信息,长时间的在线接触会促进内外群体成员的人际吸引和人际关系发展(Walther,2015),可以产生对虚拟环境中外群体的依恋或认同。尤其是当自己的社交好友列表中有他群成员时,会让个体接触到更多他群文化,促进积极的外群体态度产生(Katrin,Christina,& Tobias,2018)。

　　最后,线上群际接触具有强韧性。线上群际接触成为群际关系延续的重要方式,与线下群际接触相比,借助社交平台的线上接触除了能够保持个体与现实生活中的朋友保持联系之外,还可以让人们与那些稍纵即逝的熟人(例如,他们在国外认识的人或在其他群体中认识的人)保持联系,在交往的时间和空间上得到延续与延展,社交平台可以维持群体双方深层次的跨文化交流,促进他们在温和且无焦虑的虚拟环境中进行互动,提升真实群际接触发生的期望水平。

　　有的研究已经发现,北爱尔兰的天主教和新教徒社区之间存在着长期的、广泛的隔离,也存在着严重的群际偏见。为了克服这种分离,研究者采用了网络接触作为一种新的间接接触策略,网络接触过程中,天主教和新教徒的参与者不需要进行身体接触,而是参与了与其他社区成员的协作和目标导向的在线互动。结果发现,网络接触提高了群际接触期望,减少了群际焦虑,改善了天主教徒和新教徒的群际态度,群际偏见也能够得到有效地减少,这些发现为在线互动在积极克服生理和心理障碍方面的作用提供了支持(White,Turner,Stefano,Harvey,& Hanna,2018)。另外,还有的研究同样为在线群际接触的积极社会效果提供了一定的证据。研究者们将在线群际接触概念化为通过用户在线评论进行的交流,然后探查了两种形式的在线群际接触:直接遇到外群体成员(直接在线接触)或通过内群体成员(扩展的在线接触)及其对外群体联态度的影响。通过在线实验测试了396名参与者对无证移民或性少数群体者两个不同群体的在线接触效果。结果发现,直接在线接触减少了参与者对性少数群体者的威胁感知和社交距离,但并未降低对无证移民群体的威胁感知和社交距离。在线直接接触通过积极和消极的情绪改善了对外群体的态度,而扩展的在线接触则减少了对无证移民群体的消极情绪,改善了对无证移民群体的态度(Kim,Nuri,Wojcieszak,& Magdalena,2018)。

可以推断的是,线上接触方式在一定程度上是虚拟的,互动双方并未有现实的面对面、距离很近的互动,由此可能会降低对方直接面对面接触的紧张和不舒服;同时,这种互动在一定程度上又是现实的,因为它已经不再是单纯的获知跨群体友谊信息,也不是单纯地想象交往情境,更不是单纯地观察学习他人与外群体的交往示范,而是已经开始进行交往互动的自我参与,由此可能会提高交往互动的练习、熟悉度与体验感。线上接触打通了从间接群体接触到直接面对面接触的壁垒,有效避免了直接从间接群际接触过渡到直接面对面接触的突兀和措手不及。当然,借助网络进行的间接接触也存在着需要进一步扩展的研究空间,比如,网络接触具有不同的方式,可以是视频接触,也可以是文字接触,对比来看,何种方式改善群际态度的效果更好还不得而知。目前少有研究利用其来解决群体冲突、增进群际关系,互联网的独特特性可以帮助群际接触的适用范围更广泛,并可以克服直接接触未能在现实中解决的难题(Amichai-Hamburger,Hasler,& Shani-Sherman,2015)。任何事物的发生和发展都具有两面性,互联网作为一种群际接触的策略和方式,因为其具有与传统媒体不同的特点,在增加群际认知多样性、减少群际焦虑的同时,也可能会给群际态度带来前所未有的挑战和困难,数字时代个体和群体特征如何被解读,如何被有效运用于增进群际关系中仍然是需要深入探讨的(Johnson,Lee,Cionea,& Massey,2020)。

三、寻找与其他方式结合的最佳干预模式

间接群际接触的不同类型具有不同的适用边界和最佳条件。在实践中应用这些策略时,在什么时候、怎样的情况下运用不同的干预措施从而实现效果最大化则是一件比较复杂且困难的事情。因此,希望本研究的诸多成果能够带给教育内容选取、教育活动实施的相关部门与专业人员更多有益的启示,一方面要意识到改善不同群体间消极态度的重要性,另一方面要恰当且有效地开展相关的教育活动。而且,接触策略干预的连续性是很重要的,对群际态度改善的间接群际接触干预不能是独立且频率匮乏的,这恐怕起不到理想的效果,而怎样保持干预策略的连续性和适当频率,保证干预内容的生动性、实际性、趣味性等,也是一个非常重要的实践挑战,现阶段,现有研究没办法有效回答这些问题,而是需要在实践中摸索。

最后需要提及的是,减少精神特殊群体的偏见,还可以在间接群际接触的同时,尝试结合其他的方法。有的研究者指出,教育公众心理疾病是一种脑病是一种常用的策略,用以减少对心理疾病的偏见(Corrigan & Watson,2004)。美国精神病学家和精神病患者的倡导者认为,将精神疾病作为一种脑病的生物医学模式,在减少耻辱感方面具有一定的准确性和有效性(Elliott,Maitoza,& Schwinger,2012)。这种减少偏见的策略尽管减少了对精神疾病的指责,避免将精神疾病的发生归因于个体自身的原因,进而能够更加理性地理解精神疾病群体处境的无奈之处,但是这种策略也可能会无意中加剧社会公众对其他偏见成分的重视,特别是会加重社会对精神疾病患者毫无仁慈之心、存在危险不可控等诸多其他偏见。另一方面,这种方法遭遇到的广泛

质疑是,很少有研究深入探讨被诊断患有精神疾病的个体,以确定他们在多大程度上将自己的病情定义为基于生物学的,而不是由社会和心理因素引起的,这在一定程度上回避了社会偏见对精神疾病发生、发展与治愈的重要性作用。通过对美国西部一家非营利性医院行为健康科的50名住院病人进行深入访谈,以了解他们对自身疾病性质和原因的看法。结果发现:绝大多数患者无论诊断与否,都强调由他人带来的、自己无法控制的痛苦生活经历是导致其精神疾病的主要原因(Elliott et al.,2012)。

元分析表明,在改善对外群体的情感反应和行为意向方面,接受相关知识信息的教育要比群际接触更加有效(Corrigan & Rao,2012)。比如有的研究详细评估了电影、接触精神分裂症患者和教育知识介绍,三种不同的干预措施在减少对精神分裂症患者的刻板印象和偏见方面的效果差异。结果发现,在教育知识介绍的干预之后,针对精神分裂病人的刻板印象和偏见都有所减少,而且一个月后参与者对精神分裂病人的不良态度进一步减少。而通过看电影只能有效减少偏见,却并没有减少刻板印象。与精神分裂症患者见面接触可以减少刻板印象,但其对减少偏见的效果不显著。不同类型的干预对减少刻板印象和偏见有不同的效果,仍需要更加丰富的研究去探讨各种旨在消除对精神分裂症患者偏见的干预措施效果(Walachowska,Janows-ki,& Tatala,2009)。

当然,也有的研究者也对接受信息教育从而改变外群体态度的做法提出了一定的质疑,比如有的研究者认为,对于一些疾病类群体而言,如果通过知识教育让大家知道他们的疾病是遗传的诸如此类的生物学根源,则可能导致人们对这一群体产生更加负面性的态度(Rüsch,Todd,Bodenhausen,& Corrigan,2010)。比如,人们如果获知,患有精神疾病尤其是精神分裂症的这一类群体,具有遗传的倾向性而且不容易治愈,则可能让人们更倾向于认为这一类群体更加危险,也会在行为等方面更加疏离这一类群体(Rüsch et al.,2010)。鉴于此,有的研究者就提出了一种减少污名的新的替代性方式,称之为"接受与承诺培训策略",也就是说,态度改变不能仅仅依靠传递关于精神疾病的知识和相关认知误区的辟谣,也需要让参与者签署并履行培训后的态度改善承诺,这样对于群体态度改善的成效更加明显(ACT:Acceptance and Commitment Therapy;Hayes,Strosahl,& Wilson,1999)。最近的研究发现,相比仅仅接受教育培训而言,接受与承诺的培训干预策略对改善精神疾病群体的污名更加有效,这项研究的主要目的是要探讨教育、接受与承诺培训,这两种干预策略对改善精神疾病群体污名的成效对比。结果发现,虽然两种干预方式对改善群体污名都是有效的,但是两者效果相比,接受与承诺的培训干预对外群体的恐惧、回避、暴力、不可预测性等感知的减少更加有效(Amanda & Boris,2016)。

应该在偏见干预的过程中充分发挥精神特殊群体的个体能动性,让他们能够积极抵抗偏见。有的研究发现,精神疾病污名化与自尊之间的关系虽然是消极的,但强度仅为中等,可以通过个体主动的抵抗偏见,在一定呈上降低污名化。那么,个体在什么情况下更容易进行积极的抵抗,以反对他人强加给精神疾病的刻板印象呢?研究发现,当个人有下列情况时,他们更可能采用抵抗策略:过去的耻辱抵抗经验;过去与生病的家庭成员或朋友的熟悉程度;不严重或可控的症状;存在治疗经验;最初高水平的心理社会应对资源;以及多重角色身份。他们就会采用挑战性的抵抗策略,比如"那不是我""我们不是那样的"等,这充分突出了被标签个体在面对社会对其偏见时的积极能动性

（Thoits，2011）。

间接群际接触作为一种态度改善策略仍在继续完善中，进一步提高和优化群际接触的积极社会效果。致力于改善偏见是社会心理学工作者的重要任务，但是没有哪一种方法或者策略是一劳永逸、放之四海而皆准的，当面对不同的情境或者对象时，就需要策略的创新与融合。

结　语

整个研究过程即将告一段落时，我们的心情是喜忧参半的。喜的是，我们有幸可以较为全面地展开此领域相关的研究并取得了一定的成果；忧的是，面对社会现实中多样性的群体类型、复杂性的群体关系，我们在推动整个群体关系发展方面做得显然还不够多。

做得不够多，不仅仅是因为从偏见改善研究到偏见改善策略这一实践过程的漫长。还有一个更需要值得继续关注的问题就是，如何能够提高全社会的整体性认知，调动各方面的力量全面改善精神特殊群体的社会境遇。这是一个困难且更具挑战性的任务，是需要社会共同努力一起去完成的，而我们目前所做的这些研究及其实践倡议，也不过是这个任务过程中的冰山一角而已。

当前，我们多是从绝大多数"正常人"的视角出发，探讨如何通过更加有效的间接群际接触方式改善人们对精神特殊群体的态度，减少对他们的偏见，但仍然要强调的是，社会公众也有必要去了解与精神疾病相关的知识，积极改变偏颇的观念。其实，心理和精神上存在问题的群体，也是当下社会生活中亟须要关注的弱势群体之一,帮助他们克服障碍重新回归社会,是一个重要的社会任务。2011 年新华网报道,精神疾病日益引发社会的重视,但由于公众对精神卫生知识的相对缺乏且存在一定的认知误区、社会对精神特殊群体的漠视、歧视或偏见等普遍存在,使得整个社会对于精神特殊群体这个庞大的人群树起了难以跨越的藩篱。更为关键的是,不但是普通人群对精神疾病的认识不足,对精神病患者的态度消极,一些心理健康专业人士对精神疾病患者的态度也是消极的,他们不比普通人持有更少的污名化态度。国外研究通过调查精神卫生专业人士和公众对精神疾病的态度,结果发现,有的精神病医生比一般人对精神疾病患者拥有更多的负面刻板印象,心理健康专业人员的知识和他们对自身权利的维护,既不会减少他们对精神疾病患者的刻板印象,也不会增强他们与精神病患者密切互动的意愿(Carlos,Nordt,Wulf,Rossler,Christoph,& Lauber,2006)。

　　现实中,精神特殊群体所面临的处境是社会中值得重视的一个问题。精神疾病患者往往会被标签化,成为病人家属难以启齿的符号,被人背后指三道四。因此,无论是个人还是家人,一旦遭遇精神疾病方面的问题往往会讳疾忌医,很少主动去防范、主动接受专业治疗,久而久之最终酿成大错,这是社会不得不面对的尴尬现实。这也从侧面进一步说明,我们的社会、民众还没有从根本上认识精神病的发病机理以及及时治疗的重要性和必要性。

　　近年来,人们越来越关注心理健康服务。我们对心理健康的恢复标准更多地以症状得到缓解的医学领域界定为准,而忽略了作为社会个体心理健康的最终目的是强调重建有价值、有意义的生活,不管人们是否可以继续有着特殊的痛苦经历,这其中的核心就是有价值的社会角色和积极的自我认同(Boardman et al.,

2011）。所以，从这一点来看，改善社会对他们的态度，强调精神特殊群体的社会融入具有非常重要的意义。"恢复"可能包括个人改变和社会参与两个方面，积极创设有利于他们康复和被接受的社会环境。这一理念也是与身体特殊的群体融入社会的模式是一致的，更侧重于社会主流以及其他更广泛的机构力量等参与到这一进程中，尽可能地消除社会排斥和社会歧视（Beresford，2002）。社会因素对精神健康问题的发病率具有非常重要的影响，同样，社会因素在精神特殊群体的的康复中也起到非常重要的作用，因此，需要加强社会组织的建设，让这些组织能够切实为推动精神健康事业的不断发展和完善而做出努力。

杰瑞等（2011）从社会工作的视角指出，有很多的因素很可能阻碍了社会对精神疾病群体的包容性，比如广泛存在的社会歧视以及由于精神问题导致的实际生活困难。"社会包容"对精神疾病群体的康复非常重要，因为这种社会包容体现在方方面面，比如帮助他们建立积极的公民身份、积极的社交网络，增加他们对社会的主观归属感，参与社区组织的各种有意义的活动，从而让这一群体能够更加主动，并成为我们中的一员。只不过，我们目前在针对精神障碍群体的各项救助服务、政策以及组织机构方面都还不够完善，参与救助的社会群体或者社会组织也并不是很多。对于社区来讲，暂时还没有条件来让这一群体进行积极的人际接触和"参与工作"。而对于不发达地区来讲，精神障碍群体获得的社会救助就更是少得可怜，精神障碍群体在很大程度上仍然是一个被边缘和忽视的群体。

还有，在消除社会偏见方面，媒体也应该发挥积极作用。经常阅读那些精神障碍患者出现暴力伤害行为的新闻报道，会让人们越发坚信，精神疾病患者比那些具有控制能力的正常人更加危险,从而增加和强化对这一类群体的消极偏见和态度。甚至于,社会还容易将精神疾病的范围扩大化,比如认为具有心理问题的人都是不正常的,都是充满威胁性的,而不仅仅局限在精神分裂症甚至抑郁症等。其实,为社会所熟知的一些主要的精神疾病,包括抑郁症和焦虑障碍(诸如恐惧症和强迫症)等,并不具有广泛的攻击行为倾向和高风险性。而社会公众之所以产生了凡是精神障碍患者都极有可能产生伤人行为的观念误区,原因之一也在于媒体对某些特殊案例的突出报道和频繁关注。所以,媒体作为社会知识和观念的传播渠道之一,应该意识到自身所肩负的社会责任,如何通过科学、规范的宣传来形塑人们对精神特殊群体的正确认知,减少社会对精神特殊群体的偏见,这是媒体面临的重要问题。

增加偏见容易,减少偏见困难,群际偏见的改善之路充满艰辛,唯有不断探索……

中文参考文献

[1]艾娟.群际宽恕的影响因素[J].心理科学进展,2014,(3):522-529.

[2]艾娟.扩展群际接触:观点、机制与展望[J].心理科学进展,2016,(5):836-843.

[3]艾娟.间接群际接触改善群体态度的有效性:研究与启示[J].江汉学术,2016(4):109-114.

[4]艾娟,严晶华.肯定类型对扩展群际接触改善性少数群体者态度的影响[J].心理学探新,2017,(4):333-338.

[5]艾娟.替代性群际接触改善群体态度:以自闭症群体为例的思考[J].残疾人研究,2017,(4):69-73.

[6]艾娟,张金灵.间接接触干预改善百色市某中学学生对孤独症儿童态度的研究[J].医学与社会,2018,(08):68-69,73.

[7]艾娟,周迪.抑郁症污名与社会距离:群际焦虑和交往自我效能的多重中介作用[J].中国临床心理学杂志,2018,(6):1196-1199.

[8]艾娟,王丛,贾喜瑶,张樱凡.大学生对自闭症群体的态度:具体内容与结构验证[J].现代预防医学,2020,(5):871 - 873,897.

[9]白吉可,周志超,张大庆.医学史视域下中国抑郁症发展研究[J].医学与哲学,2018,(23):83 - 86.

[10]蔡瑞林,陈万明,丁道韧.农民工工作场所越轨行为、污名效应与城市融合感知[J].华中农业大学学,2015,(2).

[11]才娜,陈晨,郑雨潇,肖艳杰.儿童自闭症综合干预效果及影响因素分析[J].现代预防医学,2018,(8):67 - 70.

[12]陈世民,吴宝沛,方杰.钦佩感:一种见贤思齐的积极情绪.心理科学进展,2011,(11):1667 - 1674.

[13]陈力丹.群体传播的心理机制[J].东南传播,2016,(1):33 - 35.

[14]陈颖,徐聘.孤独症儿童受教育权保障研究:基于湖南省的实证调研分析[J].湖南行政学院学报,2016,(5):92 - 97.

[15]党健宁.不同来源自尊威胁对内群体偏爱的影响[M].西安:陕西师范大学,2015.

[16]戴尊孝.精神卫生法规救助政策[M].西安:陕西科学技术出版社,2019.

[17]董玲,周洋,陈文材,王玫玲,黄先娥,刘修军.武汉市居民精神卫生知识知晓率调查[J].中国公共卫生,2019,(3):345 - 348.

[18]高承海,杨阳,董彦彦,万明钢.群际接触理论的新进展:想象性接触假说[J].世界民族,2014,(4):4 - 13.

[19]高士元,费立鹏.不同人群对精神病的态度[J].中国心理卫生杂志,2001,(2):107 - 109.

[20]管健,李强.污名研究与多维层次表征模型的扩展分析[J].青海社会科学,2007,(6):143-148.

[21]管健.群际焦虑的因果关系模型与影响变量[J].西北师大学报(社会科学版),2017,(4).

[22]何伶俐,汪新建.抑郁症在中国的传播[J].医学与哲学:人文社会医学版,2012,(2):29-31.

[23]韩德彦,陈淑惠.精神疾病污名感受量表及其短版之心理计量特性[J].中华心理卫生学刊,2008,(3):73-290.

[24]胡号应,等.广州市城乡居民的心理健康知识知晓率及对精神疾病的态度[J].中国心理卫生杂志,2012,(1):38-43.

[25]华晓慧,杨广学.自闭症儿童家长知晓度调查[J].学术探索,2013,(5):150-153.

[26]黄伟合.社会观念的改变与自闭症事业的发展[J].上海师范大学学报(哲学社会科学版),2008,(5).

[27]何浩宇,周亚男,廖艳辉.长沙市大学生抑郁症相关知识的调查研究[J].中华医学会第十三次全国精神医学学术会议论文汇编:2015.

[28]黄群英.想象群际接触降低群际威胁感:感知相似性的作用[D/OL].重庆:西南大学,2014.

[29]洪向华.权威理论浅析[J].科学社会主义,2011,(5):28-30.

[30]黄伟东.大学生内隐性少数群体者态度研究[D/OL].广州:华南师范大学,2008.

[31]胡梦琴.新媒体环境下"沉默的螺旋"理论的适用性探讨[J].西部广播电视,2016,(9):17-18.

[32]姜婷婷.调节定向与行为策略的匹配对降低性少数群体者内隐偏见的影响[D/OL].苏州:苏州大学,2013.

[33]金碧华,杨佳楠.自闭症儿童融合教育中社会工作介入研究[J].前沿,2018,(6):90-95,123.

[34]寇彧,徐华女.论道德伪善:对人性的一种剖析[J].清华大学学报:哲学社会科学版2005,(6):56-61.

[35]劳国华.大学生对性少数群体的外显和内隐态度:想象群际接触的干预作用[D/OL].广州:广州大学,2017.

[36]李友梅,肖瑛,黄晓春.社会认同:一种结构视野的分析:以美、德、日三国为例[M].上海人民出版社,2007.

[37]李强,高文珺,许丹.心理疾病污名形成理论述评[J].心理科学进展,2008,(4):582-589.

[38]李强,高文珺,许丹.国外心理疾病烙印影响研究概述[J].心理科学,2009,(4):905-907.

[39]李森森,龙长权,陈庆飞,李红.群际接触理论一种改善群际关系的理论[J].心理科学进展,2010,(5):831-839.

[40]刘建鹏,张宇翔,羊晨,黄康妹,张雪琴.城镇精神卫生知识普及情况及推进建议:2005-2015年我国城镇居民精神卫生知识知晓率的 Meta 分析[J].中国健康心理学杂志,2017,(5):666-670.

[41]刘毅,孙桂芳,倪彦伟.道德伪善的研究现状与展望[J].广州大学学报(社会科学版),2014,(2):18-24.

[42]刘芬.浏阳市乡镇卫生院医护人员精神卫生知识和态度调查[D/OL].长沙:中南大学,2010.

[43]刘欣,杨钢,汪凤炎.心理疾病污名的结构:基于IAT 的测量[J].赣南师范学院学报,2013,(2):92-94.

[44]刘颖,时勘.艾滋病污名的形成机制、负面影响与干预[J].心理科学进展,2010,(1):123-131.

[45]刘婉娜.大学生对性少数群体者内隐及外显态度的比较研究[J].中国健康心理学杂志,2010,(12):1494-1499.

[46]刘克善.心理压力的涵义与特性[J].衡阳师范学院学报(社会科学),2003,(1):102-106.

[47]刘阳.群际接触理论的研究进展[J].理论观察,2017,(2):95-97.

[48]吕遥迪,郭江,张雨青.中文版积极/消极注意偏向量表的初步修订[J].中国临床心理学杂志,2016,(5):861-864.

[49]玛丽莲·布鲁尔.我们,你们,他们:群际关系心理学揭秘[M].2版.李卫华等,译.北京:机械工业出版社,2015:113-118.

[50]孟国荣,李学海,姚新伟,朱紫青.1783名普通人群精神卫生知识知晓率调查结果及分析[J].上海精神医学,2005,17(S1):19-20.

[51]马向阳,徐富明,吴修良,潘靖,李甜.说服效应的理论模型、影响因素与应对策略[J].心理科学进展,2012,(5):735-744.

[52]毛良斌.准社会交往研究:回顾与展望[J],东南传播,2014,(3):1-3.

[53]尧丽,于海涛,段海军,乔亲才.想象群际接触对大学生内隐态度和外显态度的影响[J].心理科学,2016,(5):52-58.

[54]宋珺,张婉奇,李文咏,张曼华,徐唯,杨凤池.北京市朝阳区社区居民精神卫生知识与态度现况调查[J].中国健康心理学杂志,2013,(11):1636-1638.

[55]汤芙蓉,闻永.大学生心理疾病污名和心理求助态度的关系[J].中国健康心理学杂志,2015,(10):1495-1499.

[56]佟海龙,焦辛妮,顾星博等.哈尔滨市社区居民精神卫生知识认知及对患者态度的调查及影响因素分析[J].实用预防医学,2015,(10):1199-1203.

[57]孙嘉卿,顾璇,吴嵩等.道德伪善的心理机制:基于双加工理论的解读[J].中国临床心理学杂志,2012,(4):158-162.

[58]沈汪兵,刘昌.道德伪善的心理学研究述评[J].心理科学进展,2012,(5):745-756.

[59]史斌.新生代农民工社会距离研究[D/OL].上海:上海大学,2010.

[60]斯科特·利林菲尔德,史蒂文·杰伊·林恩,约翰·鲁希欧,等.北京:心理学的50大奥秘[M].机械工业出版社,2012.

[61]陶林,周红,刘仁刚.对医务人员和大学生性少数群体者态度的调查研究[J].中国行为医学科学,2011,(5):80-82.

[62]徐延辉,邱啸.居住空间、社会距离与农民工的身份认同[J].福建论坛:人文社会科学版,2017,(11):127-136.

[63]徐云,朱旻芮.我国自闭症儿童融合教育的"痛"与"难"[J].现代特殊教育,2016,(19):24-27.

[64]西英俊,刘薇,周宾,等.北京某高校大学生对精神疾病的态度分析[J].中国健康教育,2014,(7):657-659.

[65]肖垚南,陈妙扬,陈丁玲,等.云浮市普通人群心理健康知识知晓率及对精神疾病态度调查[N].中国医药导报,2015,(12):81-84.

[66]严保平,李建峰,栗克清,等.城市与农村普通人群精神

卫生知识知晓率及对精神疾病的态度[J].现代预防医学,2014,(9):1636－1639.

[67]严义娟,佐斌.外群体偏爱研究进展[J].心理科学,2008,(3):161－164.

[68]姚明解,阎秀芳,常战军,等.郑州市居民精神卫生知识知晓率调查[J].中国心理卫生杂志,2013,(9):52－55.

[69]杨虞,胡金生.内隐种族偏见的干预策略[J].心理科学进展,2013,(11):2064－2072.

[70]杨金花,王沛,袁斌.大学生内隐艾滋病污名研究[J].中国临床心理学杂志,2011,(3):340－342.

[71]杨金花,王兴宇,吴南.想象群际接触对男性少数群体者态度干预的有效性:助人的作用[J].社会心理科学 2016,(10):33－38.

[72]杨东,吴晓蓉.疏离感研究的进展及理论构建[J].心理科学进展,2002,(1):71－77.

[73]杨金山.探析网络群体事件的成因[J].传播与版权,2016,(5):167－169.

[74]岳童.观点采择对心理疾病外显和内隐污名的影响研究[D/OL].重庆:西南大学,2013.

[75]乐国安,韩振华.信任的心理学研究与展望[J].西南大学学报(社会科学版),2009,(2):1－5.

[76]游诗然,王中华.当前社会对自闭症儿童认知的调查研究:以贵阳市为例[J].教育文化论坛,2015,(2):79－84.

[77]庾泳,肖水源,向莹.性少数群体者态度量表的构建及其信度、效度检验[J].中国临床心理学杂志,2010,(2):174－176.

[78]于海涛,杨金花,张雁军,等.想象群际接触减少偏见:理论依据、实践需要与作用机制[J].心理科学进展,2013,(10):1824-1832.

[79]于海涛.想象交往:减少对精神分裂症患者偏见的新策略[J].医学与哲学,2016,(36):44.

[80]五彩鹿儿童行为矫正中心.中国自闭症儿童的发展与现状报告:中国自闭症教育康复行业发展状况报告[M],北京:北京师范大学出版社,2015.

[81]王晓刚.心理疾病内隐污名的性质与构成[D/OL].广州:第十五届全国心理学学术会议,2012.

[82]王晓刚.心理疾病内隐污名的评估及其预测因素[D/OL].重庆:西南大学,2013.

[83]王凯,李丽红,宋平,等.深圳市重性精神疾病医院—社区一体化防治康复管理模式效果分析[J].实用预防医学,2010,(1):157-159.

[84]王变云,朱晓卓.宁波市大学生精神卫生知识知晓率及对精神疾病的态度[J].锦州医科大学学报:社会科学版,2014,(3):70-72.

[85]王啸天,段锦云,方俊燕."暖男"的背后:心理温暖的概念、理论及影响结果[J].心理技术与应用,2017,(2):115-125.

[86]温忠麟,叶宝娟.中介效应分析:方法和模型发展[J].心理科学进展,2014,(5):731-745.

[87]温李滔,潘胜茂,唐省三,等.公众对抑郁症态度及其影响因素分析[J].中国健康心理学杂志,2017,(5):670-673.

[88]温芳芳,佐斌.评价单一态度对象的内隐社会认知测

验方法[J].心理科学进展,2017,(5):828-833.

[89]魏重政,刘文利.性少数学生心理健康与遭受校园欺凌之间关系研究[J].中国临床心理学杂志,2015,(4):701-705.

[90]吴宝沛,高树玲.道德虚伪:一种机会主义的适应策略[J].心理科学进展,2012,(6):926-934.

[91]张中学,宋娟.偏见研究的进展[J].心理与行为研究,2007,(2):150-155.

[92]张宝山,俞国良.污名现象及其心理效应[J].心理科学进展,2007,(6):993-1001.

[93]张林,张向葵.态度研究的新进展:双重态度模型[J].心理科学进展,2003,(2):171-176.

[94]张春兴.现代心理学:现代人研究自身问题的科学[M].上海:上海人民出版社,1994:551-552.

[95]张旭.社会比较对情绪的影响[D/OL].哈尔滨:哈尔滨师范大学,2015.

[96]赵新宇.全纳教育视角下,我国自闭症儿童随班就读问题的解读与思考[J].教育现代化,2018,(5):80-81,84.

[97]赵显,刘力,张笑笑,向振东,付洪岭.观点采择:概念、操纵及其对群际关系的影响[J].心理科学进展,2012,(12):2079-2088.

[98]张宏伟.精神卫生知识知晓情况及对待精神病人态度、方式调查[J].中国健康心理学杂志,2011,(11):29-31.

[99]钟汉玲,蔡春凤.社区人群对精神疾病的态度及其影响因素调查[J].中国临床护理,2014,(3):267-270.

[100]周英,潘胜茂,赵春阳等.对精神病患者歧视状况的大

样本调查[J].中国健康心理学杂志,2015,(11):1626 - 1631.

[101]周艳艳,马婷,张锋.健全人对残疾人的内隐认知评价及其可塑性:基于文本阅读的间接接触的启动效应[J].应用心理学,2014(4):339 - 357.

[102]赵德雷.污名身份对人际影响力和社会距离的影响[J].心理学报,2013,(11):101 - 112.

[103]钟毅平,杨子鹿,范伟.自我—他人重叠及观点采择类型对助人意愿的影响[J].中国临床心理学杂志,2015,(1):63 - 66.

英文参考文献

[1] Adam, Waytz, Nicholas, & Epley. (2012). Social connection enables dehumanization. *Journal of Experimental Social Psychology*, 48(1), 70 – 76.

[2] Amanda K., Boris B., (2016). Learn and ACT: Changing prejudice towards people with mental illness using stigma reduction interventions, *Journal of Contextual Behavioral Science*, 5, 178 – 185.

[3] American Psychiatric Association, (1994). *Diagnostic and Statistical Manual of Mental Disorders* (DSM-IV-TR).

[4] Amichai-Hamburger, Y., Adrian, & Furnham. (2007). The positive net-science direct. *Computers in Human Behavior*, 23 (2), 1033 – 1045.

[5] Amichai-Hamburger, Y. (2013). Reducing intergroup conflflict in the digital age. In H. Giles (Ed.), *The handbook of intergroup communication*, New York: Routledge. 181 – 193.

[6] Amichai-Hamburger, Y., Hasler, B. S., & Shani-Sher-

man, T. (2015). Structured and unstructured intergroup contact in the digital age. *Computers in Human Behavior*, 52, 515 – 522.

[7] Anderson, C. L. (1981). The Effect of a Workshop on Attitudes of Female Nursing Students Toward Male Homosexuality. *Journal of Homosexuality*, 7(1), 57 – 69.

[8] Andrighetto, L., Mari, S., & Behluli, V. B. (2012). Reducing competitive victimhood in kosovo: the role of extended contact and common ingroup identity. *Political Psychology*, 33 (4), 513 – 529.

[9] Angermeyer, M. C., & Matschinger, H. (1997). Social distance towards the mentally ill: results of representative surveys in the federal republic of germany. *Psychological Medicine*, 27 (1), 131 – 141.

[10] Anja Eller, Dominic Abrams, & Anja Zimmermann. (2011). Two degrees of separation. *Group Processes & Intergroup Relations*, 14(2), 175 – 191.

[11] Antal A. (2013) Piecing together the puzzle: development of the Societal Attitudes towards Autism (SATA) scale. *Journal of Research in Special Educational Needs*, 13(2), 121 – 128.

[12] Aron, A., Aron, E. N., & Norman, C. (2001). Self-expansion model of motivation and cognition in close relationships and beyond. In G. J. O. Fletcher & M. S. Clark (Eds.), *Blackwell handbook of social psychology: Interpersonal processes*. Malden, MA: Blackwell. 478 – 501.

[13] Aron, A., Aron, E. N., Tudor, M., & Nelson, G. (1991). Close relationships as including other in the self. *Journal*

of Personality & Social Psychology,60(2),241 – 253.

[14] Aron, A. , & Mclaughlinvolpe, T. (2001). Including others in the self:extensions to own and partner's group memberships. *Psychology Press*, 89 – 108.

[15] Asbrock, F. , Gutenbrunner, L. , & Wagner, U. (2013). Unwilling, but not unaffected-imagined contact effects for authoritarians and social dominators. *European Journal of Social Psychology*, 43(5),404 – 412.

[16] Bahora, M. , Hanafi, S. , Chien, V. H. , & Compton, M. T. (2008). Preliminary evidence of effects of crisis intervention team training on self-efficacy and social distance. *Administration and Policy in Mental Health and Mental Health Services Research*,35 (3),159 – 167.

[17] Bandura, A. (2002). Social cognitive theory in cultural context. *Applied Psychology*,51(2),269 – 290.

[18] Bargh, J. A. , & Mckenna, K. (2004). The internet and social life. *Annual Review of Psychology*,55(1),573 – 590.

[19] Barlow, F. K, Chris G. Sibley, & Matthew J. Hornsey. (2012). Rejection as a call to arms:inter-racial hostility and support for political action as outcomes of race-based rejection in majority and minority groups. *British journal of social psychology*,51(1), 167 – 177.

[20] Bastian, B. , & Haslam, N. (2010). Excluded from humanity:the dehumanizing effects of social ostracism. *Journal of Experimental Social Psychology*,46(1),110 – 113.

[21] Bastian, B. , Lusher, D. , & Ata, A. (2012). Contact, e-

valuation and social distance: differentiating majority and minority effects. *International Journal of Intercultural Relations*, 36 (1), 100 – 107.

[22] Batson C D. (2010). Empathy-induced altruistic motivation. In M. Mikulincer & P. R. Shaver (Eds.) , Prosocial motives, emotions, and behavior: The better angels of our nature. Washington, DC: *American Psychological Association*, 15 – 34.

[23] Batson, C. D. , Early, S. , & Salvarani, G. (1997). Perspective taking: imagining how another feels versus imaging how you would feel. *Personality & Social Psychology Bulletin*, 23 (7), 751 – 758.

[24] Batson, C. D. , Kobrynowicz, D. , Dinnerstein, J. L. , Kampf, H. C. , & Wilson, A. D. (1997). In a very different voice: unmasking moral hypocrisy. *Journal of Personality & Social Psychology*, 72 (6) , 1335 – 1348.

[25] Beresford, P. (2002) 'Thinking about "mental health": Towards a social model ' , *Journal of Mental Health*, 11 (6), 581 – 584.

[26] Blair, I. V. , Ma, J. E. , & Lenton, A. P. (2001). Imagining Stereotypes Away: The Moderation of Implicit Stereotypes Through Mental Imagery. *Journal of Personality and Social Psychology*, 81 (5) , 828 – 841.

[27] Blashki, G. , Judd, F. K. , & Piterman, L. (2007). General practice psychiatry.

[28] Boardman, F. , Griffiths, F. , Kokanovic, R. , Potiriadis, M. , Dowrick, C. , & Gunn, J. (2011). Resilience as a response to

the stigma of depression: a mixed methods analysis. *Journal of Affective Disorders*, 135(1 – 3), 267 – 276.

[29] Boccato, G. , Cortes, B. P. , Demoulin, S. , & Leyens, J. P. (2007). The automaticity of infra-humanization. *European Journal of Social Psychology*, 37(5), 987 – 999.

[30] Bogardus, E. S. (1967). Measuring social distances. *In M. Fishbein (Ed.), Readings in Attitude Theory and Measurement*. New York: Wiley, 71 – 76.

[31] Branscombe, N. R. , & Doosje, B. (2004). International perspectives on the experience of collective guilt. *Collective guilt: International perspectives*, 3 – 15.

[32] Brewer, M. (1985). The psychology of intergroup attitudes and behavior. *Annual Review of Psychology*, 36 (1), 219 – 243.

[33] Brown, R. , & Hewstone, M. (2005). An integrative theory of intergroup contact. *Advances in Experimental Social Psychology*, 37, 255 – 343.

[34] Brown, R. , & Paterson, J. (2016). Indirect contact and prejudice reduction: limits and possibilities. *Current Opinion in Psychology*, 11, 20 – 24.

[35] Bruneau, E. , Kteily, N. , & Falk, E. B. (2017). Interventions highlighting hypocrisy reduce collective blame of muslims for individual acts of violence and assuage anti-muslim hostility. *Personality and Social Psychology Bulletin*, 44(1), 290 – 299.

[36] Buckels, E. E. , & Trapnell, P. D. (2013). Disgust facilitates outgroup dehumanization. *Group Processes & Intergroup Re-*

lations, 16 (6) ,771 - 780.

[37] Cameron, L. , & Rutland, A. (2006). Extended contact through story reading in school: Reducing children's prejudice toward the disabled. *Journal of Social Issues*, 62 (3) ,469 - 488.

[38] Cameron, L. , Rutland, A. , & Brown, R. (2007). Promoting children's positive intergroup attitudes towards stigmatized groups: Extended contact and multiple classification skills training. *International Journal of Behavioral Development*, 31 (5) ,454 - 466.

[39] Cameron, L. , Rutland, A. , Brown, R. , & Douch, R. (2006). Changing children's intergroup attitudes toward refugees: Testing different models of extended contact. *Child Development*, 77 (5) ,1208 - 1219.

[40] Cameron, L. , Rutland, A. , Hossain, R. , & Petley, R. (2011). When and why does extended contact work The role of high quality direct contact and group norms in the development of positive ethnic intergroup attitudes amongst children. *Group Processes & Intergroup Relations*, 14 (2) ,193 - 206.

[41] Cameron L, Rutland A, & Turner R. (2011). ' Changing attitudes with a little imagination ' : Imagined contact effects on young children's intergroup bias. *Annals of Psychology*, 27 (3) , 708 - 717.

[42] Campos-Castillo, C. & Ewoodzie, K. (2014). Relational trustworthiness: How status affects intra-organizational inequality in job autonomy. *Social Science Research*, 44 ,60 - 74.

[43] Capozza, D. , Andrighetto, L. , Di Bernardo, G. A. , & Falvo, R. (2012). Does status affect intergroup perceptions of humani-

ty?. *Group Processes & Intergroup Relations*, 15(3), 363 – 377.

[44] Capozza, D. , Falvo, R. , Favara, I. , & Trifiletti, E. (2013). The relationship between direct and indirect cross-group friendships and outgroup humanisation:Emotional and cognitive mediators. *Testing, Psychometrics, Methodology in Applied Psychology*, 20(4), 383 – 397.

[45] Capozza, D. , Falvo, R. , Trifiletti, E. , & Pagani, A. (2014). Cross-group friendships, extended contact, and humanity attributions to homosexuals. *Procedia-Social and Behavioral Sciences*, 114, 276 – 282.

[46] Carlos, Nordt, Wulf, Rossler, Christoph, & Lauber. (2006). Attitudes of mental health professionals toward people with schizophrenia and major depression, *Schizophrenia Bulletin*, 32(4): 709 – 714.

[47] Castano, E. , & Giner-Sorolla, R. (2006). Not quite human:infrahumanization in response to collective responsibility for intergroup killing. *Journal of Personality and Social Psychology*, 90 (5), 804 – 818.

[48] Cehajic, S. , Brown, R. , & Gonzalez, R. (2009). What do i care perceived ingroup responsibility and dehumanization as predictors of empathy felt for the victim group. *Group Processes & Intergroup Relations*, 12(6), 715 – 729.

[49] Cernat, & Vasile. (2011). Extended contact effects:is exposure to positive outgroup exemplars sufficient or is interaction with ingroup members necessary. *The Journal of Social Psychology*, 151(6), 737 – 753.

［50］Cesario,J. ,Plaks,J. E. ,& Higgins,E. T. （2006）. Au-
tomatic Social Behavior as Motivated Preparation to Interact. *Journal
of Personality and Social Psychology*,90（6）,893 – 910.

［51］Choma,B. L. ,Charlesford,J. J. ,& Hodson,G. （2018）.
Reducing Prejudice with （Elaborated） *Imagined and Physical Inter-
group Contact Interventions*

［52］ Christ, O. , Hewstone, M. , Tausch, N. , Wagner, U. ,
Voci,A. , Hughes,J. , & Cairns,E. （2010）. Direct contact as a
moderator of extended contact effects: Cross-sectional and longitudi-
nal impact on outgroup attitudes, behavioral intentions, and attitude
certainty. *Personality and Social Psychology Bulletin*, 36 （12）,
1662 – 1674.

［53］Cícero Pereira,Vala,J. ,& Leyens,J. P. （2009）. From
infra-humanization to discrimination: the mediation of symbolic
threat needs egalitarian norms. *Journal of Experimental Social Psy-
chology*,45（2）,340 – 344.

［54］Colquitt,J. A. ,Scott,B. A. ,& Lepine,J. A. （2007）.
Trust, trustworthiness, and trust propensity: a meta-analytic test of
their unique relationships with risk taking and job performance.
Journal of Applied Psychology,92（4）,909 – 927.

［55］Corrigan,P. & Phelan,S. （2004） 'Social support and
recovery in people with serious mental illness', *Community Mental
Health Journal*,40（6）,513 – 523.

［56］Corrigan,P. W. ,& Rao,D. （2012）. On the self-stigma
of mental illness: Stages, disclosure, and strategies for change. *Ca-
nadian Journal of Psychiatry*,57,464 – 469.

[57] Corrigan, P. W. , Kerr, A. , & Knudsen, L. (2005). The stigma of mental illness: explanatory models and methods for change. *Applied and Preventive Psychology*, 11(3), 179 – 190.

[58] Corrigan, P. W. , & Watson, A. C. (2004). At issue stop the stigma: call mental illness a brain disease. *Schizophrenia bulletin*, 30(3), 477 – 479.

[59] Cortes, & B. , P. (2005). Infrahumanization or familiarity? attribution of uniquely human emotions to the self, the ingroup, and the outgroup. *Personality and Social Psychology Bulletin*, 31 (2), 243 – 253.

[60] Crisp, R. J. , & Husnu, S. (2011). Attributional processes underlying imagined contact effects. *Group Processes & Intergroup Relations*, 14(2), 275 – 287.

[61] Crisp, R. J. , & Turner, R. N. (2009). Can imagined interactions produce positive perceptions?: Reducing prejudice through simulated social contact. *American Psychology*, 64 (4), 231 – 240.

[62] Crisp, R. J. , & Turner, R. N. (2012). Chapter three-the imagined contact hypothesis. *Advances in Experimental Social Psychology*, 46, 125 – 182.

[63] Crispa R. J. , Husnub S. , Meleadya R. , Stathia S. , & Turner R. N. (2010). From imagery to intention: a dual route model of imagined contact effects. *European Review of Social Psychology*, 21(1), 188 – 236.

[64] Dachez, J. , Ndobo, A. , & Anaïs Ameline. (2015). French validation of the multidimensional attitude scale toward per-

sons with disabilities (mas) ;the case of attitudes toward autism and their moderating factors. *Journal of Autism & Developmental Disorders*,45(8),2508 −2518.

[65]Dadds,M. R. ,Bovbjerg,D. H. ,Redd,W. H. ,& Cutmore,T. R. H. (1997). Imagery in human classical conditioning. *Psychological Bulletin*,122(1),89 −103.

[66]Davies,K. ,Tropp,L. R. ,Aron,A. ,Pettigrew,T. F. ,& Wright,S. C. (2011). Cross-group friendships and intergroup attitudes;a meta-analytic review. *Personality & Social Psychology Review*,15(4),332.

[67]Davis,M. H. ,Mitchell,K. V. ,Hall,J. A. ,Lothert,J. , & Meyer,M. (1999). Empathy,expectations,and situational preferences;personality influences on the decision to participate in volunteer helping behaviors. *Journal of Personality*,67(3),469 −503.

[68]Delgado N,Rodríguez-Pérez A,&Vaes J,et al. (2009). Priming effects of violence on infra-humanization. *Group Processes & Inter-group Relations*,12(6),699 −714.

[69]Demoulin,S. ,Cortes,B. P. ,Viki,T. G. ,Rodriguez,A. P. ,Rodriguez,R. T. ,& Paladino,M. P. ,et al. (2009). The role of in ‐ group identification in infra ‐ humanization. *International Journal of Psychology*,44(1),4 −11.

[70]De Moulin,S. ,Leyens,J. ,Paladino,M. ,R Rodriguez ‐ Torres,A Rodriguez ‐ Perez,& Dovidio,J. (2004). Dimensions of "uniquely" and "non ‐ uniquely" human emotions. *Cognition & Emotion*,18(1),71 −96.

[71]De Tezanos-Pinto,P. ,Bratt,C. ,& Brown,R. (2010).

What will the others think? In-group norms as a mediator of the effects of intergroup contact. *British Journal of Social Psychology*,49 (3),507 – 523.

[72]Dhont,K. ,& Hiel,A. V. (2009). We must not be enemies:Interracial contact and the reduction of prejudice among authoritarians. *Personality and Individual Differences*,46(2),172 – 177.

[73]Dhont,K. ,& Hiel,A. V. (2011). Direct contact and authoritarianism as moderators between extended contact and reduced prejudice:Lower threat and greater trust as mediators. *Group Processes & Inter-group Relations*,14(2),223 – 237.

[74]Dijker,A. J. M. (1987). Emotional reactions to ethnic minorities. *European Journal of Social Psychology*, 17 (3),305 – 325.

[75]Dixon J. ,Durrheim K. ,& Tredoux C. (2005). Beyond the optimal contact strategy:A reality check for the contact hypothesis. *American Psychologist*,60,697 – 711.

[76]Dora C. ,Rossella F. ,Elena T. ,& Ariela P. (2014). Cross-group friendships,extended contact,and humanity attributions to homosexuals. *Procedia-Social and Behavioral Sciences*,114,276 – 282.

[77]Dovidio,J. F. ,Eller,A. ,& Hewstone,M. (2011). Improving intergroup relations through direct,extended and other forms of indirect contact. *Group Processes & Intergroup Relations*,14(2), 147 – 160.

[78] Dovidio, J. F. , Kawakami, K. , & Gaertner, S. L. (2002). Implicit and explicit prejudice and interracial interaction.

Journal of Personality and Social Psychology,82(1),62 – 68.

[79] Du Toit,M. ,& Quayle,M. (2011). Multiracial families and contact theory in South Africa: Does direct and extended contact facilitated by multiracial families predict reduced prejudice? *South African Journal of Psychology*,41,540 – 551.

[80] Dys-Steenbergen, O. , Wright, S. C. , & Aron, A. (2016). Self-expansion motivation improves cross-group interactions and enhances self-growth. *Group Processes & Intergroup Relations*,19(1).

[81] E Page-Gould, R Mendoza-Denton, & Mendes, W. B. (2014). Stress and coping in interracial contexts: the influence of race-based rejection sensitivity and cross-group friendship in daily experiences of health. *Journal of Social Issues*,70.

[82] Ellemers,N. ,Spears,R. ,& Doosje,B. (2002). Self and social identity. *Annual Review of Psychology*,53,161 – 186.

[83] Eller,A. ,Abrams,D. ,& Gomez,A. (2012). When the direct route is blocked: The extended contact pathway to improving intergroup relations. *International Journal of Intercultural Relations*,36(5),637 – 646.

[84] Eller,A. ,Abrams,D. ,& Zimmermann,A. (2011). Two degrees of separation: A longitudinal study of actual and perceived extended international contact. *Group Processes & Intergroup Relations*,14(2),175 – 191.

[85] Elliott,M. ,Maitoza,R. ,& Schwinger,E. (2012). Subjective accounts of the causes of mental illness in the USA. *International Journal of Social Psychiatry*,58(6),562 – 567.

[86] Epley, N. , Caruso, E. , & Bazerman, M. H. (2006). When perspective taking increases taking: reactive egoism in social interaction. *Journal of Personality and Social Psychology*, 91 (5), 872 - 889.

[87] Erving. (1969). Stigma: notes on the management of spoiled identity. *American Journal of Sociology*, 45, (527), 642.

[88] Eyal, K. & Rubin, A. M. (2003). Viewer aggression and homophily, identification, and parasocial relationships with television characters. *Journal of Broadcasting & Electronic Media*, 47 (1), 77 - 98.

[89] Farone, D. (2006) ' Schizophrenia, community integration and recovery', *Social Work in Mental Health*, 4(4), 21 - 36.

[90] Feddes, A. R. , Noack, P. , & Rutland, A. (2009). Direct and extended friendship effects on minority and majority children's interethnic attitudes: A longitudinal study. *Child Development*, 80(2), 377 - 390.

[91] Fiske, S. T. , Cuddy, A. J. , & Glick, P. (2007). Universal dimensions of social cognition: warmth and competence. *Trends in Cognitive Sciences*.

[92] Fiske, S. T. , Cuddy, A. J. C. , Glick, P. , & Xu, J. (2002). A model of (often mixed) stereotype content: competence and warmth respectively follow from perceived status and competition. *Journal of Personality and Social Psychology*, 82 (6), 878 - 902.

[93] Fleva E. (2015) Imagined contact improves intentions towards a hypothetical peer with asperger syndrome but not attitudes

towards peers with asperger syndrome in general. *World of educa-tion*,5(1),1 – 10.

[94]Forscher,P. S. ,Mitamura,C. ,Dix,E. L. ,Cox,W. T. L. ,& Devine,P. G. (2017). Breaking the prejudice habit:mecha-nisms, timecourse, and longevity. *Journal of Experimental Social Psychology*,72,133.

[95]Galinsky,A. D. ,Ku,G. ,& Wang,C. S. (2005). Per-spective-taking and self-other overlap:fostering social bonds and fa-cilitating social coordination. *Group Processes & Intergroup Rela-tions*,8(2),109 – 124.

[96]Galinsky,A. D. ,& Moskowitz,G. B. (2000). Perspec-tive-taking:decreasing stereotype expression, stereotype accessibili-ty,and in-group favoritism. *Journal of Personality & Social Psychol-ogy*,78(4),708 – 724.

[97] Gaunt, R. (2009). Superordinate categorization as a moderator of mutual infrahumanization. *Group Processes & Intergroup Relations*,12(6),731 – 746.

[98] Gaunt, R. , Leyens, J. P. , & Stéphanie Demoulin. (2002). Intergroup relations and the attribution of emotions:control over memory for secondary emotions associated with ingroup or out-group. *Journal of Experimental Social Psychology*, 38 (5), 508 – 514.

[99]Greer T. M. ,Vendemia J. M. C. ,Stancil M. (2012). Neural correlates of race related social evaluations for African Amer-icans and white Americans. *Neuropsychology.* 26(6):704 – 712.

[100] Giacobbe, M. R. , Stukas, A. A. , & Farhall, J.

(2013). The effects of imagined versus actual contact with a person with a diagnosis of schizophrenia. *Basic & Applied Social Psychology*,35(3),265 – 271.

[101] Gibbons,F. X. ,& Buunk,B. P. (1999). Individual differences in social comparison:Development of a scale of social comparison orientation. *Journal of Personality and Social Psychology*,76(1),129 – 142.

[102] Goldstein,N. J. ,& Cialdini,R. B. (2007). The spyglass self:a model of vicarious self-perception. *Journal of Personality and Social Psychology*,92(3),402 – 417.

[103] Gómez,á. ,& Huici,C. (2008). Vicarious intergroup contact and the role of authorities in prejudice reduction. *The Spanish Journal of Psychology*,11(1),103 – 114.

[104] Gómez,A. ,Tropp,L. R. ,& Fernández,S. (2011). When extended contact opens the door to future contact:Testing the effects of extended contact on attitudes and intergroup expectancies in majority and minority groups. *Group Processes & Intergroup Relations*,14(2) ,161 – 173.

[105] Gordon ,W. ,Allport. (1954). The nature of prejudice. *Journal of Negro History*,6(3).

[106] Gougeon,B. C. (2015) Parasocial and parasocial vicarious contact effects on Euro Canadians' views of Aboriginal Peoples. *Psychology*.

[107] Graves,S. B. (1999). Television and prejudice reduction:when does television as a vicarious experience make a difference?. *Journal of Social Issues*,55(4).

[108] Greenwald, A. G. , Banaji, Mahzarin R. , & Nosek, Brian A. (2013). Statistically small effects of the implicit association test can have societally large effects. *Journal of Personality & Social Psychology*, 108(4), 553 – 561.

[109] Greenwald A. G. , McGhee D. E. , & Schwarz J. L . K. (1998). Measuring individual difference in implicit cognition: The Implicit Association Test. *Journal of Personality and Social*, 6, 1464 – 1480.

[110] Griffiths, K. M. , Christensen, H. , & Jorm, A. F. (2008). Predictors of depression stigma. *BMC Psychiatry*, 8(1), 1 – 12.

[111] Guimond, S. , Crisp, R. J. , De Oliveira, P. , Kamiejski, R. , Kteily, N. , Kuepper, B. , & Zick, A. (2013). Diversity policy, social dominance, and intergroup relations: Predicting prejudice in changing social and political contexts. *Journal of Personality and Social Psychology*, 104(6), 941 – 958.

[112] Gwinn, J. D. , Judd, C. M. , & Park, B. (2013). Less power = less human effects of power differentials on dehumanization. *Journal of Experimental Social Psychology*, 49(3), 464 – 470.

[113] Haas, A. P. , Eliason, M. , Mays, V. M. , Mathy, R. M. , Cochran, S. D. , D'Augelli, A. R. , & Clayton, P. J. (2010). Suicide and suicide risk in lesbian, gay, bisexual, and transgender populations: Review and recommendations. *Journal of Homosexuality*, 58(1), 10 – 51.

[114] Harwood, J. , Paolini, S. , Joyce, N. , Rubin, M. , & Arroyo, A. (2011). Secondary transfer effects from imagined contact:

group similarity affects the generalization gradient. *British Journal of Social Psychology*, 50(1), 180 – 189.

[115] Haslam, & Nick. (2006). Dehumanization: an integrative review. *Personality and Social Psychology Review*, 10 (3), 252 – 264.

[116] Hasler, B. S., & Amichaihamburger, Y. (2013). Online Intergroup Contact.

[117] Herek, G. M., & Capitanio, J. P. (1997). Aids stigma and contact with persons with aids: effects of direct and vicarious contact. 1. *Journal of Applied Social Psychology*, 27(1), 1 – 36.

[118] Hewstone, M. (2009). Intergroup trust in Northern Ireland. *Personality and Social Psychology Bulletin*, 35(1), 45 – 59.

[119] Hewstone, M., Lolliot, S., Swart, H., Myers, E., Voci, A., Al Ramiah, A., & Cairns, E. (2014). Intergroup contact and intergroup conflict. *Peace and Conflict: Journal of Peace Psychology*, 20(1), 39 – 53.

[120] Hodson, G., Harry, H., & Mitchell, A. (2009). Independent benefits of contact and friendship on attitudes toward homosexuals among authoritarians and highly identified heterosexuals. *European Journal of Social Psychology*, 39(4), 509 – 525.

[121] Husnu, S., & Crisp, R. J. (2010). Elaboration enhances the imagined contact effect. *Journal of Experimental Social Psychology*, 46(6), 943 – 950.

[122] Husnu, S., & Crisp, R. J. (2010). Imagined intergroup contact: a new technique for encouraging greater inter-ethnic contact in cyprus. *Peace & Conflict Journal of Peace Psychology*, 16(1),

97 – 108.

[123] Husnu, S. , & Crisp, R. J. (2011). Enhancing the imagined contact effect. *The Journal of Social Psychology*, 151 (1), 113 – 116.

[124] Husnu, S. , & Crisp, R. J. (2015). Perspective-taking mediates the imagined contact effect. *International Journal of Intercultural Relations*, 44, 29 – 34.

[125] Jacques-Philippe Leyens, Stéphanie Demoulin, Vaes, J. , Gaunt, R. , & Paladino, M. P. (2007). Infra-humanization: the wall of group differences. *Social Issues and Policy Review*, 1 (1).

[126] Jerry, T. , Shula, R. , Mike, S. , Victoria, B. , Jane, M. , & Clair, L. B. (2011). Social factors and recovery from mental health difficulties: a review of the evidence. *British Journal of Social Work*, 42, 443 – 460.

[127] Jetten, J. , Spears, R. , & Manstead, A. S. R. (1997). Strength of identification and intergroup differentiation: the influence of group norms. *european journal of social psychology*, 27 (5), 603 – 609.

[128] Johnson, A. J. , Lee, S. K. , Cionea, I. A. , & Massey, Z. B. (2020). The Benefits and Challenges of New Media for Intercultural Conflict. *Multicultural Instructional Design*.

[129] Johnson, A. J. , Sun, K. L. , Cionea, I. A. , & Massey, Z. B. (2018). The Benefits and Challenges of New Media for Intercultural Conflict. *Reconceptualizing New Media and Intercultural Communication in a Networked Society*.

[130] Jorm, A. , Korten, A. , Rodgers, B. , Jacomber, P. and

Christiansen, H. (2002) 'Sexual orientation and mental health', *British Journal of Psychiatry*, 180, 423 - 427.

[131] Joyce, N. , & Harwood, J. (2014). Improving intergroup attitudes through televised vicarious intergroup contact: social cognitive processing of ingroup and outgroup information. *Communication Research*, 41(5), 627 - 643.

[132] Juan-Jose Igartua. (2015). Improving Attitudes towards Immigration through Fictional Feature Films. A Moderated Mediation Model of Narrative Persuasion. *Media Psychology Workshop*.

[133] Kathryn Dindia, Mary Anne Fitzpatrick, & David A. Kenny. (1997). Self-disclosure in spouse and stranger interaction a social relations analysis. *Human Communication Research*, 23(3), 388 - 412.

[134] Katrin, S. A. , Christina, S. , & Tobias, G. (2018). Getting connected: intergroup contact on facebook. *Journal of Social Psychology*, dio: 00224545. 2018. 1489367.

[135] Keith B. Senholzi, & Jennifer T. Kubota. (2016). The Neural Mechanisms of Prejudice Intervention. *Neuroimaging Personality, Social Cognition, and Character*. Elsevier Inc.

[136] Kleim, B. , Vauth, R. , Adam, G. , Stieglitz, R. -D. , Hayward, P. and Corrigan, P. (2008) 'Perceived stigma predicts low self-efficacy and poor coping in schizophrenia', *Journal of Mental Health*, 17(5), 482 - 491.

[137] Kim, Y. S. , & Leventhal, B. (2008). Bullying and suicide. A review. *International Journal of Adolescent Medicine and Health*, 20(2), 133 - 154.

［138］Kim, Nuri, Wojcieszak, & Magdalena. (2018). Intergroup contact through online comments: effects of direct and extended contact on outgroup attitudes. *Computers in Human Behavior*, 81, 63 – 72.

［139］Kosslyn, Stephen M. , Ganis, Giorgio, & Thompson, William L. (2001). Neural foundations of imagery. *Nature Reviews Neuroscience*, 2(9), 635 – 642.

［140］Kuchenbrandt, D. , Eyssel, F. , & Seidel, S. K. (2013). Cooperation makes it happen: imagined intergroup cooperation enhances the positive effects of imagined contact. *Group Processes & Intergroup Relations*, 16(5), 635 – 647.

［141］Lee, Y. T. , & Jussim, L. (2010). Back in the real world. *American Psychologist*, 65(2), 130 – 131.

［142］Levine, E. E. , & Schweitzer, M. E. (2015). The affective and interpersonal consequences of obesity. *Organizational Behavior and Human Decision Processes*, 127, 66 – 84.

［143］Lewicki, R. J. , Mcallister, D. J. , & Bies, R. J. (1998). Trust and distrust: new relationships and realities. *Academy of Management Review*, 23(3), 438 – 458.

［144］Leyens, J. P. (2009). Retrospective and prospective thoughts about infra-humanization. *Group Processes & Intergroup Relations*, 12(6), 807 – 817.

［145］Leyens, J. P. , Paladino, P. M. , Rodriguez-Torres, R. , Vaes, J. , Demoulin, S. , & Rodriguez-Perez, A. , et al. (2000). The emotional side of prejudice: the attribution of secondary emotions to ingroups and outgroups. *Personality & Social Psychology Re-*

view,4(2),186 – 197.

[146] Leyens, J. P. , Rodriguez-Perez, A. , Rodriguez-Torres, R. , Gaunt, R. , & Stéphanie, D. (2001). Psychological essentialism and the differential attribution of uniquely human emotions to in-groups and outgroups. *European Journal of Social Psychology*, 31 (4) ,395 – 411.

[147] Li, A. , Jiao, D. , & Zhu, T. (2018). Detecting depression stigma on social media: a linguistic analysis. *Journal of Affective Disorders*, S0165032717321845.

[148] Libby L. K. , & Eibach R. P. (2011) . Visual Perspective in Mental Imagery: A Representational Tool that Functions in Judgment, Emotion, and Self-Insight. *Advances in Experimental Social Psychology*, 44 (1) :185 – 245.

[149] Libby, L. K. , & Eibach, R. P. (2011). Self-enhancement or self-coherence why people shift visual perspective in mental images of the personal past and future. *Personality & Social Psychology Bulletin*, 37 (5) ,714 – 726.

[150] Liebkind, K. , & Mcalister, A. L. (2010). Extended contact through peer modelling to promote tolerance in Finland. *European Journal of Social Psychology*, 29 (5 – 6) ,765 – 780.

[151] Lienemann, B. A. , & Stopp, H. T. (2013). The association between media exposure of interracial relationships and attitudes toward interracial relationships. *Journal of Applied Social Psychology*, 43 (s2) , E398 – E415.

[152] Logan, J. (2001). Ethnic Diversity Grows, Neighborhood Integration Lags Behind. *Albany, NY: State University of New*

York at Albany, Lewis Mumford Center.

[153] Loris Vezzali, & Dino Giovannini. (2012). Secondary transfer effect of intergroup contact: the role of intergroup attitudes, intergroup anxiety and perspective taking. *Journal of Community & Applied Social Psychology*, 22(2), 125 – 144.

[154] Loris Vezzalia, Dino Giovanninia & Dora Capozzab. (2012). Social antecedents of children's implicit prejudice: direct contact, extended contact, explicit and implicit teachers' prejudice. *European Journal of Developmental Psychology*, 9(5), 569 – 581.

[155] Mackie, D. M., Devos, T., & Smith, E. R. (2000). Intergroup emotions: explaining offensive action tendencies in an intergroup context. *Journal of Personality & Social Psychology*, 79 (4), 602 – 16.

[156] Mahoney, D., (2007). College students' attitudes toward individuals with autism. *Dissertations & Theses-Gradworks*.

[157] Mallen, M. J., Day, S. X., & Green, M. A. (2003). Online versus face-to-face conversation: an examination of relational and discourse variables. *Psychotherapy Theory Research Practice Training*, 40(1 – 2), 155 – 163.

[158] Martin M E. (2013). Residential segregation patterns of Latinos in the United States, 1990 – 2000 : testing the ethnic enclave and inequality theories. *Transplantation Proceedings*, 40 (10), 3767 – 3769.

[159] Martin, J., Bennett, M., & Murray, W. S. (2010). A developmental study of the infrahumanization hypothesis. *British journal of developmental psychology*, 26(2), 153 – 162.

[160] Mazziotta, A. , Mummendey, A. , & Wright, S. C. (2011). Vicarious intergroup contact effects: applying social-cognitive theory to intergroup contact research. *Group Processes & Intergroup Relations*, 14(2), 255 – 274.

[161] Meeussen, L. , Phalet, K. , Meeus, J. , Acker, K. V. , Montreuil, A. , & Bourhis, R. (2013). they are all the same low perceived typicality and outgroup disapproval as buffers of intergroup threat in mass media *International Journal of Intercultural Relations*, 37(2), 146 – 158.

[162] Mereish, E. , & Poteat, V. P. (2015). Effects of heterosexuals' direct and extended friendships with sexual minorities on their attitudes and behaviors: Inter-group anxiety and attitude strength as mediators and moderators. *Journal of Applied Social Psychology*, 45(3), 147 – 157.

[163] Miles, E. , & Crisp, R. J. (2014). A meta-analytic test of the imagined contact hypothesis. *Group Processes & Intergroup Relations*, 17(1), 3 – 26.

[164] Miller, N. (2002). Personalization and the promise of contact theory. *Journal of Social Issues*, 58.

[165] Monteith, M. J. (1993). Self-regulation of prejudiced responses: Implications for progress in prejudice-reduction efforts. *Journal of Personality and Social Psychology*, 65, 469 – 485.

[166] Na, J. J. , & Chasteen, A. L. (2016). Does imagery reduce stigma against depression? testing the efficacy of imagined contact and perspective-taking. *Journal of Applied Social Psychology*, 46(5), 259 – 275.

[167] Nesdale, D. (2008). Social identity development and children's ethnic attitudes in Australia. *John Wiley & Sons, Inc.*

[168] Nicolas, Rüsch, Andrew, R. , & Todd, et al. , (2010). Biogenetic models of psychopathology, implicit guilt, and mental illness stigma. *Psychiatry Research.* 179(3), 328 - 332.

[169] Nosek, B. A. , & Smyth, F. L. (2007). A multitrait-multimethod validation of the implicit association test: implicit and explicit attitudes are related but distinct constructs. *Exp Psychol*, 54 (1), 14 - 29.

[170] Ortiz, M. , & Harwood, J. (2007). A Social Cognitive Theory Approach to the Effects of Mediated Intergroup Contact on Intergroup Attitudes. *Journal of Broadcasting & Electronic Media*, 51 (4), 615 - 631.

[171] Oswald, & Patricia, A. (2002). The interactive effects of affective demeanor, cognitive processes, and perspective-taking focus on helping behavior. *The Journal of Social Psychology*, 142(1), 120 - 132.

[172] Page-Gould, E. , Mendoza-Denton, R. , & Tropp, L. R. (2008). With a little help from my cross-group friend: reducing anxiety in intergroup contexts through cross-group friendship. *Journal of Personality and Social Psychology*, 95(5), 1080 - 1094.

[173] Pagotto, L. , & Voci, A. (2013). Direct and mass-mediated contact: the role of different intergroup emotions. *Tpm Testing Psychometrics Methodology in Applied Psychology*, 20, 365 - 381.

[174] Pagotto, L. , Voci, A. , & Maculan, V. (2010). The effectiveness of intergroup contact at work: Mediators and moderators

of hospital workers' prejudice towards immigrants. *Journal of Community & Applied Social Psychology*,20,317 – 330.

[175]Paladino,M. P. ,Leyens,J. P. ,Rodriguez,R. ,Rodriguez,A. ,& Stéphanie D. (2002). Differential association of uniquely and non uniquely human emotions with the ingroup and the outgroup. *Group Processes & Intergroup Relations*,5(2),105 – 117.

[176]Paladino,M. P. ,Vaes,J. ,Castano,E. ,Stéphanie D. ,& Leyens,J. P. (2004). Emotional infra-humanization in intergroup relations:the role of national identification in the attribution of primary and secondary emotions to italians and germans. *Cahiers De Psychologie Cognitive*,22(4),519 – 536.

[177]Paluck,E. L. ,& Green,D. P. (2009). Deference,dissent,and dispute resolution:an experimental intervention using mass media to change norms and behavior in Rwanda. *American Political Science Review*,103(04),622.

[178]Paluck,E. L. ,& Green,D. P. (2009). Prejudice reduction:what works? a review and assessment of research and practice. *Annual Review of Psychology*,60(1),339 – 367.

[179]Paolini,S. ,Hewstone,M. ,& Cairns,E. (2007). Direct and indirect intergroup friendship effects:testing the moderating role of the affective-cognitive bases of prejudice. *Personality and Social Psychology Bulletin*,33(10),1406 – 1420.

[180] Paolini, S. , Hewstone, M. , Cairns, E. , & Voci, A. (2004). Effects of direct and indirect cross-group friendships on judgments of Catholics and protestants in northern Ireland:the mediating role of an anxiety-reduction mechanism. *Personality & Social*

Psychology Bulletin,30(6),770 – 786.

[181] Paolini, S. , Hewstone, M. , Rubin, M. , & Pay, H. (2004). Increased group dispersion after exposure to one deviant group member:testing hamburger's model of member-to-group generalization. *pers soc psychol bull*,40(5),580 – 585.

[182]Paolini,S. , Hewstone,M. , &Voci, A. (2006).. Intergroup contact and the promotion of intergroup harmony:the influence of intergroup emotions. *Heuston Miles*,209 – 238.

[183]Perkins, A. M. , Inchley-Mort, S. L. , Pickering, A. D. ,Corr,P. J. ,& Burgess,A. P. (2012). A facial expression for anxiety. *Jorunal of personality and social psychology*,102(5),910 – 924.

[184]Perlick,D. , Rosenheck,R. , Clarkin,J. , Sirey,J. , Salahi,J. ,Struening,E. and Link,B. (2001) 'Adverse effects of perceived stigma on social adaptations of persons diagnosed with bipolar affective disorder' ,*Psychiatric Services*,52(12),1627 – 32.

[185] Pescosolido, & B. , A. (2013). The public stigma of mental illness:what do we think;what do we know;what can we prove? *Journal of Health and Social Behavior*,54(1),1 – 21.

[186]Pettigrew,T. F. ,Christ,O. ,Wagner,U. ,& Stellmacher, J. (2007). Direct and indirect intergroup contact effects on prejudice:A normative interpretation. *International Journal of Intercultural Relations*,31(4),411 – 425.

[187]Pettigrew,T. F. ,& Tropp,L. R. (2006). A meta-analytic test of inter-group contact theory. *Journal of personality and social psychology*,90(5),751 – 783.

[188] Pettigrew, T. F. , & Tropp, L. R. (2008). How does inter-group contact reduce prejudice? Meta-analytic tests of three mediators. *European Journal of Social Psychology*, 38 (6), 922 – 934.

[189] Pettigrew, T. F. , & Tropp, L. R. (2011). When groups meet: The dynamics of intergroup contact. *Psychology Press*, 123 – 136.

[190] Pettigrew, T. F. , Tropp, L. R. , Wagner, U. , & Christ, O. (2011). Recent advances in intergroup contact theory. *International Journal of Intercultural Relations*, 35(3), 271 – 280.

Pettigrew, & Thomas F. (1998). Intergroup contact theory. *Annual Review of Psychology*, 49(1), 65 – 85.

[191] Petty, D. & Triolo, A. (1999) 'The search for identity and meaning in the recovery process', *Psychiatric Rehabilitation Journal*, 22(3), 255 – 62.

[192] Plant, E. A , & Devine, P. G. (2003). The antecedents and implications of interracial anxiety. *Personality & Social Psychology Bulletin*, 29(6), 790 – 801.

[193] Poon, J. M. L. (2013). Effects of benevolence, integrity, and ability on trust-in-supervisor. *Employee Relations*, 35 (4), 396 – 407.

[194] Ratcliff, C. D. , Czuchry, M. , Scarberry, N. C. , Thomas, J. C. , Dansereau, D. F. , & Lord, C. G. (1999). Effffects of directed thinking on intentions to engage in benefificial activities: Actions versus reasons. *Journal of Applied Social Psychology*, 29, 994 – 1009.

[195] Richard, J. , Crispa, S. H. , Rose, M. , Sofia, S. , & Rhiannon, N. T. (2010). From imagery to intention: a dual route model of imagined contact effects. *European Review of Social Psychology*, 21(1), 188 – 236.

[196] Richard, J. , Crisp, Sofia, Stathi, & Rhiannon, et al. (2009). Imagined intergroup contact: theory, paradigm and practice. *Social and Personality Psychology Compass*.

[197] Rohmann, A. , Niedenthal, P. M. , Brauer, M. , Castano, E. , & Leyens, J. P. (2009). The attribution of primary and secondary emotions to the in-group and to the out-group: the case of equal status countries. *The Journal of Social Psychology*, 149(6), 709 – 730.

[198] Rutland, A. , Cameron, L. , Bennett, L. , & Ferrell, J. (2005). Interracial contact and racial constancy: A multi-site study of racial intergroup bias in 3 – 5 year old Anglo-British children. *Journal of Applied Developmental Psychology*, 26(6), 699 – 713.

[199] Rüsch, N. , Todd, A. R. , Bodenhausen, G. V. , & Corrigan, P. W. (2010). Biogenetic models of psychopathology, implicit guilt, and mental illness stigma. *Psychiatry Research*, 179, 328 – 332

[200] Schiappa, E. , Gregg, P. B. , Hewes, D. E. (2005). The parasocial contact hypothesis. *Communication Monographs*, 72 (1): 92 – 115.

[201] Schofield, J. W. , Hausmann, L. R. M. , & Ye F. , (2010). Intergroup friendships on campus: Predicting close and casual friendships between White and African American first-year college students. *Group Processes and Intergroup Relations*, 13,

585 – 602.

[202] Sedikides,C. ,Olsen,N. ,& Reis,H. T. (1993). Relationships as natural categories. *Journal of Personality & Social Psychology*,64(1),71 – 82.

[203]Seger,C. R. ,Banerji,I. ,Sang,H. P. ,Smith,E. R. ,& Mackie,D. M. (2016). Specific emotions as mediators of the effect of intergroup contact on prejudice:findings across multiple participant and target groups. *Cognition & Emotion*,31(5),1 – 14.

[204]Shamloo,S. E. ,Carnaghi,A. ,Piccoli,V. ,Grassi,M. , & Bianchi,M. (2018). Imagined intergroup physical contact improves attitudes toward immigrants. *Frontiers in Psychology*,9.

[205]Sharp,M. ,Voci,A. ,& Hewstone,M. (2011). Individual difference variables as moderators of the effect of extended cross-group friendship on prejudice:Testing the effects of public self-consciousness and social comparison. *Group Processes & Intergroup Relations*,14(2),207 – 221.

[206]Shih,M. ,Wang,E. ,Trahan Bucher,A. ,& Stotzer,R. (2009). Perspective taking:reducing prejudice towards general outgroups and specific individuals. *Group Processes & Intergroup Relations*,12(5),565 – 577.

[207]S. ,Li,W. ,& Zanna,M. P. (2002). Inducing hypocrisy to reduce prejudicial responses among aversive racists. *Journal of Experimental Social Psychology*,38(1),70 – 78.

[208]Smith,E. R. ,& Henry,S. (1996). An in-group becomes part of the self:response time evidence. *Personality and Social Psychology Bulletin*,22(6),635 – 642.

［209］Stark，T. H. ，Flache，A. ，& Veenstra，R. （2013）. Generalization of positive and negative attitudes toward individuals to outgroup attitudes. *Personality and Social Psychology Bulletin*，39 （5），608.

［210］Stasiuk，K. ，& Bilewicz，M. （2013）. Extending contact across generations：comparison of direct and ancestral intergroup contact effects on current attitudes toward outgroup members. *Journal of Community & Applied Social Psychology*，23（6），481－491.

［211］Stathi，S. ，Cameron，L. ，Hartley，B. ，& Bradford，S. （2014）. Imagined contact as a prejudice-reduction intervention in schools：the underlying role of similarity and attitudes. *Journal of Applied Social Psychology*，44（8），536－546.

［212］Stathi，S. ，& Crisp，R. J. （2008）. Imagining intergroup contact promotes projection to outgroups. *Journal of Experimental Social Psychology*，44（4），943－957.

［213］Stathi，S. ，Crisp，R. J. ，& Hogg，M. A. （2011）. Imagining intergroup contact enables member-to-group generalization. *Group Dynamics Theory Research & Practice*，15（3），275－284.

［214］Stathi，S. ，Tsantila，K. ，& Crisp，R. J. （2012）. Imagining intergroup contact can combat mental health stigma by reducing anxiety，avoidance and negative stereotyping. *The Journal of Social Psychology*，152（6），746－757.

［215］Stephen，W. G. ，& Stephan，C. W. （1985）. Intergroup anxiety. *Journal of Social Issues*. 41（3），157－175.

［216］Stone，J. ，Aronson，E. ，Crain，A. L. ，Winslow，M. P. ，& Fried，C. B. （1994）. Inducing hypocrisy as a means of encouraging young adults to use condoms. *Personality and Social Psychology Bulletin*,20(1),116 – 128.

[217]Strosahl,K. D. ,& Wilson,K. G. (1999). Acceptance and Commitment Therapy: An Experiential Approach to behavior Change. *New York: Guilford Press.*

[218]Sweetman,J. ,Spears,R. ,Livingstone,A. G. ,& Manstead,A. S. R. (2013). Admiration regulates social hierarchy: antecedents,dispositions,and effects on intergroup behavior. *Journal of Experimental Social Psychology*,49(3),534 – 542.

[219]Takaku,S. (2010). Reducing road rage: an application of the dissonance-attribution model of interpersonal forgiveness1. *Journal of Applied Social Psychology*,36(10),2362 – 2378.

[220]Tam,T. ,Hewstone,M. ,Kenworthy,J. B. ,Cairns,E. , & Parkinson,B. (2008). Postconflict reconciliation: intergroup forgiveness and implicit biases in northern ireland. *Journal of Social Issues*,64(2),303 – 320.

[221]Tapias,M. P. ,Glaser,J. ,Keltner,D. ,Vasquez,K. ,& Wickens,T. (2007). Emotion and prejudice: specific emotions toward outgroups. *Group Processes & Intergroup Relations*,10(1), 27 – 39.

[222]Tausch,N. ,Hewstone,M. ,Schmid,K. ,Hughes,J. ,& Cairns,E. (2011). Extended contact effects as a function of closeness of relationship with ingroup contacts. *Group Processes & Intergroup Relations*,14(2),239 – 254.

[223]Terry,D. J. ,& Hogg,M. A. (1996). Group norms and the attitude-behavior relationship: a role for group identification.

Personality & Social Psychology Bulletin,22(8),776 - 793.

[224] Tezanos-Pinto, P. , Bratt, C. , & Brown, R. (2010). What will the others think? In - group norms as a mediator of the effects of intergroup contact. *British Journal of Social Psychology*,49 (3),507 - 523.

[225] Thoits,& P. ,A. (2011). Resisting the stigma of mental illness. *Social Psychology Quarterly*,74(1),6 - 28.

[226] Trawalter, S. , Richeson, J. A. , & Shelton, J. N. (2009). Predicting behavior during interracial interactions:a stress and coping approach. *Personality & Social Psychology Review An Official Journal of the Society for Personality & Social Psychology Inc*, 13(4),243.

[227] Tropp,L. R. ,& Pettigrew,T. F. (2005). Differential relationships between intergroup contact and affective and cognitive dimensions of prejudice. *Personality and Social Psychology Bulletin*, 31(8),1145 - 1158.

[228] Turner, R. (2007). Imagining intergroup contact can improve intergroup attitudes. *Group Processes & Intergroup Relations*,10(4),427 - 441.

[229] Turner,R. N. ,& Crisp,R. J. (2009). Imagining intergroup contact reduces implicit prejudice. *British Journal of Social Psychology*,49(1),129 - 142.

[230] Turner,R. N. ,& Crisp,R. J. (2010). Explaining the relationship between ingroup identifification and intergroup bias following recategorization: A self-regulation theory analysis. *Group Processes and Intergroup Relations*,13,251 - 261.

[231]Turner,R. N. ,Crisp,R. J. ,& Lambert,E. (2007). I-magining intergroup contact can improve intergroup attitudes. *Group Processes & Intergroup Relations*,10(4),427 –441.

[232]Turner,R. N. ,Hewstone,M. ,& Voci,A. (2007). Reducing explicit and implicit outgroup prejudice via direct and extended contact:The mediating role of self-disclosure and inter-group anxiety. *Journal of Personality and Social Psychology*,93(3),369 – 388.

[233]Turner,R. N. ,Hewstone, Miles,Voci,Alberto,Paolini, Stefania,& Christ,Oliver. (2007). Reducing prejudice via direct and extended cross-group friendship. *European Review of Social Psychology*,18(1),212 –255.

[234]Turner,R. N. ,The mediating role of intergroup anxiety, perceived ingroup and outgroup norms,and inclusion of the outgroup in the self. *Journal of Personality and Social Psychology*,95(4), 843 –860.

[235]Turner,R. N. ,Tam,T. ,Hewstone,M. ,Kenworthy,J. , & Cairns, E. (2013). Contact between catholic and protestant schoolchildren in northern ireland. *Journal of Applied Social Psychology*,43(2),216 –228.

[236]Turner,R. N. ,& West,K. (2012). Behavioural consequences of imagining intergroup contact with stigmatized outgroups. *Group Processes & Intergroup Relations*,15(2),193 –202.

[237]Yair,A. H. ,& Mckenna,K. Y. A. (2010). The contact hypothesis reconsidered:interacting via the internet. *Journal of Computer-mediated Communication*,(3),825 –843.

[238] Vaes, J. , Paladino, M. P. , & Castelli, L. , et al. , (2003). On the behavioral consequences of infra-humanization: the implicit role of uniquely human emotions in inter-group relations. *Journal of personality and social psychology*, 85(6), 1016.

[239] Van Dick, R. , Wagner, U. , Pettigrew, T. F. , Christ, O. , Wolf, C. , & Petzel, T. , et al. (2004). Role of perceived importance in intergroup contact. *Journal of personality & social psychology*, 87(2), 211.

[240] Van Zomeren, M. , Fischer, A. H. , & Spears, R. (2007). Testing the limits of tolerance: how intergroup anxiety amplifies negative and offensive responses to out-group-initiated contact. *Personality and Social Psychology Bulletin*, 33 (12), 1686 – 1699.

[241] Vezzali, L. , Capozza, D. , Giovannini, D. , & Stathi, S. (2012). Improving implicit and explicit intergroup attitudes using imagined contact: an experimental intervention with elementary school children. *Group Processes & Intergroup Relations*, 15(2), 203 – 212.

[242] Vezzali, L. , Capozza, D. , Stathi, S. , & Giovannini, D. (2011). Increasing outgroup trust, reducing infrahumanization, and enhancing future contact intentions via imagined intergroup contact. *Journal of experimental social psychology*, 48(1), 437 – 440.

[243] Vezzali, L. , Hewstone, M. , Capozza, D. , Giovannini, D. , & Wölfer, R. (2014). Improving intergroup relations with extended and vicarious forms of indirect contact. *European Review of Social Psychology*, 25(1), 314 – 389.

[244] Vezzali, L. , Hewstone, M. , Capozza, D. , Trifiletti, E. , & Bernardo, G. A. D. (2017). Improving intergroup relations with extended contact among young children: mediation by intergroup empathy and moderation by direct intergroup contact. *Journal of Community & Applied Social Psychology*, 27(1), 35 – 49.

[245] Vezzali, L. , Turner, R. , Capozza, D. , & Trifiletti, E. (2018). Does intergroup contact affect personality? a longitudinal study on the bidirectional relationship between intergroup contact and personality traits. *European Journal of Social Psychology*. DOI: 10. 1002/ejsp. 2313.

[246] Viki, G. T. , & Calitri, R. (2008). Infrahuman outgroup or suprahuman ingroup: the role of nationalism and patriotism in the infrahumanization of outgroups. *European Journal of Social Psychology*, 38(6), 1054 – 1061.

[247] Visintin, E. P. , Brylka, A. , Green, E. G. , Mähönen, T. A. , & Jasinskaja-Lahti, I. (2016). The dynamics of interminority extended contact: the role of affective and cognitive mediators. *Cultural Diversity & Ethnic Minority Psychology*, 22(4), 1 – 44.

[248] Vittrup, B. , & Holden, G. W. (2011). Exploring the impact of educational television and parent-child discussions on children's racial attitudes. *Analyses of Social Issues and Public Policy*, 11(1), 82 – 104.

[249] Voci, A. , & Hewstone, M. (2003). Intergroup contact and prejudice toward immigrants in Italy: The mediational role of anxiety and the moderational role of group salience. *Group Processes & Intergroup Relations*, 6(1), 37 – 54.

[250]Walachowska,K.,Janowski,K.,& Tatala,M. (2009). The efficacy of three interventions modifying stereotypes and prejudice towards people with schizophrenia. *Polish Psychological Bulletin*,40(4),251 –257.

[251]Walther,J. (2015). Interpersonal effects in computer mediated communication. *International Encyclopedia of the Social & Behavioral Sciences* (Second Edition),504 –509.

[252]West,K.,& Greenland,K. (2016). Beware of "reducing prejudice":imagined contact may backfire if applied with a prevention focus. *Journal of Applied Social Psychology*, 46 (10), 538 –592.

[253]West,K.,Holmes,E.,& Hewstone,M. (2011). Enhaing imagined contact to reduce prejudice against people with schizophrenia. *Group Processes & Intergroup Relations*,14(3),407 –428.

[254]West,K.,Hotchin,V.,& Wood,C. (2017). Imagined contact can be more effective for participants with stronger initial prejudices. *Journal of Applied Social Psychology*,47(5),282 –292.

[255]West,K.,Husnu,S.,& Lipps,G. (2015). Imagined contact works in high-prejudice contexts:investigating imagined contact's effects on anti-gay prejudice in cyprus and jamaica. *Sexuality Research & Social Policy*,12(1),60 –69.

[256]West,K.,& Turner,R. (2014). Using extended contact to improve physiological responses and behavior toward people with schizophrenia. *Journal of Experimental Social Psychology*,50, 57 –64.

[257]White,F. A.,Turner,R. N.,Stefano,V.,Harvey,L.

J. ,& Hanna, J. R. (2018). Improving intergroup relations be-tween catholics and protestants in northern ireland via e-contact. *European Journal of Social Psychology*,49,429 – 438.

[258] Whitley, B. E. (1999). Right-wing authoritarianism, social dominance orientation, and prejudice. *Journal of Personality and Social Psychology*,77(1),126 – 134.

[259] Wölfer,R. ,Christ,O. ,Schmid,K. ,Tausch,N. ,Buchal-lik,F. M. ,Vertovec,S. & Hewstone,M. ,(2019). Indirect contact predicts direct contact :longitudinal evidence and the mediating role of intergroup anxiety ,*Journal of Personality and Social Psychology*, 116(2),277 – 295.

[260] Wright, S. C. , Aron, A. , McLaughlin-Volpe, T. , & Ropp,S. A. (1997). The extended contact effect:Knowledge of cross-group friendships and prejudice. *Journal of Personality and Social Psychology*,73,73 – 90.

[261] Yetkili, O. , Abrams, D. , Travaglino, G. A. , & Giner-Sorolla,R. (2018). Imagined contact with atypical outgroup mem-bers that are anti-normative within their group can reduce prejudice. *Journal of Experimental Social Psychology*,76,208 – 219.

后 记

　　相比专业性较强的书稿正文,后记的内容更容易引起阅读的兴趣。研究者的整个心路历程、人生的所思所想、辛酸苦辣、内心悄无声息的搏斗与性格的倔强都跃然纸上,让人心生共鸣。

　　选择社会心理学(群体心理学)作为自身学术活动中的重要研究方向,并在此主题下能够成功获批国家社会科学基金青年项目,除了运气与勇气之外,我其实也有一些焦虑。基于项目的研究从申请成功到结项,我为此付出了整整五年的时间和精力,时间不长,但也着实不短。关注精神特殊群体,并尝试采用间接群际接触来积极改善社会对其存有的消极偏见和态度,不单是一种学术使命,更是一种社会人文情怀的体现。但仔细想来,我们在这个领域内的所做所得却并不完满,在研究过程中仍存有大量需要继续探讨的空间。甚至就在本书即将出版之际,我仍觉得它还存在需要完善的地方。这是一种遗憾,也成为我们继续前进的一种重要动力。

　　我至今从事心理研究十几年了,这是一个充满无穷幻想、勇敢挑战与大胆尝试的研究领域。由于个体及其内心活动、群体及其群体行为的复杂纷繁和神秘变化,有时候会因为研究结果的不尽如人意而心生挫败与失望,但也会因为研究设计与过程的巧妙而暗暗叫好,一旦有了些进展,顿时充满成就感,满血复活。任何领域的科学研究都是永无止境的、不断延续的,"间接群际接触改善群体态度"的研究成果结集成书,并不代表着这个主题的研究就此搁置,相反,它是相关主题崭新的开始,是在不断累积基础上的再一次研究创新、跨越与期待……

感谢是必须要有的,但请不要太过在意被感谢人出现的顺序。他们中有的人对项目研究的完成付出了努力,有的人则给予了我科研的动力与心理支持。首先,要感谢参与本项目研究的学生们,他们对课题展现出浓厚的探索兴趣,并投入了大量的时间和精力,严晶华、黄红霞、段文杰、徐玲玲、周迪、张金灵、马馨、岳倪、贾喜瑶、张樱凡等同学不但参与了课题中的实验研究和问卷调查,也参与了文献资料的搜集与整理,在此对他们的付出表示感谢!其次,要感谢在国家社会科学基金项目结项时给书稿提出宝贵意见的专家们,正是因为这些诚恳的意见才使得自己更加清楚既有研究的不足,更加明晰未来研究的方向!最后,要感谢一路陪伴我、支持我的亲朋好友,已经进入不惑之年的我,有父母、爱人、孩子、师长、朋友的支持与厚爱是何其的幸运,他们中每个人都曾耐心听过我的倾诉,静心陪我化解困扰和苦恼,热心帮助我解决问题,在此,请容许我真心说声谢谢,并与他们分享项目结项、书稿完工的喜悦!

时间真的飞快,曾经那个雄心壮志、试图学术留名的我,这么些年来并未做出惊人的成绩与贡献,一直教书育人、勤耕科研,有所收获,但也有过力不从心。现在看来,实现学术留名这个梦想的可能性似乎有些渺茫了,但是求知探索的欲望仍未减退丝毫,想想,已足矣!

2021 年 5 月 1 日